全国工会工作指导用书

依据**中国工会十八大文件精神**组织编写

基层工会工作
流程与操作规范实务

（全新修订版）

赵振洲　戴世强　董艳丽◎编著

人民日报出版社

图书在版编目（CIP）数据

基层工会工作流程与操作规范实务 / 赵振洲，戴世强，董艳丽编著. --北京：人民日报出版社，2023.10
ISBN 978-7-5115-7983-6

Ⅰ.①基… Ⅱ.①赵…②戴…③董… Ⅲ.①基层组织-工会工作-中国 Ⅳ.①D412.6

中国国家版本馆CIP数据核字（2023）第178655号

书　　名：	基层工会工作流程与操作规范实务
	JICENG GONGHUI GONGZUO LIUCHENG YU CAOZUO GUIFAN SHIWU
作　　者：	赵振洲　戴世强　董艳丽
出 版 人：	刘华新
责任编辑：	刘天一
封面设计：	陈国风
出版发行：	人民日报出版社
地　　址：	北京金台西路2号
邮政编码：	100733
发行热线：	（010）65369527　65369846　65369509　65369510
邮购热线：	（010）65369530　65363527
编辑热线：	（010）65363105
网　　址：	www.peopledailypress.com
经　　销：	新华书店
印　　刷：	北京彩虹伟业印刷有限公司
开　　本：	170mm×240mm　1/16
字　　数：	320千字
印　　张：	20
版次印次：	2024年6月第1版　2024年6月第1次印刷
书　　号：	ISBN 978-7-5115-7983-6
定　　价：	98.00元

前 言

工作规范亦称岗位规范、岗位规则或岗位标准，包括组织规则、行为规则等内容。基层工会的工作规范旨在对工会组织及其工作的任务、目标、职责、程序作出一般性的规定，以便有遵循的标准，不断提高工作水平并提升工作质量。规范化建设是强化工会组织改革和工作标准化的需要，也是新时代工会工作的努力方向与价值追求。

本书主要由工会单项工作规范与工会整体工作规范组成。在单项工作方面，主要对工会的组织工作、民主管理工作、群众生产工作、劳动保障工作、宣传教育及文体工作、女职工及财务工作等方面的工作进行分解，分别描述了各方面工作的任务、制度与流程等，其中流程部分主要描述了多项工作的主要程序与关键环节。为了方便读者阅读，在前六章中提供了参考文本与工作范例。在整体工作规范方面，为适应形势要求和读者需要，提供了规范化建设的实施方案、工作规范及一些制度办法范例。

编者均是长期从事工会工作的同志，真诚希望能给读者朋友们一些力所能及的帮助，非常愿意看到读者朋友们在学习借鉴中轻松工作，在规范管理中提升水平，在探索开拓中创新发展，在理性思考中取得新的成绩。

本书是在有关专家、领导的指导帮助下，由众多作者共同编著完成的，编写过程中参考了有关资料，在此向相关作者表示衷心的感谢。

目录

第一章 工会组织工作内容与流程

第一节　组织建设工作内容与流程 / 2

第二节　会员（代表）大会工作内容与流程 / 14

第三节　文本范例 / 28

第二章 民主管理工作内容与流程

第一节　职代会工作内容与流程 / 39

第二节　集体协商和集体合同工作内容与流程 / 56

第三节　厂务公开及其他形式民主管理工作内容与流程 / 65

第四节　职工董事监事工作内容与流程 / 80

第五节　文本范例 / 86

第三章 群众生产工作内容与流程

第一节　劳动保护工作内容与流程 / 108

第二节　安全生产与职业病防治工作内容与流程 / 112

第三节　劳动和技能竞赛与合理化建议工作内容与流程 / 119

第四节　评先、技协与创新工程工作内容与流程 / 124

第五节　文本范例 / 130

第四章 劳动保障工作内容与流程

第一节　保险、福利工作内容与流程 / 143

第二节　劳动合同工作内容与流程 / 147

第三节　劳动就业工作内容与流程 / 153

第四节　劳动争议处理与法律监督工作内容与流程 / 157

第五节　创建和谐劳动关系工作内容与流程 / 163

第六节　文本范例 / 167

第五章 宣教、文体与"产改"工作内容与流程

第一节　宣传教育工作内容与流程 / 174

第二节　职工思想建设工作内容与流程 / 176

第三节　职工文化建设工作内容与流程 / 179

第四节　职工体育工作内容与流程 / 184

第五节　产业工人队伍建设改革的内容与流程 / 189

第六节　文本范例 / 194

第六章 女职工工作内容与流程

第一节　女职工工作基本任务与组织建设内容与流程 / 201

第二节　女职工权益维护与队伍建设工作内容与流程 / 205

第三节　文本范例 / 209

第七章 财务工作内容与流程

第一节　财产、经费管理工作内容与流程 / 213

第二节　经审工作内容与流程 / 220

第三节　文本范例 / 226

第八章　智慧工会与自身建设内容与流程

第一节　思想和组织建设工作内容流程 / 230

第二节　制度建设与创新发展工作内容与流程 / 231

第三节　智慧工会建设工作内容与流程 / 233

第四节　文本范例 / 241

第九章　基层工会规范管理

第一节　规范化建设实施方案 / 247

第二节　文本范例 / 250

附　录

1.中华全国总工会办公厅关于印发《推进社会组织建会专项行动方案》的通知 / 259

2.企业民主管理规定 / 261

3.集体合同规定 / 268

4.工会基层组织选举工作条例 / 275

5.基层工会经费审查委员会工作条例 / 280

6.工会女职工委员会工作条例 / 284

7.工伤保险条例 / 286

8.工会劳动保护监督检查员工作条例 / 297

9.基层工会劳动保护监督检查委员会工作条例 / 299

10.工会小组劳动保护检查员工作条例 / 301

11.劳动保障监察条例 / 302

12.社会保险费征缴暂行条例 / 307

参考资料及说明 / 311

第一章
工会组织工作内容与流程

组织是基础,是做好工会工作的前提。加强工会组织建设,把广大职工组织和吸引到工会中来,建设一支庞大的工会积极分子队伍和强有力的工会干部队伍,对于新时代工会组织更好地履行职责,有着重要的作用。

第一节 组织建设工作内容与流程

加强工会的组织建设,是工会开展各项工作的前提与基础。新时代工会组织要承担起应有的责任和义务,为实现中华民族伟大复兴作出贡献,首要的就是加强工会的组织建设。

组织是基础,是做好各项工作的前提和保证。工会的组织建设,对于工会的整体工作、对于工会工作的创新发展起着至关重要的作用。

一、基本工作内容

(一)性质

工会是工人阶级的群众组织,是党联系职工群众的桥梁和纽带。基层工会依法推动党的全心全意依靠工人阶级的根本指导方针的贯彻落实,发挥党联系职工群众的桥梁纽带作用,巩固党执政的阶级基础。

(二)活动准则

工会在党组织领导下,独立自主地开展工作,依法行使权力,履行义务。认真履行维护职工合法权益、竭诚服务职工群众的基本职责,大力推进工会的群众化、民主化、法治化建设,努力把基层工会建设成为组织健全、维权到位、工作规范、作用明显、职工信赖的"职工之家"。

工会坚持走中国特色社会主义工会发展道路,维护职工的经济、政治、文化和社会权利,参与协调劳动关系和社会利益关系,推动构建和谐劳动关系,促进经济高质量发展和社会的长期稳定、维护工人阶级和工会组织的团结统一,为构建社会主义和谐社会作贡献。

(三)任务

1. 执行会员大会或者会员代表大会的决议和上级工会的决定,主持基层工会的日常工作。

2. 代表和组织职工依照法律规定，通过职工代表大会、厂务公开和其他形式，参与本单位民主选举、民主协商、民主决策、民主管理和民主监督，保障职工知情权、参与权、表达权和监督权，在公司制企业落实职工董事、职工监事制度。企业、事业单位工会委员会是职工代表大会工作机构，负责职工代表大会的日常工作，检查、督促职工代表大会决议的执行。

3. 参与协调劳动关系和调解劳动争议，与企业、事业单位、社会组织行政方面建立协商制度，协商解决涉及职工切身利益问题。帮助和指导职工与企业、事业单位、社会组织行政方面签订和履行劳动合同，代表职工与企业、事业单位、社会组织行政方面签订集体合同或者其他专项协议，并监督执行。

4. 组织职工开展劳动和技能竞赛、合理化建议、技能培训、技术革新和技术协作等活动，培育工匠、高技能人才，总结推广先进经验。做好劳动模范和先进生产（工作）者的评选、表彰、培养和管理服务工作。

5. 加强对职工的政治引领和思想教育，开展法治宣传教育，重视人文关怀和心理疏导，鼓励支持职工学习文化科学技术和管理知识，开展健康的文化体育活动。推进企业文化职工文化建设，办好工会文化、教育、体育事业。

6. 监督有关法律、法规的贯彻执行。协助和督促行政方面做好工资、安全生产、职业病防治和社会保险等方面的工作，推动落实职工福利待遇。办好职工集体福利事业，改善职工生活，对困难职工开展帮扶。依法参与生产安全事故和职业病危害事故的调查处理。

7. 维护女职工的特殊权益，同歧视、虐待、摧残、迫害女职工的现象作斗争。

8. 搞好工会组织建设，健全民主制度和民主生活。建立和发展工会积极分子队伍。做好会员的发展、接收、教育和会籍管理工作。加强职工之家建设。

9. 收好、管好、用好工会经费，管理好工会资产和工会的企业、事业。

（四）基本职责

维护职工的合法权益、竭诚服务职工群众是工会的基本职责。工会组织通过平等协商和集体合同制度，协调劳动关系；通过职工（代表）大会等形式，组织职工参与本单位的民主决策、民主管理和民主监督；动员和组织职工积极参加经济建设，努力完成生产和工作任务；教育职工不断提高思想道德、技术业务和科学文化素质，建设有理想、有道德、有文化、有纪律的职工队伍，在维护国家和企业利益的同时，更好地维护职工的经济、政治、文化和社会权利。

（五）组织原则

工会组织实行民主集中制，具体如下。

1. 个人服从组织，少数服从多数，下级组织服从上级组织。

2. 各级工会委员会由工会会员（代表）大会民主选举产生。

3. 各级工会的领导机关是同级工会代表大会和它所产生的工会委员会，下级工会组织向上级组织请示报告工作。

4. 各级工会委员会实行集体领导和分工负责相结合的制度，凡属重大问题由委员会或常委会民主讨论后作出决定，向同级工会会员（代表）大会负责并报告工作，接受会员监督。

5. 上级工会要经常向下级工会通报情况，听取下级工会和会员的意见，研究并解决他们提出的问题。下级工会应及时向上级工会请示报告工作。

（六）领导与管理原则

1. 基层工会接受同级党委和上级工会的领导，以同级党委领导为主。

2. 基层工会按照促进企事业和社会组织发展、维护职工权益的原则，支持行政依法行使管理权力，组织职工参与本单位民主选举、民主协商、民主决策、民主管理和民主监督，与行政方面建立协商制度，保障职工的合法权益，调动职工的积极性，促进企业、事业单位、社会组织的发展。

3. 基层工会坚持属地管理的原则。

4. 乡镇、街道工会具有地方工会和基层工会双重职能，更多地发挥基层工会的作用，承担和处理基层工会难以承担的工作并解决遇到的矛盾和问题。

二、组织建设工作内容

（一）组织发展与设置

1. 企业、事业单位和其他社会单位等基层单位，应依法建立工会组织。基层单位，有会员25人以上的，应当成立基层工会委员会。不足25人的，可以单独建立基层工会委员会，也可以由两个以上单位的会员联合建立区域性、行业性基层工会联合会或联合基层工会委员会；也可以选举组织员或工会主席1人，主持基层工会工作。企业集团公司可以召开工会会员（代表）大会选举工会委员会，也可以按照联合制、代表制原则建立工会委员会。

2. 分公司（子公司、分厂、事业部、处室等，下同）、车间（科室等，下同）建立某单位某分公司、车间工会委员会，按照生产（行政）班组建立工会小组。凡是按项目施工法组成的项目经理部设立相应的工会组织。各类新建和改制的企业都要及时建立相应的工会组织。

3. 建立基层工会组织，必须报上一级工会组织批准。撤销基层工会组织，必须经工会会员（代表）大会通过，并报上一级工会组织批准。任何单位和个人不得随意撤销、合并工会组织，也不得将工会组织及其工作机构归属于其他组织或工作部门。基层工会所在单位被撤销和终止，该工会组织相应撤销，并报上一级工会组织备案。

4. 基层工会委员会由工会会员大会或会员代表大会民主选举产生，每届任期三年或者五年。

5. 符合中华全国总工会《基层工会法人资格登记办法》条件的基层工会，要依法登记，取得法人资格。

（二）委员设置与人员配备

1. 基层工会委员会名额，按会员人数确定：25人以下者，可设委员1至3人，也可设主席或组织委员1人；召开工会会员（代表）大会选举基层工会委员会的委员的具体名额见"两委会"工作内容。大型企事业单位工会委员会，经上级工会组织批准，可以设常务委员会，常务委员会由9至11人组成。

经费审查委员会委员名额一般为3至11人。经费审查委员会设主任委员1人，必要时也可设副主任委员1人。特大型集团公司工会经费审查委员会委员名额可适当增加，设主任委员1人，副主任委员1人。地方总工会经费审查委员会的名额一般为工会委员会名额的20%。基层工会委员会、常务委员会和主席、副主席以及经费审查委员会的选举结果必须报上级工会批准。

2. 各级工会按有关规定建立女职工委员会（女职工不足10人的可以在工会委员会中设女职工委员）。女职工委员会由同级工会委员会提名，在充分协商的基础上，经同级工会委员会或常委会通过组成，也可召开女职工大会或女职工代表大会选举产生；女职工委员会在同级工会委员会领导和上级工会女职工委员会指导下工作；女职工委员会的组织建设按有关规定执行。

3. 基层工会委员会根据工作需要可以在分公司建立分公司工会委员会。分公司工会委员会由分公司工会会员（代表）大会选举产生，任期和基层工会委员会相同。按照生产（行政）班组建立工会小组，民主选举工会小组长，积极开展工会小组活动。

4. 基层工会委员会可根据工作人员职数或工会专兼职干部人数及本单位工作需要和工会业务活动要求，设置专门工作机构。基层工会委员会和分公司委员会，可以根据需要设若干专门委员会或专门小组。一般可设立女职工委员会、劳动保护监督检查工作委员会、生活保险福利工作委员会、财务工作委员会等。

（三）会员和会员代表

1. 凡在中国境内的企业、事业单位、机关、社会组织中，以工资收入为主要生活来源或者与用人单位建立劳动关系的劳动者，不分民族、种族、性别、职业、宗教信仰、教育程度，承认工会章程，都可以加入工会成为会员。职工加入工会，由本人自愿申请，经基层工会委员会批准并发给会员证。要注意发展进城务工人员加入工会组织，创新发展方式，最大限度地把职工组织到工会中来。

2. 基层工会会员代表大会的代表名额，按会员人数确定。

会员 201 至 1000 人的，设代表 40 至 60 人；

会员 1001 至 5000 人的，设代表 60 至 90 人；

会员 5001 至 10000 人的，设代表 90 至 130 人；

会员 10001 至 50000 人的，设代表 130 至 180 人；

会员 50001 人以上的，设代表 180 至 240 人。

3. 工会会员代表大会的代表实行常任制，任期与本单位工会委员会相同。可以连选连任。

4. 会员代表的组成应以一线职工为主，体现广泛性和代表性。中层正职以上管理人员和领导人员一般不得超过会员代表总数的 20%。女职工、青年职工、劳动模范（先进工作者）等会员代表应占一定比例。

5. 代表的选举应该充分体现民主性。代表的选举一般以工会小组或者分公司、车间为选举单位，由全体会员以差额的形式无记名投票选举产生。个别人可能因事因病参加不了，还有些人可能不感兴趣，但一定要尊重每个人的权利，一定要通知到本人。工会的群众化民主化是一个永恒的话题和一项需要不断加强的工作，也是贯彻党的二十大精神的具体行动，特别是随着物质生活水平的逐渐提高，人们对美好生活的追求与参与意识日益增强，工会的选举也一定要在充分尊重会员群众的前提下规范工作程序与工作制度。

6. 会员代表对选举单位的会员负责，接受会员群众监督。会员代表在任期内确因违法乱纪或严重失职，会员群众或原选举单位有权提出撤换、罢免要求。代表的撤换、罢免必须由原选举单位工会委员会召开工会会员（代表）大会，并经应到会人数过半数通过。

7. 会员代表调离原选举单位、退休或由于其他原因不能履行代表职责时，其代表资格自行终止。原选举单位出现的会员代表缺额，由全体会员

（代表）另行选举，并报经基层工会委员会审批。

（四）干部队伍建设

1. 各级工会组织按照革命化、年轻化、知识化、专业化的要求，努力建设一支坚持党的基本路线、熟悉本职业务、热爱工会工作、受到职工信赖的干部队伍。各级工会组织根据有关规定管理工会干部。重视培养和选拔青年干部、妇女干部、少数民族干部。

2. 工会干部要努力做到以下几方面。（1）认真学习马克思主义、毛泽东思想、邓小平理论、"三个代表"重要思想、科学发展观、习近平新时代中国特色社会主义思想，学习党的基本知识和党的历史，学习政治、经济、历史、文化、法律、科技和工会业务等知识，提高政治能力、思维能力、实践能力，增强推动高质量发展本领、服务群众本领、防范化解风险本领。（2）执行党的基本路线和各项方针政策，遵守国家法律、法规，在改革开放和社会主义现代化建设中勇于开拓创新。（3）信念坚定，忠于职守，勤奋工作，敢于担当，廉洁奉公，顾全大局，维护团结。（4）坚持实事求是，认真调查研究，如实反映职工的意见、愿望和要求。（5）坚持原则，不谋私利，热心为职工说话办事，依法维护职工的合法权益。（6）作风民主，联系群众，增强群众意识，增进群众感情，自觉接受职工群众的批评和监督。

3. 基层工会主席、副主席应当采取协商提名（同级党组织与上级工会协商），召开工会会员（代表）大会选举产生，也可以由工会委员会选举产生，实行任期制。要坚持党管干部、依法治会和发扬民主相统一，尊重和体现会员意愿，完善选举制度，增强工会的群众基础。

4. 上级工会可以向非公有制企业选派工会组织员或推荐工会主席候选人。选派或推荐人员可以由上级工会聘用，也可以与所在工作单位按《劳动法》建立劳动关系。

5. 有条件的企业可以在同级党组织领导和上级工会指导下，直接选举工会主席。

6. 国有及国有控股企业、外商投资企业、乡镇企业工会主席、副主席的工资福利等待遇可以比照企业的副职和中层正职待遇执行，主席是党员的应参加同级党委。其他用人单位基层工会主席、副主席的工资福利等待遇，按照有关规定执行。经费审查委员会主任委员和女职工委员会主任委员按同级工会副主席职级配备和管理。

7. 基层工会委员会主席和副主席、经费审查委员会主任委员和副主任委员、女职工委员会主任委员的任用、调离和免职都要经本级工会委员会及上一级工会同意和批准。罢免工会主席、副主席和经费审查委员会主任委员、副主任委员，必须召开工会会员大会或工会会员代表大会讨论，非经工会会员大会全体会员或工会会员代表大会全体代表过半数通过，不得罢免。

8. 基层工会主席、副主席任期未满不得随意调动其工作。因工作需要调动时，应事先征得本级工会委员会和上一级工会同意。

9. 在职工200人以上的企业、事业单位工会，应当设专职工会主席。国有和国有控股企业、事业单位工会的专职工作人员的人数应当不低于职工总人数3‰的比例配备，其他用人单位工会的专职工作人员人数由工会与单位协商确定。企业主要负责人的近亲属不能作为本企业工会委员会成员的人选。

10. 各级工会组织关心工会干部的思想、学习和生活，督促落实相应的待遇，支持他们的工作，坚决同打击报复工会干部的行为作斗争。

(五) 积极分子队伍建设与培训

1. 工会工作的开展需要大量的积极分子。工会是工人阶级的群众组织，工会的大量工作需要积极分子完成。加强积极分子队伍建设对于工会组织建设及工会整体工作的开展至关重要。

2. 加强积极分子队伍建设。通过发展壮大兼职工会干部队伍等形式加强积极分子队伍建设，提高工会组织的影响力。

3. 搞好对积极分子的培训。通过办培训班、网上培训、微信公众号推送学习资料与典型事例、自我教育相互启发等形式，搞好对积极分子和兼职工会干部的培训，不断提高积极分子的素质、积极性和工会工作水平。

4. 加强对积极分子队伍的管理。积极分子工作做得如何，考验着工会工作者特别是领导者的领导才能和组织才能。要加强对积极分子的管理，给予工作成绩突出的同志应有的精神和物质奖励。

（六）职工之家

1. 建家的指导思想。以习近平新时代中国特色社会主义思想为指导，贯彻落实习近平总书记关于工人阶级和工会工作的重要论述，贯彻落实加强基层工会建设"三个着力"重要指示精神，增强基层工会政治性、先进性、群众性，激发基层工会活力，发挥基层工会作用，切实把工会建设成为职工群众信赖的"职工之家"，把工会干部培养成为职工群众信赖的"娘家人"。

2. 建家的原则。坚持面向基层一线，畅通基层工会和广大会员的参与渠道，着力夯实工会组织基础；坚持公开公平公正，保护调动会员积极性；坚持会员主体地位，真正让会员当主角；坚持高标准严要求，充分体现和发挥先进典型的引领性示范性；坚持动态监督管理。

3. 深化建家的途径与方法。

（1）要坚持融入中心，服务大局；要调动广大职工的积极性和创造性，深入开展"新时代建功立业"活动，为促进改革发展贡献智慧和力量。

（2）要坚持加强维权基本制度建设，依法维护广大职工的合法权益；要竭诚服务职工群众，真心实意为职工群众办实事、做好事、解难事；要坚持群众路线，广泛听取会员群众的意见。

（3）要突出重点，建家是工会工作的综合反映与体现，在注重整体提高的基础上和前提下，一个时期、一个阶段，要突出一个重点、一项重点工作，以局部突破推动整体的发展。

（4）要加强工会自身建设，坚持依法建会，保证工会组织的健全和完善，保证工会各项任务的落实。注意协调各方面的关系，取得各方面的支持、调动协调各方面的力量共同做好工作。

4. 模范职工之家的基本条件。

（1）认真贯彻习近平新时代中国特色社会主义思想，执行党的路线方针政策，遵守国家法律法规，践行社会主义核心价值观，加强职工思想政治引领，团结带领职工建功新时代。

（2）工会组织机构单独设立，工会委员会、经费审查委员会及女职工委员会等领导机构健全，工会劳动保护委员会、劳动法律监督委员会等工作机构完善，具备条件的工会依法取得社会团体法人资格，近三年职工（含农民工、劳务派遣工）入会率均在90%以上。

（3）依法独立设立工会经费账户，及时足额拨缴工会经费，自主管理，规范使用。

（4）工会会员代表大会、民主选举、会务公开、会员评议职工之家等制度落实到位。

（5）有效落实以职工代表大会为基本形式的民主管理制度，依法实行厂务公开，开展集体协商签订集体合同，健全劳动争议调解组织，有效化解劳动纠纷，劳动关系和谐稳定。

（6）热忱服务职工群众，工会工作获得职工高度认可，近三年工会会员代表大会评议职工之家满意率均在90%以上。

5. 模范职工小家的基本条件。

模范职工小家的基本条件，可参考模范职工之家条件，并注意把握以下几点。

（1）分公司、车间、班组工会或工会小组建设好，依法选举工会主席或小组长，具备条件的工会依法取得社会团体法人资格，近三年职工（含农民工、劳务派遣工）入会率均在90%以上。

（2）分公司、车间、班组民主管理好，依法实行厂务公开、会务公开，开展集体协商。

（3）分公司、车间、班组完成生产、工作任务好，组织职工开展技术创新、劳动技能竞赛，团结带领职工建功立业。

（4）职工小家阵地建设好，活动场所和服务设施齐全，服务活动丰富，近三年工会会员代表大会评议职工之家满意率均在90%以上。

6. 会员群众评议职工之家。为推进基层工会群众化民主化建设，激发基层工会活力，切实增强工会组织的凝聚力和吸引力，提高基层工会工作整体水平，中华全国总工会（以下简称全总）在全国工会组织中开展了会员评议职工之家活动。会员评家的基本内容是：健全组织体系；促进科学发展；履行维权职责；实施素质工程；服务职工群众；加强自身建设。会员评家通过召开会员（代表）大会进行，每年至少评议一次。会员评家主要评议基层工会开展工作、建设职工之家情况，评议工会主席（副主席）履行职责情况；会员评家的结果应报同级党组织和上一级工会。

三、组织建设工作流程

（一）会员发展流程

1. 职工本人自愿申请。

2. 经基层工会委员会批准。

3. 发给会员证。

4. 一般应半年进行一次会员人数统计。

5. 会员关系随劳动（工作）关系变动，凭会员证接转。

（二）组织建立流程

1. 在同级党组织领导下，根据党组织意见或上级工会文件，成立工会筹备领导小组。

2. 工会筹备领导小组负责工会日常工作，组织筹备工会会员（代表）大会，并及时向同级党组织和上一级工会报告筹备工作进展情况。

3. 召开工会会员（代表）大会，选举产生工会委员会和经费审查委员会。

4. 向上一级工会报告选举结果。

5. 上一级工会对选举结果予以批复。

（三）工会积极分子队伍建设流程

1. 兼职干部的选配。（1）工会组长。召开工会小组会议，选举产生工会组长；工会小组将选举结果报车间工会；经车间工会研究同意后，通知工会小组，工会小组长开始履行职责。（2）工会委员、分厂、车间主席，按照换届选举工作流程、通过民主流程选举产生。

2. 兼职津贴的发放。(1) 基层工会制定《津贴发放考核办法》；(2) 按月（季）对照考核办法进行考评；(3) 将考评结果报工会主席确认批示；(4) 发放津贴；(5) 将签收单报工会财务备案。

3. 工会积极分子的管理。(1) 建立健全工会积极分子台账；(2) 采取以会代训、脱产培训等方法对工会积极分子进行《工会法》、《劳动法》、工运知识、业务知识等培训；(3) 运用座谈会、研讨会、知识答卷等办法对工会积极分子学习情况进行考评；(4) 建立考评资料、登记考评结果，作为年度评选优秀工会积极分子的依据；(5) 制定下发评选优秀工会积极分子办法，明确评选条件、名额分配和具体要求，组织开展评选活动；(6) 召开工会委员会会议，对优秀工会积极分子进行审查；(7) 表彰奖励优秀工会积极分子；(8) 整理材料，归档。

（四）培训流程

1. 制定规划。全总、省总、市总、产业工会一般都有自己的五年规划和年度计划。基层工会要根据上级工会的计划与安排，制订好自己的培训计划，包括年度各方面的培训，应纳入年度的整体工作规划中，纳入季度、月度的方针目标管理和绩效考核中。计划应该包括培训的内容、时间、参加人员、经费、教材、师资安排等。

2. 按计划、时间进度认真落实。包括时间的落实、参加人员的抽调和落实、教材和师资的落实、场地的落实、经费的落实、食宿的落实，要认真抓好每项工作的落实。

3. 认真搞好培训。培训中注重结合实际，倾听培训对象的意见和建议，不断改善和发展培训工作。要注意创新培训的形式，学习借鉴研究生教育方式方法，注重互动、启发式学习，研修、调研式学习，引导培训对象互相学习，注重提高培训的实际效果。

4. 对培训工作及时进行总结提高。总结经验，发现问题和不足，及时进行改正和完善。

（五）职工之家建设评比表彰流程

1. 基层工会根据年度工作重点目标，调整完善职工之家建设规划。

2. 工作中积极落实规划。

3. 年中、年末根据《职工之家评比考核办法》，开展自检自验。

4. 召开年度工会会员（代表）大会，对工作进行民主评议。

5. 整理活动总结、自检自验申报等材料。

6. 上级工会审核基层工会上报的材料并进行检查或抽查。

7. 根据自验、检查验收、相关部门意见及日常工作开展情况进行综合评定，拟初评结果。

8. 提交工会全委会（常委会）研究决定。

9. 起草表彰决定，筹备表彰事宜。

10. 召开表彰大会或者发文件。

11. 总结推广"模范职工之家"的经验和事迹。

12. 整理资料，做好归档工作。

第二节　会员（代表）大会工作内容与流程

工会会员（代表）大会是工会的权力机关，是会员代表行使权利的地方。规范工会会员（代表）大会的各项工作，特别是选举好代表、委员会成员和主要负责人，是工会组织的重要任务，考验着工会组织的能力与水平。

一、工会会员（代表）大会工作内容

(一) 届期

基层单位坚持工会会员（代表）大会制度，届期为三至五年，每年至少召开一次全体会议。基层工会委员会对工会会员（代表）大会负责，执行会员（代表）大会的决议。一般在届期内每年召开一次工会会员（代

表）大会，讨论决定工会工作的重大问题，接受会员监督。经基层工会委员会或者 1/3 以上会员提议，可以临时召开会员（代表）大会。工会会员在一百人以下的基层工会应当召开会员大会。

（二）职权

基层单位工会会员（代表）大会的职权如下。

1. 审议和批准基层工会委员会的工作报告。

2. 审议和批准基层工会委员会经费收支情况报告、经费审查委员会工作报告。

3. 开展会员评家，评议基层工会开展工作、建设职工之家情况，评议基层工会主席、副主席履行职责情况。

4. 选举和补选基层工会委员会和经费审查委员会组成人员。

5. 选举和补选出席上一级工会代表大会的代表。

6. 罢免其所选举的代表、基层工会委员会组成人员。

7. 讨论决定基层工会其他重大事项。

（三）大会主席团

1. 主席团的名额一般不超过全体代表总数的 15%。具体名额由召集代表大会的工会委员会或常务委员会根据大会规模和代表总数确定。主席团成员必须是本次代表大会的正式代表。主席团成员一般应由工会机关和下属工会负责人、代表团（组）长、党政领导人员、先进模范人物、创新能手等方面的人员组成，并应有一定数量的青年职工和女职工代表。大会主席团可视情况设常务主席若干人，秘书长一人，副秘书长若干人。基层单位工会会员代表大会代表较少的，可不设秘书长、副秘书长。

2. 大会主席团成员、秘书长、副秘书长建议名单，由上届工会委员会或常务委员会提名，经代表团（组）酝酿讨论同意后，提交代表大会预备会议表决通过。大会副秘书长可以不是本次代表大会的代表。主席团常务主席一般应由本届和拟任下届的工会主席、副主席担任。

3. 大会主席团实行集体领导原则，会议的重大问题须经主席团全体会议讨论通过。

（四）筹备工作

工会会员（代表）大会的筹备工作由同级工会委员会负责。新建立工会组织或工会委员会不健全的，可以成立筹备委员会或筹备组，负责大会的筹备工作。筹备工作情况应向同级党组织和上一级工会报告，经同意后方可召开大会。基层单位工会委员会，在两次代表大会之间，认为有必要时，可以召开代表会议，讨论和决定需要及时解决的重大问题。代表会议代表的名额和产生办法，由召集代表会议的工会委员会或常委会决定。

二、"两委会"工作内容

"两委会"指工会委员会和工会经费审查委员会。

（一）任期

工会委员会、经费审查委员会均由工会会员（代表）大会民主选举产生。工会委员会、经费审查委员会实行任期制。基层工会委员会和工会经费审查委员会每届任期三年或者五年。任期届满，应按期召开工会会员（代表）大会进行换届选举，可连选连任。

（二）委员名额

基层工会委员会委员名额，按会员人数确定：

不足25人，设委员3至5人，也可以设主席或组织员1人；

25人至200人，设委员3至7人；

201人至1000人，设委员7至15人；

1001人至5000人，设委员15至21人；

5001人至10000人，设委员21至29人；

10001人至50000人，设委员29至37人；

50001人以上，设委员37至45人。

大型企事业单位基层工会委员会，经上一级工会批准，可以设常务委员会，常务委员会由9至11人组成。

（三）组成

工会委员会一般应由工会机关、下属主要单位的工会负责人及有关方面的代表组成。工会委员会全体会议每年至少举行一次。基层工会委员会每半年至少召开一次会议。

（四）设立常务委员会的工会委员会的主要职权

1. 执行上级工会组织的决定和同级工会会员代表大会的决议。
2. 领导本级工会工作。
3. 审议和批准常务委员会的工作报告。
4. 审议和批准经费收支情况报告和经费审查委员会的工作报告。
5. 承担职工（代表）大会工作机构的职责。
6. 替补、增补委员，选举补充常务委员、主席、副主席。
7. 讨论和决定本级工会的其他重大问题。
8. 定期向上级工会报告工作。

（五）基层单位工会委员会的职权

1. 执行上级工会组织的决定和同级工会会员（代表）大会的决议。
2. 承担职工（代表）大会工作机构的职责。
3. 主持工会日常工作。
4. 讨论和决定本级工会其他重大事项。
5. 定期向上级工会报告工作。

（六）基层单位工会经费审查委员会的人数与组成

基层单位工会经费审查委员会一般由 3 到 11 人组成。经费审查委员会一般由工会干部、财务或审计人员组成。地方总工会经费审查委员会人数一般为同级工会委员会委员总数的 20%。各级工会委员会主席和分管财务工作的副主席、工会财务工作人员，不得担任同级工会经费审查委员会的成员。

（七）提名办法

工会委员会委员、常务委员、主席、副主席和工会经费审查委员会委员、主任、副主任候选人的提名办法如下。

1. 工会委员会委员、常务委员候选人由同级工会委员会或常委会依据上级工会规定，通过民主程序提出候选人建议名单，并征得同级党组织和上级工会同意。

2. 工会经费审查委员会委员、主任、副主任候选人由同级工会委员会或常委会提出候选人建议名单，与候选人所在单位工会协商并征得同级党组织和上级工会同意。

3. 工会委员会主席、副主席候选人，按照干部管理权限由同级党组织和上级工会协商提名推荐。基层、分公司、车间工会主席、副主席候选人也可由会员自下而上提名推荐或自荐。

4. 工会委员会委员、常务委员、主席、副主席和工会经费审查委员会委员、主任、副主任候选人的建议名单，经报同级党组织和上一级工会同意后，必须按照民主集中制的原则，组织会员或会员代表充分酝酿讨论，经多数会员和会员代表同意方可确定为正式候选人，提交工会会员（代表）大会选举。委员候选人不限于工会会员（代表）大会代表。工会委员会和常务委员会委员实行差额选举，差额率分别不低于5%与10%。

5. 工会会员（代表）大会换届选举产生的工会委员会委员、常务委员、主席、副主席和工会经费审查委员会委员、主任、副主任，报上一级工会批准。

(八) 主席、副主席

1. 工会主席、副主席任期未满不得随意调动其工作。确因工作需要调动时，应征得本级工会委员会和上一级工会同意。

2. 工会主席因工作调动或其他原因职位出现空缺时，应按照民主程序及时选举补充。选举补充前，经征得同级党组织和上级工会同意，可暂指定一名工会负责人，主持工会工作，时间不得超过半年。

(九) 撤换与罢免

需撤换或罢免工会委员会成员时，必须由本级工会委员会或常委会提出事由，召开全体会议审议表决，并报上一级工会备案和提交下一次工会会员（代表）大会予以确认。

工会会员（代表）大会选举产生工会委员会和工会经费审查委员会。工会委员会选举产生常务委员、主席、副主席，工会经费审查委员会选举产生主任、副主任。工会主席、副主席也可以由工会会员（代表）大会直接选举产生。工会小组长由会员直接民主选举产生。

三、选举工作内容

1. 会员和会员代表有选举权和被选举权（保留会籍者除外）。选举人有了解、不选任何一个候选人和另选他人的权利。任何组织和个人不得以任何方式强迫选举人选举或不选举某个人。

2. 选举要充分体现选举人的意志，采用无记名投票方式。参加选举的人数达到应到会人数的2/3以上方可进行选举。选举可以直接采用候选人人数多于应选人数的差额选举办法进行正式选举，也可以先采用差额选举办法进行预选产生候选人，然后进行正式选举。候选人必须获得应到会全体会员、会员代表或全体委员人数的半数以上同意票始得当选。基层单位、分公司工会会员（代表）大会期间，会员或会员代表确因生产、工作不能离岗到会参加选举时，可以设立流动票箱投票。

3. 选举同一职务，凡有两名及以上候选人者，候选人名单按姓氏笔画排列。当选者按得同意票多少依次排列。得同意票数相同的，按姓氏笔画排列。

4. 召开工会会员（代表）大会及工会委员会、工会经费审查委员会进行选举，应按有关规定制定《选举办法》。《选举办法》应由工会会员（代表）大会或委员会讨论通过方为有效。

5. 换届选举应视会议规模设总监票人、监票人和总计票人、计票人。总监票人、监票人必须是本次代表大会的正式代表。总监票人、监票人由上届委员会或常委会提出建议名单，经代表团（组）酝酿讨论，或代表团（组）推选，经大会主席团审议同意后，提交大会以举手表决方式通过。

总监票人、监票人在大会主席团领导下，对选举的全过程进行监督。总计票人、计票人一般由大会秘书处或上届委员会、常委会指定，在总监票人、监票人监督下进行工作。候选人不得担任监、计票工作。

6. 召开工会委员会和工会经费审查委员会第一次全体会议进行选举时，一般由大会主席团在新当选的工会委员会和工会经费审查委员会委员中分别委托一名委员主持，也可以由同级党组织和上一级工会在新当选的委员中分别提名一位同志，经全体委员会会议通过后主持。委托或提名的新当选委员一般应是拟任本届工会主席和经审会主任人选。

7. 替补、增补工会委员会和工会经费审查委员会委员。工会委员会委员、工会经费审查委员会委员调离原选举单位、退休或因工作变动等原因不能继续履行职责时，其工会职务自行终止。工会常务委员会根据委员变动情况提出替补委员人选，经酝酿讨论后，提交工会委员会全体会议审议通过。因工作需要增补委员时，也按上述流程进行。增补的委员应提交下一次代表大会确认。

8. 选举补充常务委员。由工会常务委员会提出选举补充人选，经酝酿讨论后，提交工会委员会全体会议选举补充。

9. 基层单位工会委员会委员、主席、副主席和工会经费审查委员会委员、主任、副主任，在工会会员（代表）大会闭会期间出现空缺时，按规定的程序、名额、构成进行选举补充。

10. 选举补充工会主席、副主席。按照干部管理权限，工会委员会根据党组织的人选提名，并与上一级工会协商一致后，在不超过半年的时间内，由工会委员会全体会议或工会会员（代表）大会选举补充。选举补充工会主席、副主席、常务委员，不是委员的，要先选举补充为委员。

11. 选举补充工会经费审查委员会主任、副主任。由工会委员会或常务委员会提出相应的选举补充人选，与人选所在单位工会、党组织协商同意后，由工会经费审查委员会全体会议选举补充。选举补充工会经费审查委员会主任、副主任和常务委员，不是委员的，要先选举补充为委员。

12. 选举补充一般实行等额选举，采用无记名投票方式进行。

13. 工会委员会、主席、副主席和工会经费审查委员会、主任、副主任的选举结果报上一级工会批准。

四、召开工会会员（代表）大会及换届选举流程

（一）筹备工作流程

1. 提出召开工会会员（代表，下同）大会的筹备工作方案，向同级党委汇报。方案主要内容：指导思想及大会主要任务、议程；总体时间进度安排；代表的名额、条件、构成及产生办法；委员会、常委会的设置；经费审查委员会（女职工委员会，下同）的设置；筹备工作的组织领导机构及职责分工。

2. 向上级工会提出召开代表大会请示。

3. 经上级工会批准，发出开会通知。

4. 召开第一次筹备委员会会议。宣读召开会议通知；宣布筹备工作组织领导机构和职责分工及进度要求；讨论；提出对筹备工作的总体要求；做好会议宣传工作。

5. 全面启动筹备工作。起草会议文件；审查各单位代表候选人情况，选举代表；协商提出新一届工会委员会、工会经费审查委员会的组成方案。

6. 召开第二次筹备委员会会议。检查文件起草情况；检查代表选举情况；汇报工会委员会、工会经费审查委员会委员的建议人选情况；提出大会主席团组成的建议方案；协调解决存在的问题。

7. 向同级党委汇报筹备情况。会议的整体筹备情况；工会委员会、工会经费审查委员会的组成方案和建议人选；大会主席团的组成方案和建议名单；大会的时间、地点及日程安排；其他需要报告的问题。

8. 召开本届工会委员会最后一次全体会议。听取大会筹备情况的汇报；审议通过工会委员会工作报告（草案）、经费收支情况报告（草案）和经费审查委员会工作报告（草案）；讨论通过大会议题；讨论通过代表资格审查委员会建议名单和代表资格审查报告及代表团（组）组成方案；

讨论通过大会主席团和秘书长、副秘书长建议名单；讨论通过大会列席代表建议名单；讨论通过"两委会"委员候选人建议名单；讨论通过大会选举办法（草案）；党委书记讲话。

9. 召开第三次筹备委员会会议。各组汇报筹备工作进度情况；下发会中工作提示；领导同志会中活动安排；接待与会上级领导方案；大会接待及活动安排；发出召开大会通知。

（二）召开工会会员（代表）大会流程

1. 各代表团（组）召集人会议。介绍大会议程；宣布各代表团（组）组成及团（组）长名单；提出大会主席团组成方案及建议名单；提出大会秘书长、副秘书长建议名单；提出关于确认增补委员的决议（草案）；部署大会有关事宜。

2. 各代表团（组）讨论。大会主席团组成方案及建议名单；大会秘书长、副秘书长建议名单；大会议程（草案）；关于确认增补委员的决议（草案）。

3. 代表团（组）长会议。汇报各代表团（组）讨论情况；确认代表资格审查报告。

4. 预备会议。筹备工作报告；听取代表资格审查报告；通过大会主席团组成方案及成员名单；通过大会秘书长、副秘书长名单；通过大会议程；通过关于确认增补委员的决议。

5. 第一次主席团会议。通过大会常务主席名单；通过大会日程；通过各日程执行主席名单。

6. 大会开幕式。报告到会代表人数，介绍与会有关领导、来宾；宣布代表大会开幕，奏《中华人民共和国国歌》；上级领导和来宾讲话，行政领导讲话；兄弟单位（团委等）祝词……（代表合影）；工会工作报告；工会经费收支情况报告和经审工作报告。

7. 第二次主席团会议。原则通过工会工作报告、经费收支情况报告、经审会工作报告决议（草案），提交大会讨论；原则通过工会委员会、经费审查委员会委员候选人名单，提交大会酝酿；原则通过大会选举办法

（草案），提交大会审议；原则通过监票人建议名单。

8. 各代表团（组）讨论审议。领导讲话；工会工作报告；经费收支情况报告和经审会工作报告；各项决议（草案）；酝酿工会委员会、经费审查委员会委员候选人名单、大会选举办法（草案）、监票人建议名单。

9. 第三次主席团会议。听取各代表团（组）汇报酝酿讨论情况；研究处理代表提出的意见建议和关系会议进程的有关问题。

10. 大会选举。通过选举办法；通过总监票人、监票人名单；宣布计票人名单；选举；计票；总监票人向主席团报告计票结果；大会宣布"两委会"选举结果。

11. 第四次主席团会议。通过第一次全委会议、经审委会议主持人名单；确定全委会分组和召集人名单；原则通过第一次全委会议、经审委会议选举办法（草案）；原则通过第一次全委会议、经审委会议监票人建议名单；原则通过工会委员会主席、副主席、常委候选人名单和工会经费审查委员会主任、副主任候选人名单（委员合影）。

12. "两委会"分组酝酿、讨论。选举办法（草案）；候选人建议名单；监票人建议名单；"两委会"召集人听取讨论情况汇报。

13. 经费审查委员会第一次全体会议。通过选举办法；通过监票人建议名单；宣布计票人名单；选举、计票；宣布选举结果。

14. 工会委员会第一次全体会议。通过选举办法；通过监票人建议名单；宣布计票人名单；选举、计票；宣布选举结果。

15. 大会闭幕式。宣布工会委员会主席、副主席、常委选举结果；宣布工会经费审查委员会主任、副主任选举结果；通过工作报告、经费收支情况报告、经审工作报告决议；表彰（两模三优）先进；党委领导讲话；小结；宣布大会闭幕。

16. 会议文件、资料收集。文件资料收集，"两委会"个人简介资料的回收，各个会议主持词的回收，选举文件、选票及统计资料的回收、密封与保管；大会报告等文件的回收整理；电子资料的收集，其他音像资料的收集。

（三）召开代表会议流程

（一般为选举出席上一级工会会员代表大会代表和推荐上级工会表彰模范集体形成决议）

1. 会前工作。确定参会人员：根据上级要求和分配名额，提出代表名额分配方案，向工会委员会或常委会汇报；与有关单位协商提出代表候选人建议名单；发出召开代表会议通知。

2. 召开会议。向会议报告会议任务和代表分配名额及构成要求；宣读选举办法（草案）；宣读代表候选人建议名单；宣读总监票人、监票人建议名单；酝酿讨论；通过选举办法、监票人名单；宣布计票人名单；选举；计票；宣布选举结果；领导讲话。

（四）换届选举工作流程

1. 会前筹备。会前3个月左右，向所在单位党委汇报关于召开工会会员（代表）大会的意见，党委同意后，向上级工会呈报筹备工会会员（代表）大会的请示；上级工会批复同意后，开始进行筹备工作。

2. 大会筹备。（1）发出筹备召开工会会员（代表）大会的通知。内容主要有：召开会议的目的意义和拟定时间；大会的指导思想和主要任务；大会的主要议程；代表名额分配、构成条件及产生办法；下届委员会、经审会的组成方案和提名、产生办法；有关事宜。（2）选举代表。分公司、车间工会根据基层工会确定的代表名额和代表条件，召开工会会员（代表）大会选举产生代表；工会委员会对代表资格进行审查；编制代表和代表团（组）分组名册。（3）酝酿产生工会委员会、经费审查委员会委员候选人建议名单。通过民主流程提出"两委会"委员候选人建议名单（一般要经自下而上与自上而下两次或者多次广泛征求意见）；征求有关方面意见；召开全委会，讨论提出候选人建议名单，报同级党组织和上级工会审查同意。（4）起草大会有关文件。工会委员会工作报告（草案）及相应的决议（草案）；经费收支情况报告（草案）及相应的决议（草案）；经费审查委员会工作报告（草案）及相应的决议（草案）；筹备工作报告；代表资格审查报告；大会选举办法（草案）；工会委员会、经费审查委员会第一次全体会议选举办法（草案）。（5）会务准备工作。大会经费预算；会议日程安排；制作有关证件；会场、座序及讨论地点安排。（6）筹备工作基本就绪后召开全委会，讨论、审议、研究有关事宜。听取筹备工作情况汇报；审议通过工会委员会工作报告、经费收支情况报告及经审会工作报告（草案）及相应的决议（草案）；审议通过大会议程；听取并审议代表选举结果和审查情况；审议通过"两委会"候选人建议名单；讨论通过大会选举办法（草案）；研究提出各代表团（组）召集人、大会主席团成员及总监票人建议名单；确定召开代表大会的具体时间；其他与大会有关的重要事项。（7）向党组织和上级工会汇报。向同级党组织和上级工会报告大会筹备情况；代表的产生和构成情况；"两委会"委员，工会主席、副主席，经审会主任、副主任候选人建议名单及个人资料；选举办法（草案）；日程安排、工作报告（征求意见稿）；上级工会同意后，即可按确定日期和大会议程召开大会。

3. 预备会议。报告大会筹备工作情况；通过大会主席团组成方案及产生办法；通过大会主席团成员名单；通过大会议程；通过大会总监票人、监票人和总计票人、计票人组成方案及产生办法；宣布大会日程。

4. 主席团第一次会议。宣布大会主席团任务；通过大会日程；酝酿通过大会执行主席分工名单；审议提出大会选举办法、酝酿提出"两委会"委员候选人建议名单。

5. 大会开幕式。宣布大会开幕，奏《中华人民共和国国歌》；上级工会领导讲话；行政领导讲话；团委书记致贺词；工会工作报告和经费收支情况报告；经审会工作报告。

6. 代表团（组）分组讨论。工会工作报告、经费收支情况报告及决议（草案）；经审会工作报告及决议（草案）；大会选举办法（草案）；"两委会"委员候选人建议名单；监票人建议名单。

7. 主席团第二次会议。听取各代表团（组）讨论情况汇报；原则通过大会选举办法、确认"两委会"委员候选人名单；原则通过总监票人、监票人名单；确定总计票人、计票人名单；原则通过工会工作报告决议（草案）；原则通过经费收支情况报告决议（草案）；原则通过经审会工作报告决议（草案）；研究处理代表提出的意见和建议。

8. 大会选举。（1）复核参加大会的正式代表人数。（2）通过大会选举办法。（3）通过大会总监票人、监票人名单。宣布总计票人、计票人名单。（4）选举。总监票人主持选举，开始进行选举：当众检查票箱，加封；总监票人从主持人处领取选票，监票人进行清点并报告票数；分发选票；总监票人报告分发票数；填写选票；代表依次投票；开箱点票；宣布选举是否有效；计票工作。

9. 主席团第三次会议。听取、确认总监票人报告选举计票结果；确定"两委会"第一次全体会议主持人。

10. 大会继续进行。向全体代表报告选举结果，总监票人将封好的选票交给大会主持人。

11. 向大会宣布当选的××工会第×届委员会委员和经费审查委员会委员名单。

12. 分别召开新一届工会委员会和经费审查委员会第一次全体会议，选举产生工会委员会主席、副主席，选举产生经费审查委员会主任、副主任。通过工会委员会（经费审查委员会）第一次全体会议议程；通过工会委员会主席、副主席（经审会主任、副主任）选举办法（草案）；介绍工会主席、副主席（经审会主任、副主任）候选人情况；通过监票人名单；宣布计票人名单；选举工会委员会主席、副主席（经审会主任、副主任）；宣布选举结果。

13. 大会闭幕式。宣布工会主席、副主席、经审会主任、副主任选举结果；通过关于工会委员会工作报告的决议，通过关于工会经费收支情况报告的决议，通过关于经费审查委员会工作报告的决议，通过其他重大问题的决议；党委书记讲话；宣布大会闭幕，奏《咱们工人有力量》。

14. 将选举结果报告单位党委的同时，报告上级工会。

（五）指导换届选举工作流程

1. 上级工会下达年度换届选举工作安排。

2. 上级工会检查一次基层单位工会换届选举工作进度，及时提醒有关单位工会严格按照届期时间换届。

3. 上级工会接到换届单位工会召开换届大会请示后，审查其代表名额、构成及"两委会"设置是否符合有关规定，对换届单位的请示予以批复。

4. 指导换届单位进行筹备工作。在换届单位筹备工作基本就绪后，审查其筹备工作情况，审阅工作报告（征求意见稿）、选举办法（草案）、日程安排等重要会议文件；上级工会组织考察"两委会"候选人情况——召开座谈会，听取有关人员意见——同该单位党政主要领导谈话征求意见——与干部主管部门交换意见；研究"两委会"候选人考察情况并予以批准；进行会中指导；予以批复。

（六）会员代表常任制流程

1. 基层工会召开换届大会，按照有关规定选好会员代表。

2. 加强对会员代表的日常管理，开展工运知识培训，组织会员代表搞好调研，提好提案。

3. 向上一级工会报告，筹备召开年度代表大会。

4. 召开年度代表大会前做好会员代表的补选工作。

5. 召开年度代表大会，作工会工作报告，民主评议建家工作。

6. 做好提案收集整理，积极落实。

7. 收集会议资料。

五、召开工会委员会流程

（一）筹备工作流程

1. 确定会议议程及日程安排。

2. 了解委员会成员变动情况。若有变动，提出委员、常委、主席、副主席补选的建议。

3. 准备候选人的详细资料。起草选举办法，提出监、计票人建议名单，印制选票。

4. 起草工作报告等各种会议文件，做好会议接待前期工作。

（二）会议流程

1. 领导讲话。

2. 工会工作报告、经费收支情况报告和经审会工作报告。

3. 介绍候选人情况。

4. 通过补选委员的决议。基层单位工会主席补选一般在工会会员（代表）大会上进行。

5. 进行补选（不一定每次都进行）。宣读选举办法（草案），监票人建议名单；讨论通过选举办法、通过监票人名单，宣布计票人名单；选举主席、副主席；宣布结果。

（三）收集会议资料，按报批流程报上级工会批准

第三节　文本范例

一、××公司工会换届选举工作方案

根据《工会基层组织选举工作条例》第三十条"基层工会委员会每届任期三年或五年"的原则和上级工会关于基层工会委员会任期三年的规定，我单位第二届工会委员会任期已经届满，应于今年年底前换届选举。工会委员会换届选举是工会组织建设的一件大事，做好这项工作对贯彻落实工会工作方针、维护职工合法权益、协调劳资关系有十分重要的意义。

（一）换届选举工作的指导思想

这次换届选举工作的指导思想是：认真学习贯彻习近平新时代中国特色社会主义思想和党的二十大精神，充分发扬民主，严格依法办事，按照德才兼备的原则，努力把工会班子建设成为坚持党的领导、服务工作大局、切实履行职责、职工群众信赖的工会领导集体，组织和发展广大会员和职工为经济的高质量发展做贡献。

（二）工会委员会班子组成

工会委员会成员确定为 11 名（按 10% 的比例差额选举产生），其中工会主席 1 名，副主席 3 名（1 名兼经审委主任，1 名由劳动模范兼职）。副主席中要有一名同志专职从事工会工作。

工会经费审查委员会委员设 5 名，其中主任 1 名。工会女职工委员会委员设 5 名，其中主任 1 名。工会委员会、工会经费审查委员会、工会女职工委员会成员可适当交叉兼职。

(三) 工会委员会成员的基本条件和产生办法

拟任人选要有坚定的政治立场和理想信念，认真贯彻党的路线方针政策；要有较强的责任意识，较强的事业心和敬业精神，较强的政策水平和业务工作能力；要有较强的创新意识，与时俱进、创造性地开展工会工作；要有较强的民主作风和群众意识，能注重倾听职工群众的呼声和要求，服务基层、服务职工。

工会干部的产生要根据上级有关规定，主席、副主席人选由公司党委按照干部配备有关要求，与××总工会协商一致后提出建议名单，然后提交代表大会选举产生。工会委员会、工会经费审查委员会的选举结果，报集团公司工会批准。

(四) 认真做好代表选举工作

选好代表是开好工会代表大会、搞好工会换届选举工作的基础和前提。工会代表大会的代表名额，按会员人数确定，并适当照顾职工人数少的单位。在选代表时，要充分体现代表的先进性和广泛性，代表应能认真执行党的路线、方针、政策，在学习、工作及社会生活中起模范带头作用，在职工群众中有较高威信和较强的参政议政能力。代表中，工会干部、积极分子和一线会员代表应占多数；中层以上管理人员和领导人员一般不超过代表总人数的 20%；女职工、外来职工的会员代表应占一定的比例。要根据实际，积极稳妥地改进和完善候选人提名方式，适当扩大差额选举的范围和比例，积极做好工会代表选举工作。

(五) 加强组织领导

要加强对工会换届选举工作的领导，严格按照《工会基层组织选举工作条例》等有关规定制定换届选举工作方案。原则上在××××年×月底前召开工会代表大会。

要统一思想，落实责任。这次工会委员会换届选举工作时间紧、任务重、要求高，要统一思想、高度重视，确定分管领导、落实具体工作人员，确保换届选举工作的顺利进行。要加强领导，周密安排，教育和引导会员代表正确行使民主权利。要精心组织，充分发扬民主，保障职工特别是外来职工的民主权利，严格依法选举，确保换届选举工作各项程序和每个环节都符合法律、法规和政策规定。

二、××公司职工之家建设实施办法

为进一步提高工会工作水平，增强工会组织的凝聚力、吸引力和战斗力，根据上级要求和公司工会工作实际，特制定《建设职工之家活动实施办法》。

(一) 建家活动的指导思想

深入贯彻落实习近平新时代中国特色社会主义思想，贯彻落实习近平总书记关于工人阶级和工会工作的重要论述特别是加强基层工会建设"三个着力"重要指示精神，增强基层工会政治性、先进性、群众性，激发基层工会活力，发挥基层工会作用，切实把工会建设成为职工群众信赖的"职工之家"，把工会干部培养成为职工群众信赖的"娘家人"。

(二) 建家活动的原则

1. 坚持面向基层一线。评选对象突出基层工会组织、工会干部和一线职工，畅通基层工会和广大会员的参与渠道，着力夯实工会组织基础。

2. 坚持公开公平公正。保障评选表彰工作规范有序，保护调动会员积极性，确保表彰对象得到广大会员普遍认可，突出评选表彰的权威性。

3. 坚持会员主体地位。实行上级工会考察和职工群众评议相结合，充分尊重广大会员的知情权、参与权、表达权、监督权，真正让会员当主角。

4. 坚持高标准严要求。严格评选条件，做到优中选优，确保表彰对象的先进性，充分体现和发挥先进典型的引领性示范性。

5. 坚持动态监督管理。实行动态评估、跟踪监管，形成完备的闭环管理机制，做到能进能出，破除"一评终身制"，确保评选表彰的质量。

(三) 建家活动的总体目标

把各级工会组织建设成为认真学习贯彻习近平新时代中国特色社会主义思想，坚持走中国特色社会主义工会道路，推进企业发展劳动关系和谐、组织健全、维权到位、工作活跃、作用明显、职工信赖、党政满意、充满生机和活力的职工之家。

(四) 建家活动的重点内容

1. 融入中心，服务大局。认真落实党的全心全意依靠工人阶级的根本指导方针，围绕改革发展稳定，深入开展建功立业活动。从工作实际出发，组织职工开展有特色、有成效的劳动和技能竞赛，开展合理化建议、技术革新、发明创造和岗位练兵、技术比武、劳模创新工作室等群众性经济技术创新活动，进一步凝聚力量、鼓舞士气，在生产经营管理上展示新作为。

广泛开展评先选模活动，大力弘扬劳模精神和工匠精神，努力培养和造就一批体现时代特点、具有奉献精神和创新精神的新时期先进模范。要发挥劳模的带头、骨干和示范作用，引导广大职工立足本职，学赶先进。要加强劳模管理工作，做到制度化、规范化。

通过多种形式教育引导广大职工转变观念，正确对待改革中的利益关系调整，积极支持改革，参与改革。积极倡导和宣传社会主义核心价值观。积极组织开展"创建学习型组织，争做知识型职工"活动，鼓励职工努力学习新知识，掌握新技术，不断提高职工的思想道德、科学文化和技术业务水平。

2. 加强基本制度建设，依法维护广大职工的合法权益。紧密联系实际，突出履行维护的基本职责，努力建立健全科学有效的利益协调机制、诉求表达机制、矛盾调处机制、权益保障机制，切实维护广大职工的合法权益。

坚持和完善职工（代表）大会制度。认真落实《企业民主管理规定》，组织职工依法通过职工（代表）大会和其他形式，审议企业重大决策，审议通过企业重要规章制度和涉及职工切身利益的重要事项，参加企业民主管理和民主监督工作，检查督促职工代表大会决议的执行，全面落实职工代表大会的各项职权。坚持和完善职代会联席会议、职工代表巡视检查、职工代表质询、职工代表述职制度，强化日常的民主管理和民主监督。

坚持和完善厂务公开制度。坚持把企业重大决策、生产经营重大问题、涉及职工切身利益的问题、与企业领导班子建设和反腐倡廉密切相关的问题，作为厂务公开的重点内容向职工公开。建立健全公司厂务公开控制程序，从公开的内容、形式、时限、程序、责任部门、督查等方面进行明确，形成规范化、制度化的运作机制，不断提高厂务公开工作的质量和水平。

坚持和完善平等协商和集体合同制度。平等协商和集体合同制度是企业调整劳动关系、维护职工经济权益的重要法律制度。要认真落实《集体合同规定》，就劳动条件、劳动标准等涉及职工切身利益的重大问题，通过平等协商，签订集体合同。要建立健全平等协商机制、履约责任机制和监督检查机制，努力规范集体合同内容，条款充实具体，促进集体合同的全面兑现，不断提高职工满意度。

坚持和完善劳动法律监督、劳动争议调解制度。抓住维护职工合法权益、促进企业发展这一主线，依法建立健全劳动争议调解委员会，深入开展"创建劳动关系和谐企业"活动，积极推进建立和谐劳动关系。加强群众劳动法律监督工作，建立健全劳动安全卫生监督检查制度，加强工会劳动法律监督员和劳动保护监督员队伍建设，广泛开展"安康杯"竞赛活动。协助和督促行政落实劳动保护、劳动安全卫生、女职工特殊保护的法律法规，切实加强劳动保护工作。

3. 竭诚服务职工群众，为职工群众办实事、做好事、解难事。建立困难职工档案，明确补助标准，严格审批程序，加强专项资金管理，确保困难补助、帮困助学、大病医疗互助工作有序推进。坚持经常性送温暖和领导干部联系困难户制度，组织开展职工互助互济活动，因地制宜地开展多种帮扶活动。不断改善一线职工生产生活条件，丰富职工的业余文化体育活动。及时了解和反映职工群众的意愿、要求，通过建立维权热线，倾听和反映职工群众的意见和呼声。

4. 加强工会自身建设。坚持依法建会。认真贯彻执行《工会法》《中国工会章程》《企业工会工作条例》，坚持按期换届选举，坚持会员代表常任制，不断推进工会组织民主化、群众化。

加强工会干部队伍建设。积极争取党政的重视和支持，配齐配强工会专兼职干部，尤其是加强分公司兼职工会主席队伍建设，充分发挥其作用。加大工会干部教育培训力度，通过脱产培训、网上培训、岗位培训、以会代训等多种形式，不断提高工会干部队伍整体素质，努力建设一支政治立场坚定、群众观念牢固、业务能力过硬、工作作风严谨、精神状态振奋的工会干部队伍。

（五）先进集体和优秀个人的评选、考核和管理

评选范围。模范职工小家在分公司级工会和班组级工会小组中评选；优秀工会工作者在公司专兼职工会干部中评选；优秀工会积极分子在全体会员中评选；优秀职工之友在模范职工小家分公司的主要党政负责人和其他部门负责人中评选。申报上级模范职工小家必须是公司表彰的模范职工小家，由工会择优推荐。

评选步骤。第一步，自验。职工小家评比考核实行百分制。各分公司工会要定期对照《职工小家评比考核标准》，进行自查自验，并在会员（代表）大会上认真组织评议建家及工会工作。第二步，评选申报。各分公司工会根据工会评选推荐通知，坚持实事求是、优中选优、群众认可的原则，积极组织评选推荐申报工作。模范职工小家申报条件：会员（代表）大会民主评议建家工作满意率不低于90%；年度考核综合评分（含各项加分）在95分以上；无否决项。第三步，考核审定。工会负责考核分公司、班组建家工作；申报上级模范职工小家，由上级工会组织考核审定。

表彰与管理。公司先进集体和优秀个人实行年度评比表彰，动态管理。

加强对深化建家活动的组织领导。各级工会组织和工会干部要进一步提高认识，明确工作职责，把建家工作摆上重要议事日程，积极创造和谐有序的建家工作环境。要定期研究建家工作有关问题，争取党的领导和行政的支持，加强协调配合，努力形成党、政、工、团齐抓共建的合力。

建家工作分为公司、分公司、班组三级。要认真研究面临的新情况、新问题，结合自身实际，分阶段制定深化建家活动的规划和具体方案，认真抓好实施，夯实建家基础。

要深入一线、深入实际调查研究，加强指导，认真总结推广典型经验，积极探索建家工作的新形式、新方法、新途径，推动建家工作再上新水平。

（六）建家工作考核表

考核项目	考核内容	分值	考核标准	自验分
一、融入中心，促进企业发展方面（24分）	围绕安全生产和提高经济效益等中心任务，建立安全保障体系，开展劳动和技能竞赛、合理化建议和技术创新活动	6	无保障体系文件扣3分，无活动方案扣1分，未开展劳动和技能竞赛、合理化建议和技术创新活动每项扣1分	
	落实劳动安全卫生法律法规。开展"安康杯"竞赛活动，落实"一表两卡三书"制度，无责任职工重伤及以上事故	5	未落实劳动安全卫生法律法规扣2分，未开展"安康杯"竞赛活动扣2分，未落实"一表两卡三书"制度扣1分，有事故扣5分	
	调动职工积极性，保证安全生产稳定，提高经营管理水平和经济效益	4	在安全、生产经营、队伍稳定等方面，发生较严重问题的，每项扣1~2分	
	积极培育企业和职工文化，开展形式多样、特色鲜明活动	5	无规划、无措施扣1分，未开展主题活动扣1分	
	建立完善人才培养、评价、选拔、激励等工作机制，积极开展"创建学习型组织，争当知识型职工"活动	4	机制不健全扣2分，未制定完善创争活动文件和工作安排每项扣1分，年内未开展活动扣2分	

续表

考核项目	考核内容	分值	考核标准	自验分
二、民主管理厂务公开方面（28分）	有完善的民主管理规范、程序，职代会每年召开各项职权落实。职工收入分配等重要规章制度经职代会审议通过。建立职工董事、监事制度	6	制度规范不健全扣2分；不开年度职代会扣5分；收入分配等方案未经职代会通过扣1分；公司制企业职工代表未建立职工董事、监事制度扣1分	
	坚持职代会各项制度、程序，坚持职代会民主评议领导人员	3	未坚持各项制度每项扣2分，落实质量不高扣1分；未评议领导人员扣1分	
	提案落实率达90%	2	每减少10%扣1分	
	有分公司、班组民管制度，每年召开职代会	4	无制度各扣1分，不开会各扣1分	
	每年有厂务公开工作意见并组织一次检查考核	3	无文件扣1分，无考核扣1分	
	有物资采购、工程招投标办法并坚持落实	2	无完善文件每项扣1分，未按程序公开扣1分	
	职工的收入分配、重大决策、重大事项及时公开	2	未及时公开每项扣1分，未公开发现一起扣2分	
	分公司、班组按要求进行公开	3	未按要求公开扣2分，未及时公开扣1分	
	坚持联席会议制度、专委会半年巡视检查制度，职工代表民主恳谈制度	3	未坚持各项制度每项扣1分	

续表

考核项目	考核内容	分值	考核标准	自验分
三、劳动关系协调服务职工方面（25分）	有"创建劳动关系和谐企业"规划，并纳入单位一体化考核	2	未制定完善规划扣1分，未考核、未纳入一体化考核扣1分	
	坚持平等协商和集体合同制度，签订集体合同并每年检查报告履行情况	6	未协商扣1分，未签合同（专项合同）扣3分，未检查及报告扣2分	
	劳动合同签订率达到100%。做到程序合法、内容完备、管理规范	3	未规范用工扣1分，劳动合同签订率未达标扣1分，程序不规范扣1分	
	女职工合法权益和特殊利益事项纳入集体合同	2	未纳入扣1分，保护不力扣1分	
	职工诉求渠道畅通，劳动争议调解组织制度完善	2	有不良反映扣1分，未建立组织扣1分	
	党政支持工会工作；确保经费按时足额拨缴	4	支持力度不够扣2分，经费拖延欠额扣2分	
	制定困难职工救助办法，建立台账，各类救助及时	6	无办法、台账各扣2分，不及时不公开扣2分	
四、自身建设方面（23分）	基层工会、分公司工会按期换届。坚持基层会员代表常任制，推行会务公开	5	未按时换届扣2分，年度代表大会未开扣2分，未推行会务公开扣1分	
	深入开展建设"职工之家"工作，职工小家的合格率达到100%	3	未开展评议活动扣2分。职工小家合格率达不到标准，每少10%扣1分	

续表

考核项目	考核内容	分值	考核标准	自验分
四、自身建设方面（23分）	工会财务制度健全，无违纪行为，每年审计一次	3	制度不健全扣1分，违纪扣1分，没有进行实务审计扣1分	
	有积极分子队伍，并不断提高其政治业务素质	2	积极分子占会员总数20%，每少5%扣1分	
	基层、分公司工会组织制度健全，台账资料齐备	5	组织制度不健全扣2~3分，资料不齐扣1~2分	
	基层工会、分公司工会按期换届，推行会务公开	5	不按时换届扣3分，不推行会务公开扣1~2分	

注：以上各项分值扣完为止。

第二章
民主管理工作内容与流程

　　民主管理是企业领导体制的组成部分，是贯彻党的全心全意依靠工人阶级的根本指导方针的重要措施和内容，同现代企业以人为中心的管理有内在的一致性。工会作为民主管理的组织者，作为职工（代表）大会的工作机构，要切实把民主管理工作做好，以民主管理促进和推动工会整体工作的发展，推动党的依靠工人阶级方针的落实和基层民主政治建设。

第一节　职代会工作内容与流程

《企业民主管理规定》第三条规定："职工代表大会（或职工大会，下同）是职工行使民主管理权力的机构，是企业民主管理的基本形式。"职工代表大会制度已有六十余年的历史。职工代表大会的规范化是全国总工会的要求，也是现实的需要。

一、职代会职责分工

（一）党委职责

对民主管理工作进行领导；支持职工（代表）大会，保障职工（代表）大会行使法定的职权；支持工会组织开展民主管理工作；组织职工代表民主评议企业领导人员工作。

（二）行政职责

依靠职工实施民主管理；定期向职工（代表）大会报告工作，听取意见；与工会平等协商，签订集体合同、专项工资合同；组织实施职工（代表）大会在其职权范围内作出的决议；处理落实职工（代表）大会提案；落实集体合同内容，接受职工（代表）大会监督。

（三）工会职责

承担职工（代表）大会工作机构的工作；组织筹备召开职工（代表）大会；负责平等协商、集体合同和专项合同的有关工作；负责职工（代表）大会日常工作和民主管理组织工作；指导下级工会开展民主管理活动。

二、职代会工作内容

（一）职工（代表）大会职权

职工（代表）大会依照法律法规规定行使职权。工会委员会是职工（代表）大会的工作机构，负责职工（代表）大会的日常工作，检查、监督职工（代表）大会决议的执行。按照中共中央纪律检查委员会、中华全国总工会、中共中央组织部等六部委的《企业民主管理规定》第十三条规定，职工代表大会的职权如下。

1. 听取企业主要负责人关于企业发展规划、年度生产经营管理情况，企业改革和制定重要规章制度情况，企业用工、劳动合同和集体合同签订履行情况，企业安全生产情况，企业缴纳社会保险费和住房公积金情况等报告，提出意见和建议；审议企业制定、修改或者决定的有关劳动报酬、工作时间、休息休假、劳动安全卫生、保险福利、职工培训、劳动纪律以及劳动定额管理等直接涉及劳动者切身利益的规章制度或者重大事项方案，提出意见和建议。

2. 审议通过集体合同草案，按照国家有关规定提取的职工福利基金使用方案、住房公积金和社会保险费缴纳比例和时间的调整方案，劳动模范的推荐人选等重大事项。

3. 选举或者罢免职工董事、职工监事，选举依法进入破产程序企业的债权人会议和债权人委员会中的职工代表，根据授权推荐或者选举企业经营管理人员。

4. 审查监督企业执行劳动法律法规和劳动规章制度情况，民主评议企业领导人员，并提出奖惩建议。

5. 法律法规规定的其他职权。

（二）国有企业职工（代表）大会职权

国有企业和国有控股企业职工（代表）大会除按前述规定行使职权外，还要按照《企业民主管理规定》第十四条规定行使下列职权。

1. 听取和审议企业经营管理主要负责人关于企业投资和重大技术改造、财务预决算、企业业务招待费使用等情况的报告，专业技术职称的评聘、企业公积金的使用、企业的改制等方案，并提出意见和建议。

2. 审议通过企业合并、分立、改制、解散、破产实施方案中职工的裁减、分流和安置方案。

3. 依照法律、行政法规、行政规章规定的其他职权。

(三) 集体企业职工（代表）大会职权

依照《中华人民共和国城镇集体所有制企业条例》第二十八条的规定，集体企业职工（代表）大会在国家法律、法规的规定范围内行使下列职权。

1. 制定、修改集体企业章程。

2. 按照国家规定选举、罢免、聘用、解聘厂长（经理）、副厂长（副经理）。

3. 审议厂长（经理）提交的各项议案，决定企业经营管理的重大问题。

4. 审议并决定企业职工工资形式、工资调整方案、奖金和分红方案、职工住宅分配方案和其他有关职工生活福利的重大事项。

5. 审议并决定企业的职工奖惩办法和其他重要规章制度。

6. 法律、法规和企业章程规定的其他职权。

(四) 职工代表

1. 职工代表的资格与条件。与所在单位建立劳动关系（含事实劳动关系）的劳动者均有权利当选职工代表。职工代表应该积极参加民主管理活动，有一定参政议政能力，热心为群众说话办事。

2. 职工代表的选举。（1）职工代表应按分配的名额和构成要求，由所在单位（部门）的职工或者职工（代表）大会选举产生。出席上一级单位的职工代表大会的职工代表由基层单位职工（代表）大会或者职工代表会议选举产生。（2）以班组等为选举单位的选举，应该有本选举单位全体职工 2/3 以上人员参加，候选人应该获得应到会全体人员过半数通过方可当选。由职工代表会议进行选举，参加会议的人数不应少于 20 人。（3）条件成熟的单位经上级批准，应积极推动职工代表的竞选。（4）职工代表实行常任制，任期与职工代表大会届期一致，可以连选连任。职工代表对选举单位的职工负责。选举单位的职工有权监督或者撤换本单位的职工代表。（5）新当选的代表应接受民主管理知识培训。

3. 职工代表成分。（1）职工代表应当由工人、技术人员、管理人员、领导人员和其他方面的代表构成。其中，一线生产经营人员应该占多数，中层以上管理人员和领导人员的代表不应超过代表总数的 1/5。（2）职工代表中，青年职工、女职工代表和少数民族代表应占适当比例。职工（代表）大会可根据需要邀请离退休人员参加会议。（3）公司制企业董事会、监事会成员中职工董事、监事的比例符合《公司法》和公司章程的规定。工会主席、工会副主席一般作为职工董事、职工监事的首选人选。

4. 职工代表的人数和组团。（1）职工代表大会代表的人数一般应按在岗的职工人数确定。对代表人数多少全国总工会没有硬性规定，省市总工会一般也没有规定具体的数额。有的市、企业集团有一些具体的规定。一般地讲，应以单位的传统习惯，根据单位的实际情况来确定。代表人数越多，民主程度越大，职工大会更好。但就多数单位而言，职工代表以百人为宜，5000 人左右的单位也不宜超过 200 人，万人及更多人的单位，代表在 300 人左右为宜。召开职工代表大会的单位，倒是需要控制低限指标，防止人员过少，不能低于 30 人。200 人以下的单位，应尽可能召开职工大会。（2）职工代表按建制单位或者区域、系统、分公司组团，推选正副团长，如有必要，再选出组长。为发挥工会作为职工（代表）大会工作机构的作用，团长一般可由工会负责人担任。

5. 职工代表的权利。职工代表的权利为：在职工（代表）大会上，有选举权、被选举权和表决权；有权参加职工（代表）大会及其工作机构对企业执行职工（代表）大会决议和提案落实情况的检查，有权参加对企业行政领导人员的质询；因参加职工（代表）大会组织的各项活动而占用生产或者工作时间，有权按照正常出勤享受应得的待遇。对职工代表行使民主权利，任何组织和个人不得压制、阻挠和打击报复。

6. 职工代表的义务。职工代表的义务为：努力学习党和国家的方针、政策、法律、法规，不断提高政治觉悟、技术业务水平和参加管理的能力；密切联系群众，代表职工合法权益，如实反映职工群众的意见和要求，认真执行职工（代表）大会的决议，做好职工（代表）大会交给的各项工作；模范遵守国家的法律、法规和企业的规章制度、劳动纪律，做好本职工作。

7. 职工代表的撤换和罢免。（1）选举单位有权撤换本单位选举的职工代表。撤换职工代表，应由选举单位职工（代表）大会决定。职工（代表）大会闭会期间，可由职工（代表）大会联席会议通过，并向下一次职工（代表）大会报告。（2）职工代表调出选举单位或与企业终止、解除劳动关系的，退休、入学、长病一年以上等情况的，岗位发生变化影响代表构成的，以及其他原因不能正常履行代表职责的，其代表资格终止。缺额由原选举单位按相应的条件、构成要求及选举流程及时补选。

（五）组织制度

1. 届期。（1）职工（代表）大会届期为三至五年，每年至少召开一次会议。（2）职工（代表）大会应按时换届。遇有特殊情况不能换届，应事先向上级报告，得到批准。（3）新组建单位要及时建立职工（代表）大会制度。

2. 职工（代表）大会每次会议必须有 2/3 以上的职工（代表）出席。遇有重大事项，经厂长、企业工会或 1/3 以上职工（代表）提议，可召开临时会议。

3. 选举和表决。（1）职工（代表）大会进行选举和作出决议，必须经全体职工（代表）过半数通过。（2）法律、法规规定应提交职工（代表）大会审议、通过和决定的事项，未按照法定流程审议、通过和决定的，不具法律效力。职工（代表）大会通过的决议、决定和方案需要修改时，应当提请职工（代表）大会按照法定流程重新审议、表决。（3）选举一般应采取差额的方式进行。（4）表决要采取无记名投票的方式。

4. 主席团。（1）职工（代表）大会应选举主席团主持会议。主席团成员应有工人、技术人员、经营管理人员和企业的领导人员。其中工人、技术人员、经营管理人员应超过半数。（2）主席团成员应由职工（代表）大会工作机构与各代表团（组）协商，提出候选人建议名单，经职工（代表）大会表决通过。（3）职工（代表）大会一般是每次选举主席团主持会议，会议结束，主席团职权终止。也有的是每届选举主席团，对变动的情况进行调整补选，每次会议结束，主席团职权中止。（4）主席团的职责是：主持职工（代表）大会，领导大会期间的各项工作；听取各代表团（组）讨论情况的汇报；研究大会需要通过的决议；处理大会期间需要解决的问题。

5. 参加董事会、监事会的职工代表，参加劳动争议调解委员会的职工代表，由职工（代表）大会推选产生。参加董事会、监事会的职工代表和参加各种委员会的职工代表要向职工（代表）大会汇报工作，接受职工（代表）大会监督。职工（代表）大会有权撤换自己选举的职工代表。

6. 议题。职工（代表）大会应当围绕深化改革、经营管理、技术进步、创新发展、挖潜提效、分配制度和职工生活等方面的重要问题确定议题。

7. 职工（代表）大会在其职权范围内决定的事项，非经职工（代表）大会同意不得修改。

8. 专门委员会（小组）。（1）职工（代表）大会可根据需要，设立若干精干的临时的或经常性的专门委员会（小组，下同），完成职工（代表）大会交办的有关事项。一般有：提案审理委员会，劳动法律监督委员会，生活福利委员会，评议干部工作委员会，安全生产经营委员会等。（2）专门委员会成员一般应具备一定的组织活动和协调能力，熟悉相关业务。各专门委员会成员一般不超过10人，主要从当选的职工代表中没有担任领导职务的管理、技术人员和一线职工中推荐，也可根据需要，聘请少量非职工代表担任，但必须经职工（代表）大会通过。专门委员会的负责人，一般由工会负责人、党政有关部门负责人担任，必须是正式职工代表。专门委员会的任期与职工（代表）大会的任期相同。(3) 专门委员会的主要工作是：审议提交职工（代表）大会的有关议案；在职工（代表）大会闭会期间，根据职工（代表）大会的授权，审定属本专门委员会分工范围内需要临时决定的问题，并向职工（代表）大会报告予以确认；检查监督有关部门贯彻执行职工（代表）大会决议、履行集体合同和处理落实职工代表提案的情况；办理职工（代表）大会交办的其他事项。(4) 专门委员会进行活动需要占用生产或者工作时间，有权按照正常出勤享受应得的待遇，但需经行政领导同意。(5) 各专门委员会对职工（代表）大会负责，向职工（代表）大会报告工作。(6) 专门委员会的工作制度。专门委员会每年都要召开会议，学习有关文件，研究总结工作，制订工作规划，并向职工（代表）大会报告工作。专门委员会每年至少进行一次调查研究，分析工作中存在的问题，提出有针对性的意见和措施。(7) 有关部门的职责。工会作为职工（代表）大会的工作机构要加强对专门委员会活动的组织与协调，支持专门委员会的工作，指导专门委员会在日常民主管理和民主监督工作中发挥作用。

9. 职工（代表）大会联席会议。(1) 职工（代表）大会闭会期间，涉及职代会职权的需要临时解决的重要问题，由企业工会委员会召集职工代表团（组）长和专门委员会负责人联席会议，协商处理，并向下一次职工（代表）大会报告予以确认。联席会议可以根据会议内容邀请企业党政负责人或其他有关人员参加。联席会议可请部分职工代表参加。(2) 联席会议由本级工会主席或副主席主持。会议一般应提前一周通知与会人员，并发放有关文件资料。(3) 被职工（代表）大会否决的议案，非特殊情况下职工（代表）大会前后一季度内发生的事项，不得提交联席会议审议。(4) 联席会议议定的事项要形成纪要，向下一次职工（代表）大会报告，请求予以确认。

10. 质询制度。职工代表有权对行政领导人进行质询。内容主要有以下几个方面。(1) 质询范围：职工（代表）大会决议落实中的问题，集体合同履行中的问题，提案处理落实中的问题，涉及职工切身利益方面的问题，与廉政建设方面相关的问题及其他职工群众普遍关心的问题。(2) 质询方法。职工代表的质询可根据实际情况，采取职工（代表）大会期间和职工（代表）大会闭会期间质询两种方式进行。提出质询案：工会事先作出规划，制作质询案表。质询案一般应由职工代表联名提出，具体人数由单位自定；也可由代表团（组）提出。质询案应写明质询对象、质询的问题和内容。确定质询时间、内容和地点。对各代表团（组）提出的质询案，职工（代表）大会期间报大会主席团，闭会期间报同级党委，经认真分析研究后，确定质询的时间、内容和地点。职工（代表）大会期间，质询一般应安排在会议讨论之后、表决决议之前进行，并应事先通知受质询人或者部门做好准备。职工（代表）大会闭会期间，应提前一周左右通知受质询人或者部门做好准备。组织职工代表质询。质询活动一般由工会负责组织，也可由职工（代表）大会专门委员会负责组织。职工代表、行政人员参加。受质询人应现场作答。

（六）职工（代表）大会与党委、行政、工会

1. 党委。职工（代表）大会接受同级党组织的领导。国有企业党组织的任务之一就是支持职工（代表）大会开展工作。党组织应从贯彻执行党的章程，强化基层民主政治建设的高度，把加强职工（代表）大会制度建设列入重要议事日程，纳入党组织的工作规划之中，纳入领导班子考核之中，不断提升职工（代表）大会质量。要定期听取职工（代表）大会、民主管理、厂务公开、平等协商和集体合同工作情况汇报，研究解决有关重要问题，支持职工（代表）大会开展工作。

2. 行政。行政要及时向职工（代表）大会提交属于职工（代表）大会职权范围内审议、通过和决定的事项，向职工（代表）大会报告工作；认真执行并组织实施职工（代表）大会在其职权范围内依法作出的决议、决定；认真处理职工代表提出的提案；接受职工代表的监督、检查；尊重职工代表的民主参与、民主决策、民主管理和民主监督，支持职工（代表）大会依法行使职权，充分发挥民主管理在企业领导体制和改革发展与

稳定中的作用。

3. 工会。企业工会委员会作为职工（代表）大会的工作机构承担职工（代表）大会下列工作：（1）组织职工选举职工代表；（2）提出职工（代表）大会议题的建议，主持职工（代表）大会的筹备工作和会议的组织工作；（3）主持职工代表团（组）长、专门委员会负责人联席会议；（4）组织专门委员会进行调查研究，向职工（代表）大会提出建议，检查督促大会决议的执行情况，发动职工落实职工（代表）大会决议；（5）向职工进行民主管理的宣传教育，组织职工代表学习政策、业务和管理知识，提高职工代表素质；（6）接受和处理职工代表的申诉和建议，维护职工代表的合法权益；（7）组织企业民主管理的其他工作。上级工会有指导、支持和维护职工（代表）大会正确行使职权的责任。

三、职代会会议及主要工作流程

（一）职工（代表）大会筹备流程

1. 由工会、行政共同协商提出召开职工（代表）大会的时间和会议中心议题，起草召开职工（代表）大会的筹备方案，报请党委研究决定后，发出筹备召开职工（代表）大会的通知。

2. 成立职工（代表）大会筹备委员会，负责大会具体筹备工作。筹备委员会一般设立会务、组织、宣传等小组，按分工开展工作。

3. 组织选举职工代表（不换届时可能进行代表补选和撤换），进行代表资格审查，分选区组成代表团（组），推选代表团（组）长。

4. 提案审理委员会（换届时由大会筹备委员会）在召开职工（代表）大会的通知发出后，围绕职工（代表）大会中心议题，在职工代表中广泛征集提案，并在会前进行分类整理，准备向大会报告提案征集情况。

5. 由行政和工会共同起草或委托一方起草集体合同草案，按照平等协商流程进行协商，协商一致的集体合同草案提交职工代表会前预审，经修改完善后，报上级主管部门征求意见，准备提交职工（代表）大会审议。

6. 由大会筹备委员会提出主席团、大会正副秘书长、各专门委员会成员候选人和参加董事会、监事会、劳动争议调解委员会的职工代表候选人建议名单（不换届时提出补选或替补代表名单）。

7. 筹备委员会（工会）负责起草筹备工作报告，起草职工（代表）大会联席会议协商处理重要问题的报告。

8. 大会召开前一周左右，行政应将议题中所确定的有关议案（草案）提交同级工会，由工会组织各代表团（组）和专门委员会预审，提出修改意见。工会将预审意见收集整理归纳后，于会前交行政，行政根据预审意见和建议修改议案（草案）。

9. 会前应召开职工（代表）大会联席会议或职工（代表）大会筹备委员会会议，通报大会日程安排、筹备情况及有关人选推荐名单，由各代表团（组）负责向职工代表传达，并组织讨论，为大会做准备。

10. 会前一周左右，工会应向上级工会汇报大会筹备情况，接受指导。筹备工作就绪后，应向同级党委汇报，确定具体日程安排，发出会议通知。

（二）职工代表选举和补选、撤换流程

1. 职工代表的选举流程。（1）制定选举方案：依据《企业民主管理规定》和有关规定，工会按照职工人数和单位实际情况，确定职工代表人数；根据行政或党群机构设置状况划分选举单位，确定各选区名额分配方案；制定具体的选举办法；职工代表选举方案应报同级党委审查同意。（2）宣传和动员。工会要通过多种形式，广泛宣传职工（代表）大会的性质、意义、职权及其任务，把选举职工代表的过程作为向职工群众进行民主管理知识和主人翁责任感教育的过程，使全体职工以高度负责的态度，选好职工代表。（3）推荐职工代表候选人。组织职工按选区（子〈分〉公司、分厂、车间）、名额、成分，充分发扬民主，推荐职工代表候选人。（4）选举职工代表。各选举单位按照分配的代表名额，组织职工直接进行选举。选举一般采用差额和无记名投票的方式进行，差额率不低于10%。（5）代表资格审查。审查的内容有：与企业有劳动关系（含事实劳动关系）；是否按照民主流程选举产生；是否存在不正当的竞选行为等。对不符合规定的，应取消代表资格。

2. 职工代表的撤换、补选、增补流程：（1）选举单位向上级工会提出撤换、补选、增补职工代表的名单及原因；（2）上级工会应及时进行核实、答复；（3）撤换职工代表的报告经上级工会同意后，由原选举单位召开职工（代表）大会进行无记名表决。被撤换的代表可以出席会议，提出申诉和辩护；（4）经应到会半数以上职工（代表）同意，可作出撤换职工代表的决定；（5）由原选举单位按相应条件、构成要求进行补选，补选、增补代表的流程和选举代表的流程相同；（6）撤换、补选、增补职工代表的结果，报上级工会审查批准后，向选区职工公开。

（三）职工（代表）大会提案征集和处理流程

1. 职工（代表）大会提案审理委员会负责职工（代表）大会提案的征集、审查、立案和对提案处理情况的检查与监督。

2. 发出召开职工（代表）大会通知的同时，工会或提案审理委员会即可发出征集提案通知，也可在召开大会的通知中明确提出征集职工（代表）大会提案的有关要求，向职工代表发出提案表，征集提案。

3. 职工代表围绕职工（代表）大会议题广泛征求职工的意见和建议，经归纳整理后填写提案表。

4. 代表团（组）收集职工代表提出的提案报工会或提案审理委员会。

5. 提案审理委员会对提案进行登记、分类、汇总，并向职工（代表）大会报告提案征集情况。

6. 提案审理委员会提出立案意见，并将提案转递行政进行处理和答复。

7. 工会与提案审理委员会组织职工代表对提案答复处理情况进行检查，督促提案的处理落实。

8. 在下次职工（代表）大会上，行政领导报告提案处理落实情况。

（四）职工（代表）大会预备会议流程

职工（代表）大会预备会议由大会主席团主持。换届时，由职工（代表）大会筹备委员会主持召开，全体职工（代表）参加，选出大会主席团后，即由大会主席团主持会议。

1. 由大会筹备委员会主任向大会作筹备工作报告，提出大会议题和日程的建议。

2. 通过代表资格审查委员会（小组）作的代表资格审查情况的报告。不换届时，代表撤换、补选、增补情况在筹备工作报告中说明。

3. 通过大会主席团、正副秘书长名单；通过职工（代表）大会的议题和日程。

4. 选举职工董事、监事、参加企业劳动争议调解委员会的职工代表和职工（代表）大会专门委员会等职工（代表）大会组织机构人选，表决通过其他需经职工（代表）大会选举的人员。

5. 会后，召开主席团第一次会议，通过大会执行主席名单，研究处理需由主席团处理的事项。

（五）职工（代表）大会主席团选举流程

1. 大会筹备委员会与各代表团（组）协商，提出候选人建议名单，交各代表团（组）召集全体代表酝酿讨论。

2. 根据讨论的意见，由大会筹备委员会提出正式候选人建议名单，在职工（代表）大会预备会议上举手或无记名表决产生。

3. 补选、增补主席团成员的流程同上。

（六）职工（代表）大会专门委员会产生流程

1. 由工会或职工（代表）大会筹备委员会根据有关规定，提出各专门委员会人员的组成方案。

2. 工会与行政有关方面协商后，召开工会委员会或职工代表团（组）长会议讨论，提出候选人建议名单，交各代表团（组）征求意见。

3. 经职工（代表）大会筹备委员会审议后，正式提出各专门委员会候选人名单，由职工（代表）大会预备会议选举产生。

（七）职工董事、职工监事产生流程

职工董事、职工监事由职工（代表）大会选举产生。

1. 由工会按照全国总工会相关文件要求和公司章程中确定的名额和条件，在职工（代表）大会的代表中推荐参加董事会、监事会候选人建议名单，提交代表团（组）讨论酝酿；工会主席应该作为职工董事候选人的首选人选，工会副主席应该作为职工监事候选人的首选人选。

2. 各代表团（组）根据条件和要求，对职工董事、职工监事候选人建议人选提出意见和建议。

3. 职工（代表）大会筹备委员会根据各代表团（组）的讨论意见，经充分协商，正式确定候选人名单。

4. 书面介绍候选人基本情况，在职工（代表）大会预备会议上或在大会闭幕式上选举产生职工董事、职工监事。

（八）职工（代表）大会正式会议主要流程

1. 大会主持人宣布出席大会的职工代表人数、执行主席名单、大会议题和日程安排。到会职工代表超过代表总数的 2/3 方可开会。

2. 行政领导作大会议案的有关报告。主要包括行政工作报告、财务会计报告（含业务招待费使用情况）、集体合同履行情况的报告、职工福利费使用及计划安排的报告、提案处理落实情况的报告、厂务公开工作情况的报告、重要改革方案的说明等职工（代表）大会职权范围内的重大事项。会议报告可采用 PPT 等辅助形式。

3. 工会作职工（代表）大会闭会期间职工（代表）大会联席会议协商处理重要问题的报告，职工（代表）大会各专门委员会作工作报告（书面报告）。

4. 听取企业领导人员述职。

5. 以代表团（组）为单位，对会议报告、议案、各项决议（草案）及领导人员德、能、勤、绩、廉情况进行讨论审议和评议。

6. 职工（代表）大会评议监督委员会组织对领导人员的民主评议和测评，回收测评表，统计测评数据。

7. 召开主席团会议，听取各代表团（组）职工代表的讨论意见，听取领导人员评议情况的汇报。大会主席团根据职工代表意见修改完善大会决议（草案）。

8. 召开大会，听取关于大会文件修改情况的报告和对领导人员民主评议情况的报告。

9. 对大会征集的质询案进行质询。

10. 对大会决议（草案）进行表决，对新的集体合同进行表决，重要事项、涉及职工切身利益的重大问题进行无记名表决。公布表决结果。宣布决议是否通过。

11. 集体合同通过后，由单位行政主要领导代表行政、工会主席代表职工签订集体合同。

12. 大会闭幕。

（九）职工（代表）大会评议领导人员流程

1. 职工（代表）大会评议企业领导人员工作在职工（代表）大会主席团领导下进行，由职工（代表）大会评议监督委员会负责组织实施。

2. 职工（代表）大会召开前，根据上级评议领导人员的有关规定和要求，制定评议方案，发出评议领导人员通知，做好评议工作的准备。

3. 评议前向被评议者和职工代表进行思想动员，提高认识，端正态度，搞好评议工作。

4. 被评议领导人员认真总结自己的工作，写出述职报告。

5. 在职工（代表）大会上，被评议领导人员作述职报告。

6. 职工（代表）大会要安排充分时间组织职工代表对领导人员进行民主评议和测评。测评分为"优秀""称职""基本称职""不称职"四个档次，采用无记名填写评议表的方式进行。

7. 职工代表认为需要个别反映情况时，可以向评议监督委员会作口头或书面反映。

8. 评议监督委员会对测评情况进行汇总，形成评议领导人员情况报告并向职工（代表）大会主席团报告。

9. 评议领导人员情况报告经职工（代表）大会主席团确认后，评议监督委员会负责人向职工（代表）大会报告，并向被评议领导人员转达评议意见（可在会后进行）。

10. 被评议领导人员对照评议意见制定整改措施，并报评议监督委员会。整改情况应在下次职工（代表）大会述职时向大会报告。

11. 职工（代表）大会闭会后，主管部门及时向上级主管部门和上级工会报送评议结果。

（十）职工（代表）大会质询流程

组织职工（代表）大会质询，原则上应围绕职工（代表）大会议题，特别是企业重要改革方案和涉及职工切身利益的重要事项开展。质询时间一般应在职工（代表）大会会中讨论之后、会议决议表决之前进行。

1. 职工（代表）大会会前和讨论期间征集职工代表或代表团（组）的质询案，并进行审核、整理、归纳。《职工代表质询案表》应明确质询对象、质询问题和内容。

2. 职工（代表）大会主席团研究职工代表质询案，确定质询答复重点。

3. 受质询部门或单位主要领导在职工（代表）大会会议期间对质询内容进行答复。

4. 质询结束后，形成质询情况报告，向党组织汇报并以一定的形式向全体职工公开。

（十一）职工（代表）大会无记名票决流程

1. 通过大会表决办法及大会总监票人、监票人名单，宣布总计票人、计票人名单。

2. 大会执行主席宣布进行表决，总监票人、监票人、计票人到位开始工作。

3. 复核到会正式代表人数，向大会报告实际参加表决的到会正式代表人数。

4. 当众检查票箱并加封，置于会场显著位置。

5. 从大会执行主席处领取表决票，并清点。

6. 向到会正式代表发放表决票，清点剩余表决票，确认无误后，当众剪角作废。

7. 宣读表决说明，填写表决票。

8. 介绍投票顺序、路线。

9. 监票人和主席团成员先行投票，代表在计票人的引导下依次投票。

10. 监票人当众开启票箱，清点票数。

11. 总监票人向执行主席报告发出和收回表决票数，执行主席确认后向大会报告。

12. 大会执行主席宣布表决是否有效，宣布开始计票，暂时休会（或进行大会其他议程）。

13. 监、计票人进行计票工作，并在计票结果报告单上签字。

14. 总监票人向大会主席团报告计票结果。

15. 执行主席向大会宣布表决结果。

(十二) 职工（代表）大会联席会议流程

1. 职工（代表）大会闭会期间，遇有涉及职工（代表）大会职权的需要临时解决的重要问题，而条件又不允许召开职工（代表）大会时，由基层工会召集职工代表团（组）长、专门委员会负责人和职工代表组成的联席会议，协商处理。

2. 根据会议内容，由党政工主要领导研究确定会议时间、地点、议程及参会人员范围，并发出开会通知。

3. 将准备提交会议协商处理事项的文件（草案）提前一周左右发至各代表团（组）、专门委员会、职工代表和有关部门，分别组织预审，征求意见。

4. 基层工会和文件起草部门收集整理反馈意见和建议，并根据预审提出的意见和建议，对草案进行修改。

5. 召开联席会议：联席会议按照民主集中制的原则，必须有 2/3 以上的代表团（组）长、专门委员会负责人和职工代表参加，其协商处理意见方为有效；联席会议中的一线职工代表，与其他成员享有同等权利；联席会议由基层工会主席或副主席主持；被职工（代表）大会否决的议案，以及非特殊情况下职工（代表）大会召开前、后两个月内发生的事项，不应提交联席会议审议。

6. 审议协商达成一致意见后，形成会议纪要，并印发各代表团（组）、专门委员会、各职工代表和有关部门。

7. 由工会起草职工（代表）大会联席会议协商处理有关事项的报告，提请下次职工（代表）大会确认。

（十三）职工代表述职流程

职工代表对选举单位的职工负责，并接受其监督。职工代表应向本选区职工述职，述职一般每年进行一次，可安排在职工（代表）大会召开期间进行。

1. 基层、分公司、车间工会分级负责组织职工代表述职。

2. 通知职工代表进行述职的具体时间、地点，明确述职工作的意义和要求。

3. 职工代表述职。主要内容为：参加职工（代表）大会，在审议企业重大决策、重要规章制度等方面所做的工作及作用发挥情况；关心企业的改革和发展，在提案和合理化建议等方面所做的工作；联系群众，反映职工群众意见和要求等方面所做的工作及成效；参与代表巡视检查、专门委员会活动中所做的工作；宣传贯彻职工（代表）大会精神、宣传民主管理和集体合同等方面所做的工作；参与民主管理和民主监督的经验和体会。

4. 对职工代表的述职进行评议和测评。测评分为满意、基本满意、不满意三个档次，采用无记名投票方式进行。

5. 对评议和测评情况进行汇总，形成书面材料并向大会主席团报告。

6. 宣布评议和测评结果。

7. 职工（代表）大会闭会后，向上级工会报送述职报告及评议和测评结果。

8. 基层工会负责保存相关资料，并根据职工代表述职情况组织考核。

（十四）职工代表培训流程

职工代表培训的主要对象是基层职工代表，包括子（分）公司、车间的职工代表。职工代表每年参加脱产学习培训的时间不应少于2小时，新任职工代表的培训率应达到100%。

1. 根据上级工会有关规定，制订培训计划。
2. 确定培训时间、地点，做好教员、教材、准备工作。
3. 职工代表培训的主要内容：职工民主管理知识；企业管理基本知识；有关法律法规；其他相关知识。
4. 职工代表培训的主要形式：脱产培训，重点对一线职工代表集中培训，每年组织一期培训班，每期时间不少于2小时；在线学习，通过网上学校、代表微信公众号等及时推送学习材料、相关信息资料，帮助职工代表学习提高；岗位自学，发放学习资料和学习题目，明确学习进程，参与培训考试；其他形式，以会代训、拓展训练、其他培训班增加民主管理内容、结合重点工作一事一训。
5. 职工代表定期培训完毕后，组织培训考试，考核学习效果。
6. 将考试成绩存入职工代表管理档案。

第二节　集体协商和集体合同工作内容与流程

企业和实行企业化管理的事业单位（以下统称用人单位）与本单位职工之间进行集体协商，签订集体合同。

一、集体协商和集体合同工作内容

（一）基本准则

1. 集体合同，是指用人单位与本单位职工根据法律、法规的规定，就劳动报酬、工作时间、休息休假、劳动安全卫生、职业培训、保险福利等事项，通过平等协商签订的书面协议。

2. 专项集体合同，是指用人单位与本单位职工根据法律、法规的规定，就集体协商的某项内容签订的专项书面协议。就已有的实践看，专项集体合同主要有工资专项集体合同和女职工权益保护专项集体合同。用人单位与本单位职工签订集体合同或专项集体合同，以及确定相关事宜，应当采取集体协商的方式。集体协商主要采取协商会议的形式。

3. 符合规定的集体合同或专项集体合同，对用人单位和本单位的全体职工具有法律约束力。用人单位与职工个人签订的劳动合同约定的劳动条件和劳动报酬等标准，不得低于集体合同或专项集体合同的规定。

（二）集体协商和签订集体合同的原则

进行集体协商，签订集体合同或专项集体合同，应当遵循下列原则：遵守法律、法规、规章及国家有关规定；相互尊重，平等协商；诚实守信，公平合作；兼顾双方合法权益；不得采取过激行为。

（三）集体协商和集体合同的内容

集体协商双方可以就下列多项或某项内容进行协商，签订集体合同或专项集体合同：劳动报酬，工作时间，休息休假，劳动安全与卫生，补充保险和福利，女职工和未成年工特殊保护，职业技能培训，劳动合同管理，奖惩，裁员，集体合同期限，变更、解除集体合同的流程，履行集体合同发生争议时的协商处理办法，违反集体合同的责任，双方认为应当协商的其他内容。

1. 劳动报酬主要包括：用人单位工资水平、工资分配制度、工资标准和工资分配形式，工资支付办法，加班、加点工资及津贴、补贴标准和奖金分配办法，工资调整办法，试用期及病、事假等期间的工资待遇，特殊情况下职工工资（生活费）支付办法，其他劳动报酬分配办法。

2. 工作时间主要包括：工时制度，加班、加点办法，特殊工种的工作时间，劳动定额标准。

3. 休息休假主要包括：日休息时间、周休息日安排、年休假办法，不能实行标准工时职工的休息休假，其他假期。

4. 劳动安全卫生主要包括：劳动安全卫生责任制，劳动条件和安全技术措施，安全操作规程，劳保用品发放标准，定期健康检查和职业健康体检。

5. 补充保险和福利主要包括：补充保险的种类、范围，基本福利制度和福利设施，医疗期延长及其待遇，职工亲属福利制度。

6. 女职工和未成年工的特殊保护主要包括：女职工和未成年工禁忌从事的劳动，女职工的经期、孕期、产期和哺乳期的劳动保护，女职工、未成年工定期健康检查，未成年工的使用和登记制度。

7. 职业技能培训主要包括：职业技能培训项目规划及年度计划，职业技能培训费用的提取和使用，保障和改善职业技能培训的措施。

8. 劳动合同管理主要包括：劳动合同签订时间，确定劳动合同期限的条件，劳动合同变更、解除、续订的一般原则及无固定期限劳动合同的终止条件，试用期的条件和期限。

9. 奖惩主要包括：劳动纪律，考核奖惩制度、奖惩流程。

10. 裁员主要包括：裁员的方案、裁员的程序、裁员的实施办法和补偿标准。

11. 改革、经营、安全、福利目标主要包括：改革的要点及总体目标、生产经营管理效益的阶段目标和总体目标、基层民主建设及治安综合治理目标、职工生活福利的若干事项。

12. 双方的责任（权利）和保证措施主要包括：用人单位方应负的责任及其为履行合同应采取的措施、职工方应负的责任及其为履行合同应采取的措施。

（四）集体协商代表

集体协商的主体是用人单位方和职工方。

1. 集体协商代表（以下统称协商代表），是指按照法定程序产生并有权代表本方利益进行平等协商的人员。

2. 集体协商双方的代表人数应当对等，每方至少 3 人，并各确定 1 名首席代表。

3. 职工方的协商代表由本单位工会指派，由工会干部和职工代表组成。暂时没有成立工会的单位，职工方代表可由上级工会推选产生，并经本单位半数职工同意。职工方的首席代表由本单位工会主席担任。工会主席可以书面委托其他协商代表代理首席代表。工会主席空缺的，首席代表则由工会负责人担任。

4. 用人单位方的协商代表，由用人单位法定代表人指派。首席代表由法定代表人或者由其书面委托的其他管理人员担任。

5. 协商代表履行职责的期限由被代表方确定。

6. 用人单位协商代表和职工协商代表不得相互兼任。

7. 协商代表履行以下职责：参加平等协商；接受本方人员质询，及时向本方人员公布协商情况并征求意见；提供与集体协商有关的情况和资料；代表本方参加集体协商争议的处理；监督集体合同或专项集体合同的履行；法律、法规和规章规定的其他职责。

8. 协商代表应当维护本单位正常的生产、工作秩序，不得采取威胁、收买、欺骗等行为。协商代表应当保守在集体协商过程中知悉的用人单位的商业秘密。企业内部的协商代表参加集体协商视为提供了正常劳动。

9. 职工一方协商代表在其履行协商代表职责期间劳动合同期满的，劳动合同期限自动延长至完成履行协商代表职责之时，除出现下列情形之一的，用人单位不得与其解除劳动合同：（1）严重违反劳动纪律或用人单位依法制定的规章制度的；（2）严重失职、营私舞弊，对用人单位利益造成重大损害的；（3）被依法追究刑事责任的。职工一方协商代表履行协商代表职责期间，用人单位无正当理由不得调整其工作岗位。

10. 职工一方协商代表就上述规定与用人单位发生争议的，可以向当地劳动争议仲裁委员会申请仲裁。

11. 工会可以更换职工一方协商代表；未建立工会的，经本单位半数以上职工同意可以更换职工一方协商代表。用人单位法定代表人可以更换用人单位一方协商代表。

12. 协商代表因更换、辞任或遇有不可抗力等情形造成空缺的，应在空缺之日起 15 日内产生（选出）新的代表。

13. 工会要会同有关方面搞好对协商代表的培训，建立工资协商指导员队伍。

（五）集体合同的订立、终止、变更、解除、检查

1. 订立。经双方协商代表协商一致的集体合同草案或专项集体合同草案应当提交职工（代表）大会或者全体职工讨论。职工（代表）大会或者全体职工讨论集体合同草案或专项集体合同草案，应当有 2/3 以上职工代表或者职工出席，且须经全体职工代表半数以上或者全体职工半数以上同意，集体合同草案或专项集体合同草案方获通过。集体合同草案或专项集体合同草案经职工（代表）大会通过后，由集体协商双方首席代表签字。

2. 期限与终止。集体合同或专项集体合同期限一般为 1 至 3 年，期满或双方约定的终止条件出现，即行终止。集体合同或专项集体合同期满前 3 个月内，任何一方均可向对方提出重新签订或续订的要求，对方应给予回应。

3. 双方协商代表协商一致，可以变更或解除集体合同或专项集体合同。

4. 有下列情形之一的，可以变更或解除集体合同或专项集体合同：（1）用人单位因被兼并、解散、破产等原因，致使集体合同或专项集体合同无法履行的；（2）因不可抗力等原因致使集体合同或专项集体合同无法履行或部分无法履行的；（3）集体合同或专项集体合同约定的变更或解除条件出现的；（4）法律、法规、规章规定的其他情形。

5. 变更或解除集体合同或专项集体合同按集体协商流程进行。解除集体合同或者专项集体合同后，双方应签订《解除集体合同说明书》，就解除集体合同或者专项集体合同进行记述和文字说明。变更或者解除集体合同要向职工（代表）大会报告，请予确认。

6. 集体合同或者专项集体合同签订或变更后，应自双方代表签字之日起 10 日内，由用人单位一方将集体合同一式三份送当地劳动保障行政部门审查。用人单位与本单位职工就社会保障行政部门提出异议的事项经集体协商需重新签订集体合同或者专项集体合同的，用人单位方应当就集体合同的内容准备相关资料，了解上级下达的年度计划和各项指标要求，了解物价指数、职工基本生活标准，认真分析本单位上年度经济效益等有关情况和集体合同履行情况，做好相应的准备工作。

7. 劳动保障行政部门对集体合同或专项集体合同有异议的，应当自收到文本之日起 15 日内将《审查意见书》送达双方协商代表。《审查意见书》应当加盖劳动保障行政部门印章。社会保障行政部门自收到文本之日起 15 日内未提出异议的，集体合同或专项集体合同即行生效。生效的集体合同或专项集体合同，应当自其生效之日起由协商代表及时以适当的形式向本方全体人员公布。

8. 企业人力资源部门应建立健全集体合同管理制度，做好集体合同的签订、变更、续签、终止、解除和上报审查等各项管理工作。

9. 为保障集体合同或者专项集体合同的全面履行，签订合同的双方应半年组织一次对履行情况的检查监督，及时发现并解决履行中存在的问题。检查一般应由行政方人员、职工代表和工会人员组成。半年检查的情况向职工（代表）大会联席会议报告，年终的检查情况向职工（代表）大会报告。职工（代表）大会应组织职工代表对集体合同履行情况进行评议。

（六）集体协商争议的协调处理

1. 集体协商过程中发生争议，双方当事人不能协商解决的，当事人一方或双方可以书面形式向劳动保障行政部门提出协调处理申请；未提出申请的，劳动保障行政部门认为必要时也可以进行协调处理。

2. 劳动保障行政部门应当组织同级工会和企业组织等三方面的人员，共同协调处理平等协商争议。

3. 集体协商争议处理实行属地管辖，具体管辖范围由省级劳动保障行政部门规定。中央管辖的企业以及跨省、自治区、直辖市用人单位因平等协商发生的争议，由人力资源和社会保障部指定的省级劳动保障行政部门组织同级工会和企业组织等三方面的人员协调处理。

4. 因履行集体合同发生的争议，当事人协商解决不成的，可以依法向劳动争议仲裁委员会申请仲裁。

二、集体合同工作流程

（一）集体协商流程

集体协商任何一方均可就签订集体合同或专项集体合同以及相关事宜，以书面形式向对方提出进行平等协商的要求。

1. 协商双方就协商内容和有关事项，提前20天以书面形式通知对方，并共同商定协商的时间、地点及有关事宜；无正当理由不得拒绝进行集体协商。

2. 根据对等原则，双方分别确定协商代表和首席代表，并共同指定一名协商记录员。记录员应保持中立、公正，并为集体协商双方保密。

3. 了解与集体合同有关的情况和资料，熟悉与集体协商内容有关的法律、法规、规章和制度；了解与集体协商内容有关的情况和资料，收集用人单位和职工对协商的意见；拟定集体协商议题，集体协商议题可由提出协商的一方起草，也可由双方指派代表共同起草；确定集体协商的时间、地点等事项。

4. 双方首席代表可就协商主要议题等事项先行沟通，进行非正式协商，争取在主要内容和实质问题上基本达成共识。

5. 召开正式协商会议，会议由双方首席代表轮流主持。

6. 一方首席代表提出协商的具体内容和要求，另一方首席代表作出回应。协商双方代表就商谈事项发表意见，开展充分讨论。

7. 双方首席代表归纳意见，达成一致的，形成集体合同草案或专项集体合同草案。

8. 协商中如有临时提议，应在原定议程讨论完毕后提出，经双方同意后再列入协商议题进行讨论。

9. 集体协商未达成一致或出现事先未预料的问题时，经双方同意可以暂时中止协商。中止期限和下次协商的时间、地点、内容和准备工作由双方共同商定。中止期限最长不得超过60天。

10. 经过集体协商双方同意的集体合同草案或专项集体合同草案提交职工（代表）大会审议通过。

（二）行业性工资集体协商流程

1. 以书面形式向企业方提出协商要约或回复企业方提出的协商要约。

2. 做好协商前的各项准备工作，特别是掌握相关法律、法规、政策规定，收集了解相关资料、信息及企业和职工意见，确定行业性工资集体协商议题。

3. 进行行业性工资集体协商，在双方协商一致的基础上形成行业工资集体合同（草案）。

4. 建立了行业职工代表大会的地方，行业工资集体合同（草案）应该提交行业职工代表大会讨论通过。在行业工资集体合同框架下，企业结合自身实际开展二次工资集体协商的，其确定的劳动报酬标准不应低于行业工资集体合同规定的标准，具体做法应参照《工资集体协商试行办法》等有关规定进行。

5. 行业工资集体合同签订后7日内，工会应当协助企业方将行业工资集体合同文本一式三份及说明，报送当地劳动保障行政部门审查。劳动保障行政部门审查同意后，行业工资集体合同即行生效。双方协商代表应将已经生效的行业工资集体合同以适当形式及时向行业内企业和全体职工公布。

6. 行业工资集体协商未达成一致意见或出现事先未预料的问题时，经双方同意中止协商的，工会应积极做好向职工说明情况和下次协商的相关准备工作。行业性工资集体协商一般每年进行一次。工会可在原行业工资集体合同期满前3个月内，向企业方书面提出重新签订或续订的要求，并发出协商要约。

(三) 协商会议的流程

1. 宣布议程和会议纪律。

2. 一方首席代表提出协商的具体内容和要求，另一方首席代表就对方的要求作出回应。

3. 协商双方就商谈事项发表各自意见，开展充分讨论。

4. 双方首席代表归纳意见。达成一致的，当形成集体合同草案或专项集体合同草案，由双方首席代表签字。

(四) 签订集体合同流程

1. 由行政方或双方共同起草集体合同文本（草案）。

2. 集体合同文本（草案）送职工代表和各有关部门征求意见。

3. 召开集体协商会议，围绕集体合同文本（草案）进行协商。

4. 平等协商一致的集体合同（草案），提交职工（代表）大会审议。

5. 集体合同经职工（代表）大会审议通过后，双方首席代表签字。未经职工（代表）大会审议通过的集体合同，双方首席代表不得签字，由双方重新协商修改后，再次提交职工（代表）大会审议。

6. 集体合同签字后，应于 10 日内将集体合同一式三份报送上级劳动保障行政部门审查登记，同时报上级工会备案。

7. 上级社会保障行政主管部门 15 日内未提出异议的，集体合同即行生效。

8. 集体合同生效后，应当自其失效之日起由协商代表集体合同文本以必要的形式向职工公布全文。

(五) 检查监督工作流程

1. 制定集体合同履行责任分工考核表。依据集体合同文本，按照双方的责任内容和责任分工，在年度集体合同签订两个月内，制订集体合同责任检查监督办法和方案，并进行公布。

2. 职工（代表）大会专委会进行巡视检查。职工（代表）大会安全生产经营管理、生活福利和劳动法律监督委员会，每年组织职工代表对集体合同的履行情况进行检查和测评，对检查中发现的问题向有关部门质询，需要整改的下发整改通知单，限期整改。

3. 责任部门自查。责任部门负责涉及本部门条款的履行，认真安排部署，责任落实到人。责任部门每半年自查一次，对所承担条款履行中存在的问题采取积极措施，认真抓好落实。

4. 联合检查落实。行政、工会每半年组织有关部门和职工代表对集体合同履行情况进行检查，上半年检查情况向职工（代表）大会联席会议报告；全年履行情况向下一次职工（代表）大会报告，提请职工（代表）大会审议。联合检查可以与专委会的检查结合进行。

5. 履约奖惩。按照集体合同责任分工，每年可对落实集体合同先进部门进行表彰，对落实不力的部门进行通报批评，并列入考核。

第三节　厂务公开及其他形式民主管理工作内容与流程

厂务公开是贯彻党的全心全意依靠工人阶级的根本指导方针的重要内容，厂务公开是新形势下民主管理的创新和发展，也是职工代表大会制度的应有之义。积极推动厂务公开和其他形式的民主管理，是扩大基层民主的需要。

一、厂务公开主要工作内容

（一）厂务公开的作用与原则

为认真贯彻党的全心全意依靠工人阶级的根本指导方针，促进企业的改革和发展，党和国家从1998年以来，提出并推动了全国的厂务公开工作，将其作为强化基层民主的一个重要措施，同政府的政务公开、农村的村务公开一并推进着基层民主建设、政治文明和精神文明建设。认真搞好厂务公开民主管理，对于充分调动广大职工的积极性、推动企业的改革发展和各项工作有着重要的意义和作用。

厂务公开提出来的时候，农村的村务公开、政府的政务公开已经有十年左右的历史。在农村，以《村民委员会组织法》为纲领的、以民主选举和财务公开为核心内容的村务公开已经在全国普遍推行。在各级政府特别是基层政府，以办事制度、办事流程、办事结果公开为主要内容的政府的政务公开已经广泛宣传、开始实践并在不断发展之中。厂务公开的提出填补了基层民主政治建设发展中工厂民主如何发展的一个缺项。厂务公开的提出回答了在中国这个巨大的经济体中占主导地位的工商业生产经营管理的民主化问题，回答了在推动中国现代化的主体中生产关系如何适应生产力发展的问题，回答了被称为世界经济引擎和世界工厂的中国的主要经济组织中的管理民主和人本管理问题，同农村的村务公开、政府的政务公开一并回答了经济基础如何适应上层建筑发展的问题。厂务公开是现实的需求，是历史的必然，是中国国有企业发展中无法回避的选择，是市场经济的要求，是规范管理的需要，是基层民主政治建设的创新和发展。厂务公开同政府的政务公开、农村的村务公开一并推动着中国的改革和发展，推动着中国的基层民主建设。

实行厂务公开，把企业经营管理中的重大问题和涉及职工切身利益的重要问题（除国家法律规定的保密事项和涉及的商业秘密外）交给职工群众讨论，充分听取大家的意见，为职工行使民主监督和民主管理的权利创造了条件，有利于加强企业管理，防止和减少决策失误，保证国有资产保值增值；有利于堵塞企业管理的漏洞和制止违法乱纪现象的发生，加强党风廉政建设，密切干群关系；有利于理顺职工情绪，激发职工主人翁责任感，调动职工积极性，增强企业凝聚力，促进企业改革、发展和稳定。

厂务公开要遵循国家法律、法规和党的方针政策；要坚持从实际出发，实事求是，注重实效；要处理好支持行政依法行使职权与加强民主管理、民主监督的关系，调动经营者和职工群众两方面积极性；要和完善职工代表大会制度有机地结合起来，通过实行厂务公开，进一步坚持和完善以职工代表大会为基本形式的民主管理制度；要紧紧围绕企业的改革和发展，把这项工作同建立现代企业制度有机结合起来。

(二) 厂务公开的内容

从1999年开始，以中纪委、全国总工会、国家经贸为成员单位的全国厂务公开领导小组（2001年增加中组部、国资委、企业联合会），在十多年的时间里，每年都要对全国的厂务公开民主管理工作进行部署，对年度厂务公开民主管理工作的重点、内容等提出意见。2002年中共中央办公厅、国务院办公厅联合下发《关于在国有企业、集体企业及其控股企业深入实行厂务公开制度的通知》（以下简称"两办"《通知》）对厂务公开内容作出了具体的规定。2012年2月，中共中央纪委、中共中央组织部、国务院国有资产监督管理委员会、监察部、中华全国总工会、中华全国工商业联合会联合下发了《企业民主管理规定》对印发的规定，对包括国有企业在内的所有企业厂务公开的内容、形式、程序等作出了规定。

1. "两办"《通知》对厂务公开内容的规定。

（1）企业重大决策问题。主要包括企业中长期发展规划，投资和生产经营重大决策方案，企业改革、改制方案，兼并、破产方案，重大技术改造方案，职工裁员、分流、安置方案等重大事项。

（2）企业生产经营管理方面的重要问题。主要包括年度生产经营目标及完成情况，财务预决算，企业担保，大额资金使用，工程建设项目的招投标，大宗物资采购供应，产品销售和盈亏情况，承包租赁合同执行情况，企业内部经济责任制落实情况，重要规章制度的制定等。

（3）涉及职工切身利益方面的问题。主要包括劳动法律法规的执行情况，集体合同、劳动合同的签订和履行，职工提薪晋级、工资奖金分配、奖罚与福利，职工养老、医疗、工伤、失业、生育等社会保障基金缴纳情况，职工招聘，专业技术职称的评聘，评优选先的条件、数量和结果，职工购房、售房的政策和住房公积金管理以及企业公积金和公益金的使用方案，安全生产和劳动保护措施，职工培训计划等。

(4)与企业领导班子建设和党风廉政建设密切相关的问题。主要包括民主评议企业领导人员情况，企业中层领导人员、重要岗位人员的选聘和任用情况，干部廉洁自律规定执行情况，企业业务招待费使用情况，企业领导人员工资（年薪）、奖金、兼职、补贴、住房、用车、通讯工具使用情况，以及出国出境费用支出情况等。

厂务公开的内容应根据企业的实际情况有所侧重。既要公开有关政策依据和本单位的有关规定，又要公开具体内容、标准和承办部门；既要公开办事结果，又要公开办事程序；既要公开职工的意见和建议，又要公开职工意见和建议的处理情况，使厂务公开始终在职工的广泛参与和监督下进行。要密切结合企业改革和发展的实际，及时引导厂务公开不断向企业生产经营管理的深度和广度延伸，推动企业不断健全和完善管理制度、党风廉政建设制度和职工民主管理制度。

2.《企业民主管理规定》对厂务公开内容的规定。

(1)《企业民主管理规定》第三十四条对所有企业厂务公开内容的规定。

企业应当向职工公开下列事项：

一是经营管理的基本情况；二是招用职工及签订劳动合同的情况；三是集体合同文本和劳动规章制度的内容；四是奖励处罚职工、单方解除劳动合同的情况以及裁员的方案和结果，评选劳动模范和优秀职工的条件、名额和结果；五是劳动安全卫生标准、安全事故发生情况及处理结果；六是社会保险以及企业年金的缴费情况；七是职工教育经费提取、使用和职工培训计划及执行的情况；八是劳动争议及处理结果情况；九是法律法规规定的其他事项。

(2)《企业民主管理规定》第三十五条对国有企业、集体企业及其控股企业的规定。

国有企业、集体企业及其控股企业除公开第十三条、第十四条和第三十四条规定的相关事项外，还应当公开下列事项：

一是投资和生产经营管理重大决策方案等重大事项，企业中长期发展规划；二是年度生产经营目标及完成情况，企业担保，大额资金使用、大额资产处置情况，工程建设项目的招投标，大宗物资采购供应，产品销售和盈亏情况，承包租赁合同履行情况，内部经济责任制落实情况，重要规章制度制定等重大事项；三是职工提薪晋级、工资奖金收入分配情况；专业技术职称的评聘情况；四是中层领导人员、重要岗位人员的选聘和任用情况，企业领导人员薪酬、职务消费和兼职情况，以及出国出境费用支出等廉洁自律规定执行情况，职工代表大会民主评议企业领导人员的结果；五是依照国家有关规定应当公开的其他事项。

职工代表大会的职权，属于厂务公开需要公开的内容。

(三) 厂务公开的形式

1. 厂务公开的主要形式。厂务公开的主要形式是职工（代表）大会。由于厂务公开的目的不仅仅是公开而已，而是要广大职工参与决策、管理和监督，其实质同职工（代表）大会一样是职工民主管理。职工（代表）大会是法定的民主管理形式，制度比较科学，有广泛的代表性，有较高的权威性。因此，职工（代表）大会是厂务公开的主要形式或者基本载体。

2. 厂务公开的辅助形式。在职工（代表）大会闭会期间，职工（代表）大会联席会议制度、分公司与车间班组民主管理制度、职工（代表）大会民主评议企业领导人员制度、集体合同经职工（代表）大会审议通过制度、企业领导人员向职工（代表）大会述职述廉制度等，也都是民主管理的形式。

3. 公开栏、局域网等公开形式。厂务公开栏、厂务公开网站，以及为公开某些事项而召开的厂情发布会议等，是厂务公开的日常形式，也是最直观、及时的形式。企业生产经营状况、职工收入分配结果、领导人员和重要岗位人员变动情况，可通过这种形式公开。

4. 公开招标等市场经济的规范形式。市场经济的规范形式，主要指物资采购供应与基本建设项目的招标。上市公司依照有关规定公开披露财务报表等。这种形式比较科学、规范，公开的范围广，也是职工知情的一个渠道。

5. 新闻媒体的公开形式。主要通过企业的广播、电视、厂报、企业内部的刊物等形式进行。职工（代表）大会通过的事项，也要通过这种形式进一步告知广大职工群众。

6. 微信公众号、门户网站、QQ等新的公开形式与平台。现代传媒的广泛应用和快速发展，为厂务公开创造了许多新的形式与渠道。公开的形式要根据内容来定。公开的形式要认真地进行研究，哪项内容以什么形式公开，要以制度的形式确定下来。

（四）厂务公开的组织领导

企业应成立以党政主要领导为组长的厂务公开领导小组，成立以纪检监察部门负责人为组长的检查监督小组，加强对厂务公开的领导，强化对公开工作的检查监督。行政方面应以责任部门为主成立若干公开小组，负责物资采购、工程招标等各项热点、敏感具体事项公开的落实。工会作为厂务公开的工作机构，要做好组织协调工作，促进厂务公开工作的发展。对公开的情况，应每半年组织一次检查监督，检查监督情况向职工（代表）大会报告，使厂务公开工作真实有效地运行。

二、分厂、车间、班组的民主管理和事务公开

（一）分厂、车间职工（代表）大会

《全民所有制工业企业职工代表大会条例》（以下简称"职代会条例"）中规定，车间（分厂）可以根据具体情况，采取职工大会或职工代表大会、职工代表组等形式，对本单位权限范围内的事务行使民主管理的权力。根据企业的具体情况，分公司、车间民主管理主要采用职工代表大会或职工大会的形式。分公司、车间职工（代表）大会是分公司、车间民主管理的基本形式，是企业民主管理的基础和重要环节。开好分公司、车间职工（代表）大会对健全企业民主管理制度、加强企业管理有着重要的作用。

1. 会议制度。一般地讲，人员分散，分公司、车间人数在100人以上

的，应召开职工代表大会。选举职工代表通过职工代表大会，对本分公司、车间权限范围内的事务进行民主管理。人员相对集中，分公司、车间人数在 100 人以下的，应采取分公司、车间职工大会的形式，组织全体职工参与民主管理。分公司、车间职工大会的民主化程度更高一些，有条件的应尽可能召开职工大会。分公司、车间职工大会是分公司、车间全体职工直接参加的民主管理形式，不同于分公司、车间行政召开的职工大会，也可以称为分公司、车间职工民主管理大会。分公司、车间职工（代表）大会每年至少召开一次，由分公司、车间工会主席主持。分公司、车间职工（代表）大会实行民主集中制。每次会议必须有 2/3 以上的代表或职工参加。进行选举或作出决议，必须经应到会全体职工代表或全体职工过半数通过方为有效。分公司、车间职工（代表）大会在职权范围内作出的决议和决定，非经职工（代表）大会同意，任何组织或个人不得变更或修改。

2. 职权。分公司、车间职工（代表）大会的职权，《企业民主管理规定》没有明确规定。一般来讲，随着改革的深化，管理的扁平化，分公司、车间权力的扩大，其职工（代表）大会的权力也相应增大。主要有：听取和审议分公司、车间行政领导的工作报告，并对完成生产计划的措施、经济责任制方案等重大事项提出意见和建议；审查同意或否决本分公司、车间的经济一体化考核（奖金分配、绩效考核）方案、劳动保护措施、奖惩办法以及其他重要规章制度；审议决定本分公司、车间有关职工生活福利方面的重要事项；民主评议、监督分公司、车间领导人员，提出奖惩和任免的建议；根据上级的部署，民主推荐或民主选举分公司、车间领导。

3. 职工代表。分公司、车间职工代表大会的代表以班组为单位，由职工民主选举产生。考虑到有的分公司、车间特别大，职工人数有几千人，代表人数一般为分公司、车间职工人数的 5%~40%。分公司、车间职工代表最低不得少于 30 人，并且应保证每个班组至少有一名代表。分公司、车间职工代表中应有工人、技术人员、管理人员、工会专兼职干部，其中工人代表应占多数。职工代表中要有一定数量的女代表。

4. 职工代表选举产生后，可以按照生产班组或根据分公司、车间的具体情况，成立若干个代表小组。每个代表小组要选举一名小组长，小组长一般由工会小组长担任。

(二) 班组民主管理

班组民主管理的基本形式是全员参加的民主管理会议，其职责的核心是解决活怎么干、钱如何分的问题。

1. 班组民主管理的基本形式。班组民主管理的基本形式是班组民主管理会。班组民主管理是由班组职工直接参加的一种群众管理活动。班组民主管理会，是由工会小组长主持，班组全体成员参加，按照有关规定，对班组权限范围内的有关事项进行审议、通过和决定的一种民主管理形式，是职工群众在班组行使民主管理权利和当家作主的具体体现。班组民主管理应当是班组全员管理。班组的重大问题应由班组全体成员讨论和决定，工会小组长向班组民主管理会负责，贯彻班组民主管理会议定的事项。

2. 班组民主管理会的职责：贯彻落实企业和分公司、车间职工代表大会决议；围绕班组生产工作任务开展活动；审议通过班组经济责任制考核办法及奖金分配方案；讨论决定班组有关职工生活福利的事项，包括生产劳动条件和生活设施的改善、职工困难补助、互助救济以及职工合法权益被侵害时受理职工申诉等四项内容；根据上级的要求民主选举班组长。

(三) 分公司、车间班组内部事务公开

1. 公开的内容。(1) 分公司、车间内部事务公开的内容。对于分公司、车间来说，事务公开的内容主要是涉及职工切身利益的重要规章制度及有关重要事项。一般情况下，应做好以下几个方面的公开：生产任务及完成情况；涉及职工切身利益的办法、措施及重要事项；职工工资、奖金收入分配情况；民主评议分公司、车间领导人员情况；职工困难救济等事项；评选先进情况；违章、违纪考核情况；其他需要公开的事项。(2) 班组事务公开的内容。班组内部事务的公开，主要是有关制度及其执行情

况、收入分配方面的事项。一般有以下几项：生产任务及完成情况；职工工资、奖金收入分配情况；评先选优情况；每月节能、材料、备品使用情况；互助金使用等情况；民主评议工班长情况；违章、违纪考核情况；其他需要公开的情况。

2. 公开的形式。（1）分公司、车间内部事务公开的形式。一是基本形式：职工（代表）大会。职工（代表）大会是分公司、车间民主管理的基本形式，也是分公司、车间内部事务公开的基本形式。要进一步健全和完善分公司、车间职工（代表）大会制度，凡属于职工（代表）大会职权范围内的问题，都必须向职工代表大会报告，分别由职工（代表）大会审议、通过或决定，并将执行情况认真及时公开。二是简便易行的形式：公开栏。这一形式，成本低，一目了然，应进一步坚持完善。不少单位统一制作了分公司、车间公开栏，并安放在统一的位置。三是网络公开。一些单位将局域网建到了车间、班组，快捷方便，受到广泛欢迎。四是微信公众号等其他一些平台。（2）班组内部事务公开的形式。班组内部事务公开的基本形式是全体职工参加的班组民主管理会议。公开栏、微信、网络终端也是好的形式。

3. 公开的时限和检查考核。（1）公开的时限。公开的时限是事务公开的一项重要的考量指标。在规定公开内容、公开形式的同时，也要规定公开的时限。除了职工（代表）大会一般是每年进行一次公开有关事项外，公开栏的内容一般是每月更新，微信、网络的公开除了以上内容外更是随时进行。（2）公开的检查考核。分公司、车间班组的内部事务公开同其他许多工作一样，没有检查考核就等于没有落实，特别是在涉及人们切身利益的一些敏感问题上。一些单位在实践中建立了半年一次厂务公开的检查考核制度，有的单位将厂务公开民主管理考核同各项考核综合在一起一并进行，还有的单位建立了包括运用计算机控制在内的完善的考核机制，这些都是好的办法，都是应该在实施中发展和完善的。

4. 注意把握的几个问题。（1）要把握好分公司、车间内部事务公开与民主管理的关系。分公司、车间内部事务公开，既是民主管理的基础，也是以职工（代表）大会为基本形式的民主管理的发展。要通过分公司、车间内部事务公开，进一步推动民主管理工作的开展，进一步落实党的全心全意依靠工人阶级的根本指导方针，调动广大职工的积极性，促进分公司、车间及企业各项工作的发展。(2) 分公司、车间内部事务公开要在党组织的领导下进行。分公司、车间内部事务公开，以党组织领导为主，工会作为职工（代表）大会的工作机构，作为民主管理的组织者，应积极参与并努力做好工作，要积极取得党政的重视与支持。(3) 积极努力，循序渐进。抓分公司、车间班组内部事务公开，既要积极努力，又要循序渐进。规范完善、深化发展有一个过程，允许人们有提高认识的过程。(4) 要认真进行调查研究，及时发现和解决存在的问题，推动工作的进展。

三、工作流程

（一）领导小组和工作机构的职责与工作流程

1. 厂务公开领导小组。厂务公开领导小组对整个厂务公开工作实施组织领导；审定厂务公开的重大事项；对厂务公开工作进行安排部署、检查落实，总结推广先进经验；调查研究，制定规划、办法，发现并解决存在的问题。

2. 厂务公开领导小组办公室。承担领导小组日常工作；厂务公开日常工作中信息反馈、统计报表；各公开小组之间的协调。

3. 厂务公开各工作小组。提出本小组职责范围内的工作计划；按规定的内容、时间、形式进行公开；向职工（代表）大会或者职工（代表）大会联席会议报告工作；受理解答职工群众反映的问题。

4. 厂务公开各监督小组。对厂务公开进行检查监督；对有关情况进行通报；提出改进工作的意见和建议。

（二）党政工组织的职责与工作流程

1. 党委。制定厂务公开的工作规划和实施意见，审定公开的重大事项；组织领导小组会议，研究厂务公开工作；协调解决存在的问题，做好督导与考核，建立责任追究制度并认真进行落实。

2. 行政。组织各职能部门，落实厂务公开的部署和要求；按照工作部署与安排，有组织、有计划、有步骤地进行公开；把厂务公开的要求和内容纳入企业的管理之中，纳入企业的领导体制、机制和制度之中，并使之逐步成为其中的重要组成部分，健全和完善民主管理、民主决策和民主监督；对重大决策、生产经营管理中的重大问题和涉及职工切身利益的重要问题，及时认真进行公开；按规定向职工（代表）大会报告属于职工（代表）大会职权的事项。

3. 纪监委。制定厂务公开监督考核办法；检查监督公开是否真实、及时、符合规定，并组织定期考核；把党风廉政建设等情况作为公开的重点，强化监督制约机制；不断拓宽监督形式，畅通监督渠道；厂务公开不符合项的监督检查。

4. 工会。承担厂务公开办公室的日常工作；厂务公开管理体系运行过程中的组织协调；厂务公开记录管理；不符合项的控制。

（三）基层单位公开内容与工作流程

1. 固定内容的公开流程。承办部门将公开材料报主管领导审批；主管领导审批后的公开材料在厂务公开办公室登记；承办部门按规定的形式公开；收集反馈意见；制定整改措施，并进行整改；跟踪整改，整理相关材料。

2. 其他相关内容的公开流程。承办部门提出有关议案，形成草案，发至有关部门征求意见；召开不同层次座谈会征求意见；根据征集的意见对草案进行修改；修改后的草案提交党委会或者党政联席会议研究；根据会议的意见，对草案进行修改；修改后经主管领导审核同意后进行公开；付诸实施，收集反馈意见；制定整改措施，并进行整改；整理相关资料并归档。

（四）召开分公司、车间职工（代表）大会工作流程

召开分公司、车间职工（代表）大会应按照职工代表大会条例的要求执行。在召开职工（代表）大会之前要成立筹备小组，由党政工有关人员参加，共同做好筹备工作。

1. 筹备工作流程。(1) 向上级报告。分公司、车间工会提出召开职工（代表）大会的建议和具体方案，与分公司、车间行政领导协商，向分公司、车间党组织汇报；经研究通过后的方案，向上级工会报告，同意后，即可成立筹备小组，进行召开职工（代表）大会的各项准备工作。(2) 会前审议。在职工（代表）大会召开前，分公司、车间行政要向职工代表发放会议主要文件或通报提交大会的有关事项，并由职工代表征求班组职工的意见和建议。根据职工代表反馈的意见，分公司、车间行政要修改完善有关议案。分公司、车间工会要做好职工代表的选举（增补）工作。筹备小组要分工负责，责任到人，具体做好会议文件、会场布置、大会组织等工作，使会议能够顺利召开。

2. 大会流程。(1) 宣布大会开幕。（大会执行主席核实出席大会的职工代表人数，到会职工代表超过应到会正式代表总数的 2/3 即可宣布开会）(2) 分公司、车间领导作行政工作报告。(3) 由分公司、车间行政有关负责人分别做提交职工（代表）大会审议的各项议案的报告、职工（代表）大会提案征集处理情况的报告。(4) 工会主席作分公司、车间职工（代表）大会闭会期间联席会议协商处理有关问题的报告，提请大会确认。（若没有召开联席会议，此项取消）(5) 代表分组讨论以上报告、议案和大会决议草案。各代表小组应认真做好记录，并将讨论结果向大会主席团汇报。(6) 党组织负责人讲话。（此前若讨论中对某一事项意见集中，应由行政负责人出面进行解释）(7) 对大会决议逐项表决。(8) 宣布大会闭幕。

3. 会后工作流程。(1) 分公司、车间工会要及时向上级工会报告职工（代表）大会召开的情况，及时整理有关资料并妥善保存。(2) 分公司、车间职工（代表）大会闭会后，所通过的决议，分公司、车间领导要带头贯彻实施，同时，要组织分公司、车间职工认真贯彻落实分公司、车间职工（代表）大会决议。(3) 在职工（代表）大会闭会期间，分公司、车间工会可以组织职工代表和专门工作小组一起，对职工（代表）大会决议的落实情况进行检查，监督实行。

(五) 提案征集处理流程

有条件的分公司、车间在召开职工（代表）大会时，应做好提案的征集、审查、立案、处理和落实工作。分公司、车间职工代表提案的内容应根据分公司、车间的生产工作实际提出，围绕分公司、车间的安全生产、经营管理、劳动保护和职工生活福利等方面的问题进行，所提出的问题应是分公司、车间职权范围内的事项。分公司、车间职工（代表）大会征集处理提案的流程同单位职工（代表）大会提案征集处理流程基本一样，主要有：会前分公司、车间印制提案表征集提案；提案审查委员会审理立案并交分公司、车间行政领导处理；分公司、车间工会组织职工代表对提案的落实情况定期进行检查；提案征集处理的情况，要向下一次职工（代表）大会报告。

(六) 行使审议建议权、审议通过权和审议决定权的流程

分公司、车间职工（代表）大会职权中所涉及的内容包括分公司、车间生产经营中的重大问题、创新发展和职工切身利益的重大问题，在这些问题的决策上，要让职工代表充分行使民主权利。具体有以下几个流程。

1. 会前。分公司、车间党政工共同商定职工（代表）大会的议程，将提交职工（代表）大会审议的议案内容提前通知职工代表，广泛征求职工代表意见；分公司、车间行政集中职工代表的意见，对有关的议案进行完善。

2. 会中。(1) 分公司、车间领导向职工代表作行政工作报告及有关报告。(1) 职工代表讨论审议，提出意见和建议。(3) 分公司、车间行政应集中职工代表提出的意见对有关的议案进行修改。(4) 对各项议案作出决议。通过决议时，应逐项表决。

3. 会后。抓好会议精神和决议的贯彻，抓好有关事项的落实，促进各项工作和民主管理工作的开展。

(七) 行使评议监督权的流程

分公司、车间职工（代表）大会民主评议领导人员的对象是分公司、

车间领导人员。分公司、车间其他管理人员是否评议由各单位自定。评议的流程如下。

1. 职工（代表）大会召开前一周，通知被评议人员认真总结一年来的工作，准备好述职报告。

2. 在职工（代表）大会上通过民主评议领导人员办法。

3. 被评议的领导人员在职工（代表）大会上作述职报告。

4. 职工代表对领导人员进行评议，并采取无记名方式进行测评。

5. 由职工（代表）大会评议小组收集汇总评议结果，并向职工（代表）大会作评议情况的报告。

6. 会后，由分公司、车间党组织将民主评议的结果向上级主管部门报告。

（八）行使民主选举权的流程

这一项职权的行使要根据上级的部署进行，民主选举的结果要经上级机关批准。一般情况下，民主推荐和选举分公司、车间行政领导人的流程如下。

1. 按照上级主管部门的要求，制定民主选举方案。

2. 方案要经上级主管部门批准，要经分公司、车间职工（代表）大会审议通过。

3. 按方案进行民主选举。

4. 选举结果及时向上级主管部门报告。

（九）分公司、车间事务公开的流程

分公司、车间事务公开的流程原则上参照基层单位厂务公开流程进行，应突出以下几点。

1. 制定并不断修订完善分公司、车间的事务公开办法，办法要结合实际，要与时俱进。

2. 要明确责任分工：坚持党组织的领导，行政主动公开相关事项，工会积极做好公开的具体事务工作。

3. 注意公开的时限。分公司、车间职工代表大会审议通过涉及职工利益的有关事项后，要及时通过多种方式让全体员工知晓。

4. 及时收集员工群众对公开后的意见与建议，吸纳合理的成分，对公开工作不断进行完善。

（十）班组民主管理会工作流程

1. 贯彻落实企业和分公司、车间职工（代表）大会决议。工作流程是：听取职工代表传达企业、分公司、车间职工（代表）大会精神；根据企业、分公司、车间的年度目标及对本班组的任务要求，发动群众，群策群力，制定出贯彻落实企业、分公司、车间职工（代表）大会决议的有效措施；把措施落实到岗位和个人，具体组织实施。

2. 围绕班组生产工作任务开展活动。工作流程如下：听取班组长根据企业、分公司、车间生产任务要求制定的本班组的具体实施方案及其说明；认真讨论班组实施方案是否可行，集思广益，完善实施方案和措施；明确班组每个职工所承担的生产工作任务和责任；组织劳动竞赛，动员职工按质、按量、按计划完成自己的工作，确保班组各项生产工作任务的完成。

3. 审议通过班组经济责任制考核办法及奖金分配方案。做好这项工作的原则和流程是：按照有关政策规定制订本班组经济责任制考核办法；讨论通过班组奖金分配方案并做到奖金来源和分配结果公开，每月要按公开的要求，张榜公布，提高班组奖金分配的透明度。

4. 讨论决定班组有关职工生活福利的事项。做好这项工作的原则和流程是：凡是职工提出的正当合理的要求，在班组权限范围内能够解决的，要积极地帮助解决；职工提出的合理要求，超出班组权限的，要积极向上级反映；对生活上确有困难的职工，通过民主讨论，提出补助或互助的建议，请示上级工会解决；培养职工集体主义观念，在班组形成互相关心、互相爱护、互相帮助的良好风气，积极开展"建小家、送温暖"活动。

5. 民主选举班组长、民主评议班组工作。民主选举班组长的工作，一是要根据上级的要求进行；二是要充分体现职工的意愿，让职工行使民主权利；三是要将选举结果向上级报告。民主评议班组工作，一是要由班组长向职工报告工作完成情况；二是坚持实事求是、一分为二的原则进行评议；三是勇于开展批评和自我批评。

第四节 职工董事监事工作内容与流程

职工董事、职工监事制度，是依照法律规定选举一定数量的职工代表进入董事会、监事会，代表职工行使参与企业决策权利、发挥监督作用的制度。凡依法设立董事会、监事会的公司都应建立职工董事、职工监事制度。

一、工作内容

公司制企业应当依法建立职工董事和职工监事制度，支持职工（代表）大会选举产生的职工代表作为董事会、监事会成员参与公司决策、管理和监督，代表和维护职工合法权益，促进企业健康发展。公司应当保障职工董事、职工监事依照法律法规和公司章程开展工作，为职工董事、职工监事履行职责提供必要的工作条件。

（一）职工董事、职工监事的条件与人数比例

根据《中华全国总工会关于进一步推行职工董事、职工监事制度的意见》第二条"进一步规范职工董事、职工监事制度"，职工董事、职工监事除了具备《公司法》、公司章程规定的担任董事、监事的基本条件外，还应具备以下条件："本公司职工；遵纪守法，办事公道，能够代表和反映职工的意见和要求，为职工群众信赖和拥护；熟悉企业经营管理或具有相关工作经验，有一定的参与经营决策和协调沟通的能力。""未担（兼）任工会主席的公司高级管理人员，《公司法》中规定的不能担任或兼任董事、监事的人员，不得担任职工董事、职工监事。"

"董事会中职工董事与监事会中职工监事的人数与比例应在公司章程

中作出明确规定。职工董事的人数一般应占公司董事会成员总数的1/4；董事会成员人数较少的，其职工董事至少一人。职工监事的人数不得少于监事会成员总数的1/3。"

(二) 职工董事、职工监事的权利与义务

依据《企业民主管理规定》第四十二、四十三、四十四条规定，职工董事、职工监事的权利与义务如下。

1. 职工董事依法行使下列权利。参加董事会会议，行使董事的发言权和表决权；就涉及职工切身利益的规章制度或者重大事项，提请召开董事会会议，反映职工的合理要求，维护职工合法权益；列席与其职责相关的公司行政办公会议和有关生产经营工作的重要会议；要求公司工会、公司有关部门和机构通报有关情况并提供相关资料；法律法规和公司章程规定的其他权利。

2. 职工监事依法行使下列权利。参加监事会会议，行使监事的发言权和表决权；就涉及职工切身利益的规章制度或者重大事项，提议召开监事会会议。监督公司的财务情况和公司董事、高级管理人员执行公司职务的行为；监督检查公司对涉及职工切身利益的法律法规、公司规章制度贯彻执行情况；劳动合同和集体合同的履行情况。列席董事会会议，并对董事会决议事项提出质询或者建议；列席与其职责相关的公司行政办公会议和有关生产经营工作的重要会议。要求公司工会、公司有关部门和机构通报有关情况并提供相关资料。法律法规和公司章程规定的其他权利。

3. 职工董事、职工监事应当履行下列义务。遵守法律法规，遵守公司章程及各项规章制度，保守公司秘密，认真履行职责；定期听取职工的意见和建议，在董事会、监事会上真实、准确、全面地反映职工的意见和建议；定期向职工代表大会述职和报告工作，执行职工代表大会的有关决议，在董事会、监事会会议上，对职工代表大会作出决议的事项，应当按照职工代表大会的相关决议发表意见，行使表决权；法律法规和公司章程规定的其他义务。

(三) 职工董事、职工监事的任期、补选、罢免

职工董事、职工监事的任期与其他董事和监事的任期相同，任期届满，可连选连任。职工董事、职工监事在任期内，其劳动合同期限自动延长至任期届满；任职期间以及任期届满后，公司不得因其履行职责的原因与其解除劳动合同，或采取其他形式进行打击报复。职工董事、职工监事离职的，其任职资格自行终止。职工董事、职工监事出现空缺应及时进行补选，空缺时间一般不得超过3个月。职工（代表）大会有权罢免职工董事、职工监事。罢免职工董事、职工监事，须由1/3以上的职工代表或职工联名提出罢免议案。职工董事、职工监事有下列行为之一的，可以对其提出罢免：

1. 职工（代表）大会年度考核评价结果较差的；

2. 对公司的重大违法违纪问题隐匿不报或与公司串通编造虚假检查报告的；

3. 泄露公司商业秘密，给公司造成重大经济损失或严重损害的；

4. 以权谋私，收受贿赂，或为自己及他人从事与公司经营活动有利益冲突行为的；

5. 无故、借故不出席公司董事会、监事会会议或不向职工代表大会或者职工大会报告工作达一年以上的。

罢免案经职工（代表）大会审议后，由职工（代表）大会主席团提请职工（代表）大会全体会议表决；表决结果应当及时向与会的职工代表或全体职工进行通报，并报有关部门备案。罢免职工董事、职工监事，必须经全体职工（代表）过半数通过。

职工董事、职工监事出现空缺时，由公司工会依照上述规定提出替补人选，提请职工（代表）大会民主选举产生。

(四) 职工董事、职工监事的工作制度和方法

要建立和完善职工（代表）大会选举和罢免职工董事、职工监事制度。按照《公司法》等规定，董事会和监事会中的职工代表，经公司职工

（代表）大会民主选举产生；董事会、监事会中的职工代表任期届满，可以连选连任；职工董事、职工监事有违法违纪行为或者不称职的，职工（代表）大会有权进行调查，并通过法定程序进行更换。对此，企业必须建立健全相应的制度，制定具体的实施办法和工作细则，使之规范。要建立和完善职工（代表）大会对职工董事、职工监事的监督评议制度，职工董事、职工监事要定期向职工（代表）大会报告参与董事会、监事会活动的情况，接受职工（代表）大会的监督和评议。要建立和完善职工董事、职工监事的教育培训制度，加强对职工董事、职工监事的培训，为他们提供必要的进修和学习机会，从理论上提高他们参政议政的能力。

明确职工董事、职工监事的工作方法。掌握科学的工作方法，是职工董事、职工监事发挥作用的重要保障。根据各地的实践经验，归纳起来，职工董事、职工监事的工作方法主要包括如下。争取支持法。职工董事、职工监事要学会借用外力，要主动向公司党委领导、董事长、工会汇报工作，积极争取他们的支持。缓议复议法。职工董事、职工监事在参与董事会、监事会决策时要注意讲究策略。对于有些议题，职工董事、职工监事准备不充分，可以向董事会、监事会负责人提出暂缓上会的请求，以便争取时间做好充分准备。知己知彼法。职工董事、职工监事在准备提出意见时，要在集思广益的同时，先了解其他董事、监事的意见和想法，以便有针对性地准备自己的意见。主动让步法。职工董事、职工监事在董事会、监事会上经过据理力争，如果某一方案或者意见没有被采纳，应该适当做出让步，提出新的方案，争取得到董事会、监事会的认可。充分准备法。根据有关规定，董事会、监事会开会，一般应提前10天通知董事会、监事会成员。接到通知后，职工董事、职工监事应当广泛收集资料，多方进行论证，做充分的准备，不打无把握之仗。

(五) 职工董事、监事与工会和职工（代表）大会

1. 正确处理职工董事、职工监事与工会的关系。公司工会承担职工董事、职工监事与行政、职工（代表）大会、职工代表等方面的日常联络，发挥组织、协调、服务作用，为其发挥作用创造条件。公司工会要积极支

持职工董事、职工监事的工作，帮助职工董事、职工监事建立联系职工群众的制度，建立决策前咨询、论证和征求职工意见的制度，建立工会与职工董事、职工监事经常联系的制度。公司工会应协调和督促公司及时向职工董事、职工监事提供有关生产经营等方面的文件和资料，协助职工董事、职工监事进行调研、巡视等活动。公司工会应当在职工董事、职工监事收到董事会、监事会的议题或文件后，协助职工董事、职工监事听取职工意见，并对议题进行分析论证，提出意见。公司工会要通过为职工董事、职工监事成立"智囊团"等形式的组织，为职工董事、职工监事提供咨询服务。上级工会应加强对职工董事、职工监事工作的指导，抓好对职工董事、职工监事的培训，依法维护职工董事、职工监事的合法权益。

2. 正确处理职工董事、职工监事与职工（代表）大会的关系。职工董事、职工监事要向公司职工（代表）大会负责。职工董事、职工监事围绕公司董事会、监事会会议议题，在参与决策前，通过参加职工（代表）大会或者参加职工代表团（组）长和专门委员会负责人联席会议等形式，充分听取职工（代表）大会或职工的意见和建议；在参与决策的过程中，要如实反映职工（代表）大会和职工的愿望和要求，代表职工讲话。事先没有听取职工（代表）大会和职工意见的，事后要向职工（代表）大会报告，取得认可。职工董事、职工监事应积极参加职工（代表）大会的有关活动，认真执行职工（代表）大会的有关决议，在董事会、监事会会议上按照职工（代表）大会的相关决定发表意见。要定期向职工（代表）大会报告工作，接受职工（代表）大会的质询。职工（代表）大会有权对职工董事、职工监事的工作进行监督检查，每年对其履行职责的情况进行民主评议，对民主评议不称职的予以罢免。职工董事如在董事会上不能如实反映职工（代表）大会的决议、意见，职工（代表）大会应向职工董事提出警告。如不接受警告，职工董事本人可以提出辞职，或者由职工（代表）大会依照民主程序罢免其职务，并重新选举职工董事。职工董事、职工监事应参加或者列席职工（代表）大会主席团会议和职工代表团（组）长负责人联席会议。

二、选举与工作流程

（一）提名

职工董事、职工监事的候选人由工会根据自荐推荐情况，在广泛听取群众意见的基础上，由公司工会提名，公司党组织审核，并报告上级工会；没有党组织的公司可由上一级工会组织审核。候选人经职工（代表）大会全体代表或全体职工过半数通过方可当选。

工会主席一般应作为职工董事的候选人，工会副主席一般应作为职工监事的候选人。因为，从身份上来说，工会是党领导下的职工群众自愿结合的工人阶级群众组织，是职工利益的代表者和维护者。工会主席、副主席是经全体会员民主选举产生的，是代表和维护职工利益的，从这个意义上讲，工会主席、副主席作为职工董事、监事的首选候选人是顺理成章的。从工作上讲，工会是职工（代表）大会的工作机构，有工会分会、工会小组等健全的网络，工会主席、副主席担任职工董事、职工监事可以依靠工会组织网络和职工（代表）大会开展工作，既可以全面准确地反映职工的意见和要求，还可以通过工会组织和职工（代表）大会，把董事会的决策迅速传达给职工。

（二）选举

职工董事、职工监事依法由公司职工（代表）大会以无记名投票方式选举产生。从实践来看，一般可参照下列程序进行。

1. 由公司工会根据职工董事、职工监事的规定比例和任职条件制定选举方案。

2. 在广泛征求意见的基础上，由公司工会委员会提出候选人名单，并报公司党委（党组）。

3. 召开职工（代表）大会，介绍候选人简历，采取无记名投票方式进行选举。公司应建立健全职工（代表）大会制度，尚未建立的，应组织职工或职工代表选举产生职工董事、职工监事，并积极筹建职工（代表）大会制度。

4. 职工董事、职工监事候选人必须经职工（代表）大会全体代表或全体职工过半数通过方可当选。

5. 职工董事、职工监事选举产生后，应报上级工会、有关部门和机构备案，并与其他董事、监事一同履行有关手续。

(三) 履职

职工董事、职工监事当选以后，要履行自己的职责。

1. 职工董事、职工监事应经常或定期深入到职工群众中听取意见和建议。

2. 职工董事、职工监事在董事会、监事会研究决定公司重大问题时，应认真履行职责，代表职工行使权利，充分发表意见。

3. 职工董事在董事会讨论涉及职工切身利益的重要决策时，应如实反映职工要求，表达和维护职工的合法权益；在董事会研究确定公司高级管理人员时，要如实反映职工（代表）大会民主评议公司管理人员的情况。

4. 职工监事要定期监督检查职工各项保险基金的提取、缴纳，以及职工工资、劳动保护、社会保险、福利等制度的执行情况。

5. 正确处理职工董事、职工监事与公司工会、职工（代表）大会的关系；定期（一般为一年）向工会和职工（代表）大会报告工作。

第五节　文本范例

一、××集团公司企业民主管理实施细则

第一章　总则

第一条　为完善以职工代表大会（职工大会，下同）为基本形式的企业民主管理制度，推进厂务公开，支持职工参与企业管理，维护职工合法权益，构建和谐劳动关系，促进企业创新发展，加强基层民主政治建设，依据有关法律法规和《企业民主管理规定》（中共中央纪委、全国总工会等六部委文件，下同），制定本细则。

第二条　企业民主管理工作应当坚持党的领导，以习近平新时代中国特色社会主义思想为指导，坚定不移地贯彻落实党的全心全意依靠工人阶级的根本指导方针。各级（企业）党组织应当加强对民主管理工作的领导和支持。

第三条　职工代表大会是职工行使民主管理权力的机构，是企业民主管理的基本形式。

企业应当按照合法、有序、公开、公正的原则，建立以职工代表大会为基本形式的民主管理制度，工资协商和集体合同制度，实行厂务公开，推行民主管理。公司制企业（以下简称公司）应当依法建立职工董事、职工监事制度。

各级行政应当尊重和保障职工依法享有的知情权、参与权、表达权和监督权等民主权利，支持职工参加企业管理活动。

第四条　企业职工应当尊重和支持企业依法行使管理职权，积极参与企业管理。

第五条　各级工会应当组织职工依法开展企业民主管理，维护职工合法权益。

上级工会应当指导和帮助企业工会和职工依法开展企业民主管理活动，对企业实行民主管理的情况进行监督。

第六条　各级党政纪工组织及组织人事部门、法律法规（企业管理）、纪检监察等部门要继续把职工代表大会制度、厂务公开、工资协商和集体合同、职工董事监事等工作纳入劳动关系和谐企业创建、党风廉政建设责任制、评先选模、经营业绩考核与模范职工之家评选，考核结果与评先选优挂钩，推动企业民主管理融入企业的体制、机制和制度之中。

第二章　职工代表大会制度

第一节　职工代表大会组织制度和职权

第七条　公司（××集团公司，下同）、直属各单位、基层单位和公司控股单位（企业）均建立职工代表大会或者职工大会制度。职工人数少于100人的应该召开职工大会。召开职工代表大会的，职工代表人数不得少于30人。

第八条　职工代表大会的代表由工人、技术人员、管理人员、企业领导人员和其他方面的职工组成。其中，公司职代会中直属各单位的中层及以上管理人员和领导人员代表一般不得超过职工代表总人数的25%；基层单位职代会（企业）中层以上管理人员和领导人员一般不得超过职工代表总人数的20%。有女职工和劳务派遣职工的企业，职工代表中应当有适当比例的女职工和劳务派遣职工代表。

第九条　公司、直属各单位的职工代表大会每届任期为5年，每年至少召开一次全体会议；基层单位和国有控股单位的职工代表大会任期为5年，每年至少召开一次全体会议。职工代表大会应按期换届，遇有特殊情况需要提前或者延期换届的，应当向上级工会报告或者由其授权的机构决定。

第十条　职工代表大会根据需要，可以设立若干专门委员会，负责办理职工代表大会交办的事项。专门委员会成员人选必须经职工代表大会审议通过。

第十一条　职工代表按照基层选举单位组成代表团（组），并推选团（组）长。设立职工代表大会团（组）长和专门委员会负责人、基层职工代表联席会议，根据职工代表大会授权，在职工代表大会闭会期间负责处理临时需要解决的重要问题，并提请下一次职工代表大会确认。

联席会议由企业工会负责召集，联席会议可以根据会议内容邀请企业领导人员或其他有关人员参加。

第十二条　公司、直属各单位、基层单位和公司控股企业职工代表大会行使下列职权。

（一）听取行政（企业）主要负责人关于企业发展规划、年度生产经营管理情况，企业改革和制定重要规章制度情况，企业用工、劳动合同和集体合同签订履行情况，企业安全生产情况，企业缴纳社会保险费和住房公积金情况等报告，提出意见和建议。

听取和审议企业经营管理主要负责人关于企业投资和重大技术改造、财务预决算、企业业务招待费使用等情况的报告，专业技术职称的评聘、企业公积金的使用、企业的改制等方案，并提出意见和建议。

审议企业制定、修改或者决定的有关劳动报酬、工作时间、休息休假、劳动安全卫生、保险福利、职工培训、劳动纪律以及劳动定额管理等直接涉及劳动者切身利益的规章制度或者重大事项方案，提出意见和建议。审查监督企业执行劳动法律法规和劳动规章制度的情况。

（二）审议通过集体合同草案，按照国家有关规定提取的职工福利基金使用方案、住房公积金和社会保险费缴纳比例和时间的调整方案，劳动模范的推荐人选等重大事项。

审议通过企业合并、分立、改制、解散、破产实施方案中职工的裁减、分流和安置方案。审查同意或否决职工工资调整、奖金分配方案（绩效考核办法、收入分配办法、经济责任制一体化考核办法等）、保障性住房配售办法。

（三）审议决定职工福利基金使用方案，职工生活福利设施、计划安排等重大生活福利事项。

（四）民主评议行政正、副职（含助理），总工程师、总会计师、总经济师，党委书记、副书记，纪委书记，工会主席，并提出奖惩的建议。新任用（含提职、平级调整）的企业领导人员，任职3个月以上的，都要接受职工（代表）大会的民主评议。职工（代表）大会民主评议领导班子及其成员每年进行一次，要从德、能、勤、绩四个方面全面进行评价；党委书记或者行政正职代表领导班子述职述廉，然后领导班子成员依次述职述廉，接受职工代表的质询；民主评议的结果作为领导班子成员奖惩任免的重要依据。组织人事部门要把民主评议作为考核评价领导班子及其成员的重要方式之一，纪检监察部门要把民主评议作为促进廉政建设的重要措施。

（五）选举或者罢免职工董事、职工监事，选举依法进入有关委员会和会议（进入破产程序企业的债权人会议和债权人委员会中）的职工代表，根据授权推荐或者选举企业经营管理人员。

（六）依照法律、行政法规、行政规章规定的其他职权。

第十三条 多个国有投资主体投资的公司，以及企业主导的按市场化运行的公司及重要关联单位，也要落实中纪委、全国总工会、中华全国工商业联合会等单位的有关文件，推动建立职工代表大会制度，工会作为职工代表大会的工作机构承担日常工作。

第十四条 直属各单位、基层单位的机关、分公司，多元系统的分公司以及其他分支机构，按照本细则建立职工代表大会制度，在各自的职权范围内分别开展民主管理活动。

第二节 职工代表大会工作制度

第十五条 制定和完善《职工（代表）大会实施细则》（《职工民主管理实施细则》）等制度与工作规范，明确工作任务与标准、工作程序与责任分工，推动以职工代表大会为基本形式的民主管理的制度化、规范化建设，保障职工的民主权利，构建和谐稳定的劳动关系，促进职工和企业的共同发展。

第十六条 职工代表大会每年至少召开一次全体会议。职工代表大会全体会议必须有2/3以上的职工代表出席。

第十七条 职工代表大会议题和议案应当由企业工会听取职工意见后与企业协商，协商后的方案要报党组织研究确定，确定的方案要在会前15天书面向上级工会申报，上级工会要在5日内给予批复。职工代表大会召开10日前，行政应将大会议题所确定的有关议案（草案）提交工会，由工会分发各代表团（组）组织职工代表预审，预审的意见应在会前及时报工会，由工会整理转交行政，行政应认真研究预审意见并修改完善有关方案。预审的有关议案（草案）中须有集体合同（草案）和工资专项协议（草案），草案在提交预审前工会要代表职工与行政方进行充分协商。

第十八条 职工代表大会可以设主席团主持会议。主席团成员由企业工会与职工代表大会各团（组）协商提出候选人名单，经职工代表大会预备会议表决通过。其中，工人、技术人员、管理人员不少于50%。

第十九条 职工代表大会选举和表决相关事项，必须按照少数服从多数的原则，经全体职工代表的过半数通过。对重要事项的表决，采用无记名投票的方式进行。

第二十条 职工代表大会在其职权范围内依法审议通过的决议和事项具有约束力，非经职工代表大会同意不得变更或撤销。

企业应当提请职工代表大会审议、通过、决定的事项，未按照法定程序审议、通过或者决定的无效。

第二十一条 在每年的职工代表大会上，由工会主席代表职工与行政签订集体合同（或补充协议）与工资专项合同。签订前要经过充分的集体协商。要不断改善劳动条件，劳动报酬按有关规定合理确定并不低于企业所在地政府规定的最低工资标准，让职工在为企业做出贡献的同时共享改革发展的成果，维护职工与企业双方的合法权益。

第二十二条 企业工会委员会是职工代表大会的工作机构，负责职工代表大会的日常工作，履行下列职责：

（一）提出职工代表大会代表选举方案，组织职工选举职工代表和代表团（组）长；

（二）征集职工代表提案，提出职工代表大会议题的建议；

（三）负责职工代表大会会议的筹备和组织工作，提出职工代表大会的议程建议；

（四）提出职工代表大会主席团组成方案和组成人员建议名单，提出专门委员会的设立方案和组成人员建议名单；

（五）向职工代表大会报告职工代表大会决议的执行情况和职工代表大会提案的办理情况、厂务公开的实行情况等；

（六）在职工代表大会闭会期间，负责组织专门委员会和职工代表就企业职工代表大会决议的执行情况和职工代表大会提案的办理情况、厂务公开的实行情况等，开展巡视、检查、质询等监督活动；

（七）受理职工代表的申诉和建议，维护职工代表的合法权益；

（八）向职工进行民主管理的宣传教育，组织职工代表开展学习和培训，提高职工代表素质；

（九）建立和管理职工代表大会工作档案。

第三节　职工代表的产生和权利义务

第二十三条　与企业签订劳动合同建立劳动关系以及与企业存在事实劳动关系的职工，有选举和被选举为职工代表大会代表的权利。依法终止或者解除劳动关系的职工代表，其代表资格自行终止。

第二十四条　职工代表应当以班组、车间、分公司、科室等为基本选举单位，由职工直接选举产生。规模较大、管理层次较多的企业的职工代表，可以由下一级职工代表大会代表选举产生。职工代表的选举可以采取竞选的方式。

第二十五条　选举、罢免职工代表，应当召开选举单位全体职工会议，会议应有2/3以上职工参加。选举、罢免职工代表的决定，应经全体职工的过半数通过方为有效。

第二十六条　职工代表实行常任制，职工代表任期与职工代表大会届期一致，可以连选连任。

职工代表出现缺额时，原选举单位应按规定的条件和程序及时补选。

第二十七条　职工代表向选举单位的职工负责（并报告工作），每年向选举单位的职工述职，接受选举单位职工的监督。

第二十八条　职工代表享有下列权利：

（一）选举权、被选举权和表决权；

（二）参加职工代表大会及其工作机构组织的民主管理活动；

（三）对企业领导人员进行评议和质询；

（四）在职工代表大会闭会期间对企业执行职工代表大会决议情况进

行监督、检查。

第二十九条 职工代表应当履行下列义务：

（一）遵守法律法规、企业规章制度，提高自身素质，积极参与企业民主管理；

（二）依法履行职工代表职责，听取职工对企业生产经营管理等方面的意见和建议，以及涉及职工切身利益问题的意见和要求，并客观真实地向企业反映；

（三）参加企业职工代表大会组织的各项活动，执行职工代表大会通过的决议，完成职工代表大会交办的工作；

（四）向选举单位的职工报告参加职工代表大会活动和履行职责情况，接受职工的评议和监督。

第三十条 职工代表履行职责受法律保护，任何组织和个人不得阻挠和打击报复。

职工代表在法定工作时间内依法参加职工代表大会及其组织的各项活动，企业应当正常支付劳动报酬，不得降低其工资和其他福利待遇。

第三章 厂务公开制度

第三十一条 公司、直属各单位、基层单位和国有控股单位（企业）应当建立和实行厂务公开制度，通过职工代表大会和其他形式，将企业生产经营管理的重大事项、涉及职工切身利益的规章制度和经营管理人员廉洁从业相关情况，按照一定程序向职工公开，听取职工意见，接受职工监督。

第三十二条 党政主要领导（企业主要负责人）是实行厂务公开的责任人。公司、直属各单位应当建立相应机构或者确定专人负责厂务公开工作。要及时健全和完善厂务公开民主管理工作的领导机构、监督和工作机构，党政有关领导和机构能够认真履行职责，积极开展工作，形成"党委统一领导、党政共同负责、有关方面齐抓共管、职工群众广泛参与"的领导体制和工作格局。党委充分发挥领导作用，领导开展厂务公开民主管理工作；行政积极履行第一责任人的职责，将厂务公开民主管理与经营管理相结合，有部署、有要求、有落实；纪委负责厂务公开民主管理的监督检查，不断完善监督检查考核制度，定期组织检查并进行考核；工会承担职工代表大会工作机构责任，做好厂务公开民主管理工作的具体工作。

第三十三条 实行厂务公开应当遵循合法、及时、真实、有利于职工权益维护和企业发展的原则。

实行厂务公开应当保守企业商业秘密以及与知识产权相关的保密事项。

第三十四条 公司、直属各单位、基层单位（国有企业）、集体企业及国有控股企业除公开第二章第十二条的相关事项外，还应当公开下列事项。

（一）经营管理的基本情况；投资和生产经营管理重大决策方案等重大事项，企业中长期发展规划。

（二）年度生产经营目标及完成情况，企业担保，大额资金使用、大额资产处置情况，工程建设项目的招投标，大宗物资采购供应情况，产品销售和盈亏情况，承包租赁合同履行情况，内部经济责任制落实情况，重要规章制度制定等重大事项。

（三）职工提薪晋级、保障性住房配售（配租）方案与执行情况，基层单位、车间、班组的月度收入分配（一体化考核）方案与落实情况（工资奖金收入分配情况）；专业技术职称的评聘情况。

（四）包括中层领导人员在内的干部的选拔任用情况、重要岗位（人、财、物、工程等部门）人员的选聘和任用（动态管理）情况，贯彻落实中央八项规定的具体情况，企业领导人员薪酬、职务消费和兼职情况，以及出国出境费用支出等廉洁自律规定执行情况，职工代表大会民主评议企业领导人员的结果。

（五）招用职工及签订劳动合同的情况；集体合同文本和劳动规章制度的内容；奖励处罚职工、单方解除劳动合同的情况以及裁员的方案和结果，评选劳动模范和优秀职工的条件、名额和结果。

（六）劳动安全卫生标准、安全事故发生情况及处理结果；社会保险以及企业年金的缴费情况；职工教育经费提取、使用和职工培训计划及执行的情况。

（七）劳动争议及处理结果情况。

（八）依照国家有关法律规定应当公开的其他事项。

第三十五条　坚持把职工代表大会作为厂务公开民主管理的基本形式，并通过平等协商和集体合同制度，通过职工民主管理委员会、民主协商会、民主恳谈会和厂务公开栏、局域网、QQ群、微博、微信、手机短信平台及意见箱等形式，实行厂务公开民主管理。

第三十六条　强化厂务公开工作的实施与检查监督。每年要有厂务公开的工作计划（部署、要点）和总结，要有机关部门公开的责任分工及物资采购、工程承发包、干部选拔任用等具体的公开办法，并坚持每年至少一次的考核，考核结果与评先选优挂钩。按职工代表总数5%左右的比例选聘厂务公开民主监督员，组织其每年与对职工代表大会决议、集体合同履行等的检查一起，检查厂务公开民主管理工作的推进和落实情况。

第三十七条　深入推进厂务公开制度化、规范化建设。厂务公开的各项工作有具体的工作规范、操作流程、责任分工、考评办法及标准，并不断推进机制的有效运行和良性循环，努力做到：组织健全、制度完善、内容丰富、程序规范、形式多样，运行良好，成效显著。

第四章　职工董事和职工监事制度

第三十八条　公司制企业应当依法建立职工董事和职工监事制度，支持职工代表大会选举产生的职工代表作为董事会、监事会成员参与公司决策、管理和监督，代表和维护职工合法权益，促进企业健康发展。

第三十九条　公司应当依法在公司章程中明确规定职工董事、职工监事的具体比例和人数。

第四十条　职工董事、职工监事候选人由公司工会根据自荐、推荐情况，在充分听取职工意见的基础上提名，经职工代表大会全体代表的过半数通过方可当选，并报上一级工会组织备案。

工会主席、副主席应当作为职工董事、职工监事候选人人选。

第四十一条 公司高级管理人员不得兼任职工董事；公司高级管理人员和董事不得兼任职工监事。

第四十二条 职工董事、职工监事的任期与公司其他董事、监事的任期相同，可以连选连任。

第四十三条 职工董事、职工监事不履行职责或者有严重过错的，经三分之一以上的职工代表联名提议，职工代表大会全体代表的过半数通过可以罢免。

职工董事、职工监事出现空缺时，由公司工会依照第三十九条、四十条的规定提出替补人选，提请职工代表大会民主选举产生。

第四十四条 职工董事依法行使下列权利。

（一）参加董事会会议，行使董事的发言权和表决权。

（二）就涉及职工切身利益的规章制度或者重大事项，提请召开董事会会议，反映职工的合理要求，维护职工合法权益。

（三）列席与其职责相关的公司行政办公会议和有关生产经营工作的重要会议。

（四）要求公司工会、公司有关部门和机构通报有关情况并提供相关资料。

（五）法律法规和公司章程规定的其他权利。

第四十五条 职工监事依法行使下列权利。

（一）参加监事会会议，行使监事的发言权和表决权。

（二）就涉及职工切身利益的规章制度或者重大事项，提议召开监事会会议。

（三）监督公司的财务情况和公司董事、高级管理人员执行公司职务的行为；监督检查公司对涉及职工切身利益的法律法规、公司规章制度贯彻执行情况；劳动合同和集体合同的履行情况。

（四）列席董事会会议，并对董事会决议事项提出质询或者建议；列席与其职责相关的公司行政办公会议和有关生产经营工作的重要会议。

（五）要求公司工会、公司有关部门和机构通报有关情况并提供相关资料。

（六）法律法规和公司章程规定的其他权利。

第四十六条 职工董事、职工监事应当履行下列义务。

（一）遵守法律法规，遵守公司章程及各项规章制度，保守公司秘密，认真履行职责。

（二）定期听取职工的意见和建议，在董事会、监事会上真实、准确、全面地反映职工的意见和建议。

（三）定期向职工代表大会述职和报告工作，执行职工代表大会的有关决议，在董事会、监事会会议上，对职工代表大会作出决议的事项，应当按照职工代表大会的相关决议发表意见，行使表决权。

（四）法律法规和公司章程规定的其他义务。

第四十七条 公司应当保障职工董事、职工监事依照法律法规和公司章程开展工作，为职工董事、职工监事履行职责提供必要的工作条件。

第四十八条 职工董事、职工监事在任职期间，除法定情形外，公司不得与其解除劳动合同。

第四十九条 职工董事、职工监事与公司的其他董事、监事享有同等的权利，承担相应的义务。

第五章　附则

第五十条 直属各单位要根据本规定制定实施办法，推进企业民主管理工作。

第五十一条 集体企业依照《城镇集体所有制企业条例》等有关法律法规规定实行民主管理。

二、××公司 2022 年集体合同

第一章　总则

第一条　为认真学习贯彻习近平新时代中国特色社会主义思想，建立稳定和谐的劳动关系，维护职工和企业的合法权益，规范双方的行为，促进企业的改革、创新和发展，根据有关法律、规定，公司工会（以下简称工会）代表公司职工与公司在相互尊重、平等协商的基础上达成协议，签订本合同。

第二条　本合同的签订，遵循合法的原则，平等协商、公平合作的原则，权利义务相统一的原则，实事求是的原则，兼顾国家、企业和职工三者利益的原则，维护正常生产、工作秩序和促进改革、创新和发展的原则。

第三条　本合同有关劳动报酬、工作时间、休息休假、劳动安全卫生、劳动保险和福利、职业培训等方面的待遇及标准，符合国家法律、法规的有关规定。

第四条　企业与职工个人签订的劳动合同，其劳动条件、劳动报酬等不得违背本合同的规定。

第二章　目标

第五条　改革目标。（1）加快实施优化直属单位管理结构、自控型班组建设、进一步夯实安全基础。（2）辅业重组改制不断深化，企业产权明晰，投资关系顺畅，主辅联动配套机制完善，多元经营产业结构进一步优化，企业经营管理进一步规范，形成主辅共赢与发展的和谐局面。（3）三项制度改革继续推进，干部、人才的选拔培养机制符合发展需要，劳动用工和收入分配机制体现以人为本，机制激励作用得到进一步发挥。

第六条　经营目标。（1）生产经营，完成上级下达的各项指标。（2）工程建设，全面完成基建、大修、更新改造年度计划，保投资、保工期、保

质量、保投产，按时发挥效益。（3）经营效益，完成业务收入预算目标，完成多元经营营业收入和利润预算。

第七条 安全目标"四杜绝"：杜绝责任交通一般 A 类及以上事故；杜绝一般 C 类及以上事故；杜绝责任较大及以上火灾、爆炸、中毒事故；杜绝责任死亡事故。"一实现"：实现安全年。

第八条 文明建设目标。（1）继续深化"文明单位"创建活动，抓好以"新理论、新知识、新技能、新本领"为内容的培训学习，为改革发展提供队伍支持和素质支撑。（2）尊重和保护职工民主政治、经济和文化权益，保障职工的主人翁地位，建立和完善劳动争议预防和劳动关系预警机制。坚持和完善职工代表大会制度，落实职代会职权，深化厂务公开，加强民主管理，健全民主参与、民主决策和民主监督机制，创建劳动关系和谐企业。（3）提高服务质量，提高顾客满意度。（4）加强治安综合治理，内部单位杜绝责任重大火灾、爆炸、中毒等治安灾害事故。

第三章 八件实事

第九条 2022 年为职工办的 8 件实事。（1）在安全形势稳定、企业经济效益提高、职工总量得到有效控制的前提下，根据企业经营效益状况，提高职工工资，重点向运输一线和苦累脏险人员倾斜，职工平均收入比上年增长 8% 左右。（2）公司行政按当年职工工资总额的 0.5%，工会按当年行政拨付工会经费的 25% 和职工个人缴纳医疗互助合作保障金组成帮困救助专项资金，并严格资金管理和使用。（3）继续加大集资建房开工力度，强力推进在建项目工程进度，确保开工 1000 户以上。（4）加强文化和生活设施建设，行政各投资 600 万元，工会各投资 300 万元，为边远职工配置必要的文化和生活设施，不断提高职工文化和物质生活水平。（5）加大环境保护和节约能源力度，完成集热工程改造投资不少于 300 万元。（6）进一步改善职工劳动环境，治理有毒有害超标作业点的投资不少于 100 万元。（7）进一步改善职工生产生活条件，完成生产生活设施改造及环境整治投资不少于 1000 万元。（8）完善职工健康档案，对职工进行一次免费体检，合理安排体检项目和时间，不断提高体检质量。

第四章　劳动条件和劳动标准

第十条　劳动报酬。（1）公司对各单位实行工效挂钩办法，职工实行岗位技能工资制度，并由各单位结合实际搞活内部分配。对实行计件工资制的职工，所在单位应结合实际合理制定计件工资报酬标准。（2）工资应当以货币形式按月支付给职工本人，不得克扣或无故拖欠。（3）延长工作时间、休息日和法定休假日安排职工工作严格按照《中华人民共和国劳动法》规定标准支付工资报酬。（4）津、补贴标准按有关规定执行。（5）制定职工工资调整方案和奖励办法，经职代会或职代会代表团长、专委会主任、职工代表联席会审议通过，其中职工工资调整方案需报请上级批准后实施。（6）职工在法定休假日、婚丧假、产假、年休假、探亲假、病假以及依法参加社会活动期间，所在单位应按国家规定支付工资。（7）严格执行最低工资政策，凡提供正常劳动的职工，其报酬不得低于公司所在地人民政府规定的最低工资标准。

第十一条　工作时间。（1）职工的工作时间按照国家规定标准执行，即每日工作8小时、平均每周工作40小时。（2）各单位不得任意延长职工的工作时间。由于生产经营需要，经与工会和职工协商后可以延长工作时间的，一般每日不得超过1小时；因特殊原因需要延长工作时间的，在保障职工身体健康的条件下，每日不得超过3小时，每月不得超过36小时。有下列情况之一的，延长工作时间不受上述规定限制：（1）发生自然灾害、事故或者其他原因，威胁职工生命健康和财产安全，需紧急处理的；（2）生产设备、公共设施发生故障，影响生产和公众利益，必须及时抢修的；（3）法律、行政法规规定的其他情形；（4）对实行特勤制、轮换值班制、弹性工作制或按照生产特点必须集中一段时间工作（休息）的工种岗位，以及属于劳动强度不大的看管（守）岗位，原则上不实行四班制。

第十二条　休息休假。（1）元旦、春节、清明节、国际劳动节、端午节、中秋节、国庆节和法律、法规规定的其他休假节日，应当依法安排职工休假。(2) 休息日、婚丧假、产假、年休假、探亲假等按国家和所在省有关规定执行。(3) 各单位应依法确保本单位职工全部享受带薪年休假。单位确因工作需要不能安排职工休年休假的，应当依照《职工带薪年休假条例》规定支付工资报酬。(4) 实行轮班制的职工在法定休假日、休息日轮班工作视为正常工作，其中法定休假日按照加班对待。(5) 各单位在制定各类休假的管理规定时应与工会共同协商。(6) 工会不脱产的委员因参加会议或者工会组织的活动，占用生产或者工作时间，其工资照发，其他待遇不受影响。

第十三条 劳动安全卫生。(1) 严格执行《中华人民共和国安全生产法》《中华人民共和国职业病防治法》及有关劳动安全卫生的规定，负责向职工提供可靠的劳动安全技术和劳动安全卫生条件。按规定拨款，有计划地对尘毒点进行治理。防止各类事故发生，减少职业危害。(2) 劳动安全卫生设施必须符合国家规定的标准。新建、改建、扩建工程的劳动安全卫生设施必须与主体工程同时设计、同时施工、同时投入生产和使用。行政有关部门必须通知工会参与"三同时"的实施，并进行监督检查。(3) 工会支持公司加强劳动保护管理，配合检查监督劳动保护情况。职代会安全生产经营委员会组织职工代表安全巡视检查每年不少于两次，发现不安全因素，工会有权要求行政采取措施定期改正。(4) 职工在劳动过程中必须严格遵守安全操作规程。职工对管理人员违章指挥，强令冒险作业，有权拒绝执行；对危害生命安全和身体健康的行为，有权提出批评、检举和控告。(5) 公司发生危及职工劳动安全的重大事故隐患和职工因工伤亡事故，除及时报告上级有关部门外，还应通知工会。工会应当向有关部门提出处理意见，并有权要求追究有关人员的责任。对工会提出的意见，行政应及时研究，给予答复。(6) 公司按规定提供符合国家规定的保障职工健康的劳动设施和条件，支持工会推广使用岗位安全检查表、有毒有害化学物质信息卡、工会劳动保护小组检查卡和《事故隐患限期整改通知书》《事故隐患处理通知书》《事故隐患报告书》，并纳入安全生产责任制考核、安全生产评估考核。(7) 公司根据工种岗位需要，按劳动保护用品发放标准，为职工提供符合国家标准的劳动保护用品。

第十四条 补充保险和职工福利。(1) 实施企业年金制度，提高职工退休后的生活保障水平；实行补充医疗保险制度，增强职工及退休（职）人员抵御疾病风险的能力。(2) 认真落实离退休职工与企业有关的待遇，加强对离退休职工的教育和管理，关心离退休职工的生活。(3) 按规定安排福利费预算，并按照规定的范围使用，不断改善职工生活福利条件。(4) 福利费使用建议方案，经公司职工代表大会审议决定后实施，使用情况每年向职工代表大会报告。

第十五条 职业技能培训。(1) 公司按规定足额提取职工教育经费，专款专用。督促各单位改善职工培训条件，改进职工培训方式，不断提高职工培训质量。(2) 公司负责制订职工培训计划，根据安全生产、经营管理需要，有针对性地开展职业技能培训，不断提高职工队伍的整体素质。(3) 公司应加强职工业务培训和职业技能鉴定，并经鉴定合格后方能上岗。

第十六条 劳动合同管理。(1) 公司与职工间劳动关系的确定依照《中华人民共和国劳动合同法》规定执行，并由法定代表人或法定代表人委托代理人分别与职工签订劳动合同。(2) 公司和各单位必须高度重视劳动合同管理工作，严格执行国家有关规定。(3) 修改劳动合同标准文本，应听取工会意见；职工与用人单位因履行劳动合同而发生的劳动争议，按劳动争议处理程序处理。

第十七条 奖惩。(1) 对模范职工，依据有关规定授予相应的荣誉称号、给予记功或物质奖励。(2) 对违反企业各项规章制度，造成不良影响或经济损失的职工，依据有关规定，视情节轻重分别给予批评教育或相应的行政处分。(3) 公司制定的职工奖惩制度，须经职代会或职代会代表团长、专委会主任、职工代表联席会审议通过后实施，并应告知广大职工。

第五章　女职工权益保护

第十八条 公司应认真贯彻执行《中华人民共和国妇女权益保障法》

《女职工劳动保护特别规定》。结合实际，全面落实《女职工劳动保护实施细则》，保障女职工在工资分配、住房配售、接受教育、劳动保险等方面享有与男职工平等的权利。

第十九条 女职工委员会主任依法参加企业有关规章制度的制定，并监督有关部门贯彻实施，参与涉及女职工特殊利益的劳动关系协调和劳动争议的调解工作。

第二十条 不得在女职工孕期、产期和哺乳期内降低其基本工资、停薪或解除劳动合同。

第二十一条 不得安排女职工直接从事采石、人工装卸等较重的体力劳动。对女职工已从事的岗位工作没有达到国家卫生防疫标准的危害女职工生理机能的有毒有害作业，要限期达到国家标准，否则应逐步调换适当工作。

第二十二条 对怀孕的女职工经常从事弯腰、攀高、下蹲、抬高和有毒有害、剧烈振动等作业，容易引起流产、早产、畸胎的，应调换其他工作。怀孕6个月以上的女职工，不得安排从事夜班劳动。在劳动时间内应给予适当休息时间。怀孕的女职工，在劳动时间内，经单位批准进行产前检查，所需时间按出勤办理。

第二十三条 女职工怀孕不满4个月流产或怀孕满4个月以上流产的，根据医务部门的意见，按规定分别给予产假，产假期间工资照发。

第二十四条 女职工生育享受不少于98天的产假。

第二十五条 女职工在哺乳期内，不得安排其从事有毒、有害、高、低温以及较重的体力劳动，不得延长劳动时间，不得安排其从事夜班劳动。有不满1周岁婴儿的女职工，其所在单位应当在每班劳动时间内给予两次哺乳（含人工喂养）时间，每次30分钟，多胞胎生育的，每多哺乳一个婴儿，每次哺乳时间增加30分钟，女职工每班劳动时间内的两次哺乳时间，可合并使用。

第六章 合同的变更、解除、终止和监督检查

第二十六条 本合同有效期为一年。本合同一经签订，双方必须严格

遵守，全面履行。履行期间任何一方不得以法定代表人变更为由影响合同的履行。

第二十七条　本合同有效期内，遇有下列情形之一的，经双方代表协商一致，可以变更或解除本合同：（1）用人单位因被兼并、解散、破产等原因，致使本合同无法履行的；（2）因不可抗力等原因致使本合同无法履行或部分无法履行的；（3）本合同约定的变更或解除条件出现的；（4）法律、法规、规章规定的其他情形。

第二十八条　变更或解除本合同应按平等协商的程序进行。变更或解除的情况要向职工代表大会或职代会代表团长、专委会主任、职工代表联席会议报告并予以确认。解除合同时，双方应签订《解除集体合同说明书》。

第二十九条　本合同期满或双方约定的终止条件出现时即行终止。

第三十条　为确保合同的全面执行，工会与行政每半年组织有关人员和职工代表对合同履行情况进行一次检查，及时发现并解决问题。上半年检查结果向职代会代表团长、专委会主任、职工代表联席会议报告，全年合同的履行情况向下次职工代表大会报告。

第七章　附则

第三十一条　职工一方协商代表在其履行协商代表职责期间劳动合同期满的，劳动合同自动延长至完成履行代表职责之时，除出现下列情形之一的，用人单位不得与其解除劳动合同：（1）严重违反劳动纪律或用人单位依法制定的规章制度的；（2）严重失职、营私舞弊，对用人单位利益造成重大损害的；（3）被依法追究刑事责任的。职工一方协商代表履行协商代表职责期间，企业无正当理由不得调整其工作岗位。

第三十二条　履行本合同发生争议时，应由双方协商解决，协商不成的，可向劳动争议仲裁委员会申请仲裁。

第三十三条　本合同经公司十五届五次职工代表大会审议通过，由总经理和工会主席代表签约双方正式签字。

第三十四条　本合同签字后，应于 10 日内将合同文本一式三份及全部附件报××人力资源和社会保障厅，同时报××省总工会。

第三十五条　本合同自××人力资源和社会保障厅审核批准之日起生效。自生效之日起一周内在局域网上全文公布。

公司法定代表人　　　　　　　　　　　　工会法定代表人

　　　年　月　日　　　　　　　　　　　　　　年　月　日

三、××公司工资集体协商专项协议

为保障劳动关系双方的合法权益，促进劳动关系的和谐稳定，根据《中华人民共和国劳动法》《中华人民共和国劳动合同法》《集体合同规定》等有关法律、法规和规章的规定，以及上级关于在企业普遍建立工资集体协商制度的要求，经公司行政方和工会方平等协商，制定本工资协议。

1. 协议期限：自××××年×月×日起至××××年×月×日止。

2. 公司对各单位实行工效挂钩办法，全体职工实行岗位技能工资制度，并由各单位结合实际搞活内部分配。对实行计件工资制的职工，所在单位应结合实际合理制定计件工资报酬标准。

3. 工资分配坚持效率优先、兼顾公平和按劳分配的原则，坚持限高托低、重点向生产一线和苦累脏险人员及低收入群体倾斜的原则，不断理顺内部分配关系，使单位之间、岗位之间的收入水平更趋合理。

4. 应当以货币形式按月支付给职工本人，不得克扣或无故拖欠。具体支付时间由各单位确定后向职工公布，如遇休假节日或休息日，则提前在最近的工作日支付。

5. 有下列情况之一的，各单位应按《中华人民共和国劳动法》规定标准支付高于职工正常工作时间的工资报酬：（1）安排职工延长劳动时间的，支付不低于工资的 150% 的工资报酬；（2）休息日安排职工工作又不能安排补休的，支付不低于工资的 200% 的工资报酬；（3）法定休假日安排职工工作的，支付不低于工资的 300% 的工资报酬。支付职工超过正常工作时间的工资报酬的计算基数，按公司所在地有关规定执行。

6. 津、补贴标准按公司所在地规定执行。

7. 根据企业效益状况，确保生产任务完成，制定职工工资调整方案和奖励办法，经公司职代会代表团长、专委会主任、职工代表联席会审议通过，其中职工工资调整方案需报请上级批准后实施。

8. 职工在法定休假日、婚丧假、产假、年休假、探亲假、病假以及依法参加社会活动期间，所在单位应按国家有关规定支付工资。

9. 公司严格执行最低工资政策，凡提供正常劳动的职工，其报酬不得低于公司所在地人民政府规定的最低工资标准。

10. 在企业经济效益提高、职工总量得到有效控制的前提下，根据企业经营效益状况，逐步提高职工工资，职工年度平均收入比上年增长5%左右。

11. 在出现下列情况之一时，可以变更或终止工资协议：订立本协议的环境和条件发生重大变化，致使工资协议无法履行；本协议所依据的政策法规发生了较大变化；企业发生重大变动或者生产经营状况发生重大变化致使协议无法履行的；因不可抗力致使协议不能履行的；法律、法规规定可以变更或者解除的；协议期满或者双方约定的解除、终止条件出现时即行终止。

12. 工资协议变更的程序。（1）一方提出建议，向对方说明需要变更的工资协议条款、变更的理由与条件。（2）在工资协议期限内，签订工资协议的一方就工资协议的执行情况和变更提出商谈时，另一方应给予答复并在7日内双方进行协商。经协商一致后，由企业在7日内将变更修改后的工资协议及变更工资协议的说明书提交人力资源和社会保障部门审查。新工资协议成立，原工资协议即行终止。

13. 本协议在履行中发生争议，按集体合同争议处理程序进行。

14. 任何一方违反本协议，给对方造成经济损失的，应当根据后果和责任大小予以赔偿。

15. 本协议未尽事项，按《集体合同规定》的有关规定执行。

16. 本协议经当地人力资源和社会保障部门审查同意后，即行生效。

第三章
群众生产工作内容与流程

企业是职工和国家利益的共同体,积极推动企业的建设、创新与发展,既是从大局上维护企业和国家的整体利益,也是从根本上维护职工群众的长远权益。因此,工会工作必须紧紧围绕企业的中心工作,大力开展群众性的生产经营和技术创新活动。

第一节　劳动保护工作内容与流程

劳动保护是指国家为了保障劳动者在生产劳动过程中的安全与健康，在改善劳动条件、消除事故隐患、预防事故和职业危害与女职工保护等方面，在法律法规、技术设备、教育及组织制度上所采取的一整套综合措施。

一、劳动保护工作内容

（一）特点

劳动保护的三个特点：劳动保护是党和国家的一项重要政策和一贯方针，是社会主义企业管理的一项基本原则，也是企业应当承担的社会责任；劳动保护是保护社会生产力和发展国民经济的重要保证；劳动保护是人本管理和文明生产的重要条件。现代化的企业管理是以人为本、以人为中心的管理，不仅要生产过程的现代化，生产管理的科学化，更要生产行为的人文化。要关心人的身体与健康，要有与现代管理相适应的生产条件和安全卫生的生产环境，避免或减少职业危害因素，减少或避免伤亡事故，保障劳动者的安全与健康，提高劳动生产率。

（二）设立

做好任何一项工作必须有健全的组织做保证。只有建立健全各级工会劳动保护监督检查机构，配备好工会劳动保护监督检查专兼职干部，才能做好劳动保护群众监督检查工作。根据中华全国总工会《工会劳动保护监督检查员工作条例》《基层工会劳动保护监督检查委员会工作条例》《工会小组劳动保护检查员工作条例》，县级以上工会设劳动保护监督检查员，企事业工会及所属分公司、车间工会设立工会劳动保护监督检查委员会，乡镇工会、城市街道工会及基层工会联合会也可设立工会劳动保护监督检查委员会；车间可以建立劳动保护监督检查委员会或小组；班组设立劳动保护检查员。工会劳动保护监督检查组织在同级工会领导下开展工作。

(三) 产生

1. 工会劳动保护监督检查委员会由同级工会提名，报上级工会备案。

2. 工会劳动保护监督检查委员会设主任委员 1 人，副主任委员 1 至 2 人，委员若干人，女职工相对集中的单位，应设女职工委员。主任委员应由工会委员会主席或副主席担任。工会劳动保护监督检查委员会委员由熟悉劳动保护业务、热心劳动保护工作的工会干部和生产一线的职工担任。工会劳动保护监督检查委员会委员也可聘请行政管理人员担任，但不得超过委员会总人数的 1/3。

3. 根据需要，工会劳动保护监督检查委员会的工作可与职工（代表）大会的专门委员会的工作相结合，特别是与劳动法律监督委员会相结合。

4. 企事业单位对工会劳动保护监督检查委员会的工作应给予支持，并提供相应的工作条件。

5. 上级工会组织支持基层工会劳动保护监督检查委员会的工作，对工作成绩显著的劳动保护监督检查委员会给予表彰和奖励。

二、劳动保护监督检查委员会的工作内容

(一) 职权

工会劳动保护监督检查委员会的职权有以下几个方面。

1. 监督和协助本单位贯彻执行国家劳动安全卫生法律法规，监督落实安全生产责任制和规章制度，参与本单位劳动安全卫生措施、计划和经费投入等方案的制订和实施，对劳动安全卫生的决策、措施提出意见和建议。

2. 定期分析研究劳动安全卫生状况，向企事业单位和有关方面反映职工对劳动安全卫生工作的意见、建议和要求。督促和协助企事业单位解决劳动安全卫生方面存在的问题，改善劳动条件和作业环境。

3. 参与本单位集体合同中关于劳动安全卫生、工作时间、休息休假和

工伤保险等条款的协商与制定，维护职工劳动安全卫生的权利、休息休假的权利和享受工伤保险的权利。对集体合同、劳动合同中劳动安全卫生条款的执行情况进行监督检查。

4. 制止违章指挥、违章作业。组织或协同行政进行安全生产检查，组织职工代表对劳动安全卫生工作进行督查。对事故隐患和职业危害作业点建立档案，监督整改和治理，并督促企、事业单位防范事故和职业危害。

5. 对违反国家法律法规、不符合劳动安全卫生标准规定的问题，提出整改意见；问题严重的，向企事业单位提出书面整改意见；对拒不整改的，要求政府有关部门采取强制性措施。

6. 监督检查新建、扩建和技术改造工程项目的劳动安全卫生设施与主体工程同时设计、同时施工、同时投产使用。

7. 参加职工伤亡事故调查和处理，查清事故原因和责任，提出对事故责任者的处理意见，监督和协助企事业单位采取防范措施。对发生的职工伤亡事故和职业病进行研究、分析，总结教训，提出建议。

8. 在生产过程中发现明显重大事故隐患和严重职业危害，并危及职工生命安全的紧急情况时，要求企事业单位或现场指挥人员采取紧急措施，包括立即从危险区内撤出作业人员。同时支持或组织职工采取必要的避险措施并立即报告。

9. 宣传国家劳动安全卫生法律法规、政策及企事业的规章制度，结合实际情况，组织和发动职工开展安全生产活动，教育职工遵章守纪，提高职工的安全意识和技能。

10. 督促企事业单位按国家有关规定发放劳动安全卫生防护用品、用具，监督企事业单位定期对职工进行健康检查。监督企事业单位履行对职业病人的诊断、治疗和康复的责任，督促落实工伤待遇及职业病损害赔偿。监督和协助企事业单位落实女职工和未成年工特殊保护的有关规定。

(二) 主要任务

1. 落实国家和上级有关劳动保护的法律、法规及有关办法规定的贯彻执行。

2. 协助企事业单位调查研究劳动保护工作的重大问题，统计分析职工伤亡事故的情况和职业病情况，提出改进工作的建议。

3. 检查、指导工会的劳动保护工作，做好劳动保护检查员的管理及培训工作，指导班组搞好安全建设。

4. 协助企事业单位进行安全生产检查，督促治理重大事故隐患和严重职业危害。按照规定向上级工会报告事故情况，参与调查处理伤亡事故。

（三）工作制度

1. 每季度组织职工代表进行一次安全巡视检查。

2. 每年对劳动保护组织成员和小组检查员进行一次学习培训考核。

3. 每年对劳动保护工作进行一次总结，推荐表现突出的劳动保护检查员到上级工会进行表彰。

4. 每年对劳动保护组织成员及小组检查员的工作情况进行一次分析。对不胜任的应及时调整，因工作调动、变化的应及时补充，做到组织健全，管理规范。

（四）工作方法

工会群众劳动保护工作的基本方法是六个字，即"监督、教育、参与"，具体表现在以下三个方面。

1. 做好劳动保护的群众监督检查工作。一是通过职工（代表）大会对劳动保护工作进行民主管理，督促劳动保护决议的实施，组织职工代表参加安全生产检查；二是按照国家的有关规定、安全卫生标准，为职工把好安全生产关；三是参加职工伤亡事故和严重职业危害问题调查，及时向上级工会和同级党组织反映与报告，督促行政及时解决存在的问题。

2. 开展劳动保护的宣传教育工作。利用现代传媒、广播、黑板报等形式，向职工进行安全生产思想宣传教育、劳动保护法律法规的宣传教育、劳动保护科学知识的宣传教育、典型经验和事故教训的宣传教育，以及表扬安全生产中的好人好事、批评冒险违章事例等。

3. 协助企事业行政做好劳动保护工作。一是以优质、高产、低消耗、高效益和安全生产为中心开展好活动；二是发动职工群众开展查摆违章活动，纠正违章作业；三是组织职工群策群力、自力更生，配合企事业行政改善安全卫生设施和劳动条件。

三、劳动保护工作流程

1. 建立健全组织体系。按照全总和上级工会的规定，建立健全基层单位劳动保护委员会、车间劳动保护小组和班组劳动保护员组织体系和队伍。

2. 完善制度和工作流程。落实国家有关劳动保护的法律法规和全总劳动保护三个条例，结合单位实际制定、健全和完善劳动保护各项工作制度，包括组织体系的检查监督制度和群众性的自我防控制度；建立工作与制度落实的各项控制流程，用制度来规范工作、提高工作水平。

3. 制定周密细致的规划与方案。包括基层单位年度的、月度的或者阶段性劳动保护的工作规划，分公司、车间检查小组和班组劳动保护检查员的工作计划。在规划与计划中，要重点关注劳动安全问题与劳动卫生问题，预防作业伤害、职业危害及职业病，保障职工劳动安全与身心健康；要关注职工休息休假的问题；要有劳动安全卫生的宣传教育计划、职工代表的检查巡视计划，通过"吃中药"的形式、通过提高管理者和劳动者的劳动保护意识促进工作。

4. 组织实施。按照规划与计划，认真落实。不断总结分析，促进工作的开展。

第二节　安全生产与职业病防治工作内容与流程

安全生产是永恒的主题，企业的安全生产与职工的健康大于一切。工会对职工利益的维护首要的是做好职工生命安全与健康方面的工作。

一、安全生产工作

(一) 生产经营单位的责任

1. 生产经营单位应当具备的安全生产条件所必需的资金投入，由生产经营单位的决策机构、主要负责人或者个人经营的投资人予以保证，并对由于安全生产所必需的资金投入不足导致的后果承担责任。

2. 矿山、建筑施工单位和危险物品的生产、经营、储存单位，应当设置安全生产管理机构或者配备专职安全生产管理人员。

3. 生产经营单位应当对从业人员进行安全生产教育和培训，保证从业人员具备必要的安全生产知识，熟悉有关的安全生产规章制度和安全操作规程，掌握本岗位的安全操作技能。未经安全生产教育和培训合格的从业人员，不得上岗作业。

4. 生产经营单位采用新工艺、新技术、新材料或者使用新设备，必须了解、掌握其安全技术特性，采取有效的安全防护措施，并对从业人员进行专门的安全生产教育和培训。

5. 生产经营单位的特种作业人员必须按照国家有关规定经专门的安全作业培训，取得特种作业操作资格证书，方可上岗作业。

6. 生产经营单位新建、改建、扩建工程项目（以下统称建设项目）的安全设施，必须与主体工程同时设计、同时施工、同时投入生产和使用。安全设施投资应当纳入建设项目概算。

7. 生产经营单位应当在有较大危险因素的生产经营场所和有关设施、设备上，设置明显的安全警示标志。

8. 生产、经营、储存、使用危险物品的车间、商店、仓库不得与员工宿舍在同一座建筑物内，并应当与员工宿舍保持安全距离。

9. 生产经营单位应当教育和督促从业人员严格执行本单位的安全生产规章制度和安全操作规程，并向从业人员如实告知作业场所和工作岗位存在的危险因素、防范措施以及事故应急措施。

10. 生产经营单位必须为从业人员提供符合国家标准或者行业标准的劳动防护用品，并监督、教育从业人员按照使用规则佩戴、使用。

11. 生产经营单位发生重大生产安全事故时，单位的主要负责人应当立即组织抢救，并不得在事故调查处理期间擅离职守。

12. 生产经营单位必须依法参加工伤社会保险，为从业人员缴纳保险费。

（二）从业人员的权利与义务

1. 生产经营单位与从业人员订立的劳动合同，应当载明有关保障从业人员劳动安全、防止职业危害的事项，以及依法为从业人员办理工伤社会保险的事项。生产经营单位不得以任何形式与从业人员订立协议，免除或者减轻其对从业人员因生产安全事故伤亡依法应承担的责任。

2. 从业人员有权了解其作业场所和工作岗位存在的危险因素、防范措施及事故应急措施，有权对本单位的安全生产工作提出建议。

3. 从业人员有权对本单位安全生产工作中存在的问题提出批评、检举、控告；有权拒绝违章指挥和强令冒险作业。生产经营单位不得因从业人员对本单位安全生产工作提出批评、检举、控告或者拒绝违章指挥、强令冒险作业而降低其工资、福利等待遇或者解除与其订立的劳动合同。

4. 从业人员发现直接危及人身安全的紧急情况时，有权停止作业或者在采取可能的应急措施后撤离作业场所。生产经营单位不得因从业人员在紧急情况下停止作业或者采取紧急撤离措施而降低其工资、福利等待遇或者解除与其订立的劳动合同。

5. 因生产安全事故受到损害的从业人员，除依法享有工伤社会保险外，依照有关民事法律尚有获得赔偿的权利的，有权向本单位提出赔偿要求。

6. 从业人员在作业过程中，应当严格遵守本单位的安全生产规章制度和操作规程，服从管理，正确佩戴和使用劳动防护用品。

7. 从业人员应当接受安全生产教育和培训，掌握本职工作所需的安全生产知识，提高安全生产技能，增强事故预防和应急处理能力。

8. 从业人员发现事故隐患或者其他不安全因素，应当立即向现场安全生产管理人员或者本单位负责人报告；接到报告的人员应当及时予以处理。

（三）工会组织的权利与责任

工会有权对建设项目的安全设施与主体工程同时设计、同时施工、同时投入生产和使用进行监督，提出意见。工会对生产经营单位违反安全生产法律、法规，侵犯从业人员合法权益的行为，有权要求纠正；发现生产经营单位违章指挥、强令冒险作业或者发现事故隐患时，有权提出解决的建议，生产经营单位应当及时研究答复；发现危及从业人员生命安全的情况时，有权向生产经营单位建议组织从业人员撤离危险场所，生产经营单位必须立即作出处理。工会有权依法参加事故调查，向有关部门提出处理意见，并要求追究有关人员的责任。

二、职业病防治

职业病，是指企事业单位和个体经济组织（以下统称用人单位）的劳动者在职业活动中，因接触粉尘、放射性物质和其他有毒、有害物质等因素而引起的疾病。

（一）前期预防

1. 新建、扩建、改建建设项目和技术改造、技术引进项目（以下统称建设项目）可能产生职业病危害的，建设单位在可行性论证阶段应当向卫生行政部门提交职业病危害预评价报告。

2. 建设项目的职业病防护设施所需费用应当纳入建设项目工程预算，并与主体工程同时设计，同时施工，同时投入生产和使用。建设项目在竣工验收前，建设单位应当进行职业病危害控制效果评价。建设项目竣工验收时，其职业病防护设施经卫生行政部门验收合格后，方可投入正式生产和使用。

（二）劳动过程中的防护与管理

1. 用人单位应当采取下列职业病防治管理措施：设置或者指定职业卫生管理机构或者组织，配备专职或者兼职的职业卫生管理人员，负责本单位的职业病防治工作；制订职业病防治计划和实施方案；建立、健全职业卫生管理制度和操作规程；建立、健全职业卫生档案和劳动者健康监护档案；建立、健全工作场所职业病危害因素监测及评价制度；建立、健全职业病危害事故应急救援预案。

2. 用人单位必须采用有效的职业病防护设施，并为劳动者提供个人使用的职业病防护用品。

3. 产生职业病危害的用人单位，应当在醒目位置设置公告栏，公布有关职业病防治的规章制度、操作规程、职业病危害事故应急救援措施和工作场所职业病危害因素检测结果。

4. 对可能发生急性职业损伤的有毒、有害工作场所，用人单位应当设置报警装置，配置现场急救用品、冲洗设备、应急撤离通道和必要的泄险区。

5. 用人单位应当实施由专人负责的职业病危害因素日常监测，并确保监测系统处于正常运行状态。

6. 用人单位与劳动者订立劳动合同（含聘用合同，下同）时，应当将工作过程中可能产生的职业病危害及其后果、职业病防护措施和待遇等如实告知劳动者，并在劳动合同中写明，不得隐瞒或者欺骗。劳动者在已订立劳动合同期间因工作岗位或者工作内容变更，从事与所订立劳动合同中未告知的存在职业病危害的作业时，用人单位应当依照规定，向劳动者履行如实告知的义务，并协商变更原劳动合同相关条款。用人单位违反规定的，劳动者有权拒绝从事存在职业病危害的作业，用人单位不得因此解除或者终止与劳动者所订立的劳动合同。

7. 用人单位应当对劳动者进行上岗前的职业卫生培训和在岗期间的定期职业卫生培训，普及职业卫生知识，督促劳动者遵守职业病防治法律、法规、规章和操作规程，指导劳动者正确使用职业病防护设备和个人使用的职业病防护用品。

8. 对从事接触职业病危害的作业的劳动者，用人单位应当按照国务院安全生产监督管理部门、卫生行政部门的规定组织上岗前、在岗期间和离岗时的职业健康检查，并将检查结果如实告知劳动者。职业健康检查费用由用人单位承担。用人单位不得安排未经上岗前职业健康检查的劳动者从事接触职业病危害的作业；不得安排有职业禁忌的劳动者从事其所禁忌的作业；对在职业健康检查中发现有与所从事的职业相关的健康损害的劳动者，应当调离原工作岗位，并妥善安置；对未进行离岗前职业健康检查的劳动者不得解除或者终止与其订立的劳动合同。

9. 用人单位应当为劳动者建立职业健康监护档案，并按照规定的期限妥善保存。劳动者离开用人单位时，有权索取本人职业健康监护档案复印件，用人单位应当如实、无偿提供，并在所提供的复印件上签章。发生或者可能发生急性职业病危害事故时，用人单位应当立即采取应急救援和控制措施，并及时报告所在地安全生产监督管理部门和有关部门。安全生产监督管理部门接到报告后，应当及时会同有关部门组织调查处理；必要时，可以采取临时控制措施。对遭受或者可能遭受急性职业病危害的劳动者，用人单位应当及时组织救治、进行健康检查和医学观察，所需费用由用人单位承担。

10. 用人单位不得安排未成年工从事接触职业病危害的作业；不得安排孕期、哺乳期的女职工从事对本人和胎儿、婴儿有危害的作业。

(三) 劳动者的职业卫生保护权利与义务

1. 获得职业卫生教育、培训。

2. 获得职业健康检查、职业病诊疗、康复等职业病防治服务。

3. 了解工作场所产生或者可能产生的职业病危害因素、危害后果和应当采取的职业病防护措施。

4. 要求用人单位提供符合防治职业病要求的职业病防护设施和个人使用的职业病防护用品，改善工作条件。

5. 对违反职业病防治法律、法规以及危及生命健康的行为提出批评、检举和控告。

6. 拒绝违章指挥和强令进行没有职业病防护措施的作业。

7. 参与用人单位职业卫生工作的民主管理，对职业病防治工作提出意见和建议。

8. 劳动者应当学习和掌握相关的职业卫生知识，遵守职业病防治法律、法规、规章和操作规程，正确使用、维护职业病防护设备和个人使用的职业病防护用品，发现职业病危害事故隐患应当及时报告。用人单位应当保障劳动者行使上述条款所列权利。因劳动者依法行使正当权利而降低其工资、福利等待遇或者解除、终止与其订立的劳动合同的，其行为无效。

（四）工会组织的权利与责任

1. 工会组织应当督促并协助用人单位开展职业卫生宣传教育和培训，对用人单位的职业病防治工作提出意见和建议，与用人单位就劳动者反映的有关职业病防治的问题进行协调并督促解决。

2. 工会组织对用人单位违反职业病防治法律、法规，侵犯劳动者合法权益的行为，有权要求纠正；产生严重职业病危害时，有权要求采取防护措施，或者向政府有关部门建议采取强制性措施；发生职业病危害事故时，有权参与事故调查处理；发现危及劳动者生命健康的情形时，有权向用人单位建议组织劳动者撤离危险现场，用人单位应当立即作出处理。

三、安全生产与职业病防治工作流程

（一）了解和熟悉有关法律法规

职工生命安全是最大的安全。工会干部要了解、熟悉和掌握《安全生产法》和有关安全生产的法律法规，了解、熟悉和掌握用人单位和从业人员的责任与义务，学会和善于运用法律的武器维护职工的合法权益，学会和善于运用法律的武器有效进行工作。

（二）积极主动地介入工作过程

职工的安全生产和职业病防治中，要按照法律的规定，及早地参与到

"三同时"中去，有效地从源头上、从根本上解决问题。

（三）发现问题及时汇报反映促进问题的解决

人命关天。发现安全生产特别是涉及职工生命、健康等方面的问题要及时向单位和上级工会反映与汇报，积极促进和协助单位解决问题。要从对职工生命安全负责的高度提高认识，以高度的责任心和敏锐的观察力，及时发现苗头性的问题，防患于未然。要注意工作方法和艺术，敢于和善于反映问题并促进问题的解决与落实。

第三节　劳动和技能竞赛与合理化建议　　　　工作内容与流程

劳动和技能竞赛是为充分发挥劳动者建设社会主义的积极性和创造性而开展的群众性活动，是提高劳动生产率和工作效率的重要方法。合理化建议活动是从技术与科技层面提高效率提升管理水平促进整体工作。

一、劳动和技能竞赛

（一）劳动和技能竞赛的含义

劳动和技能竞赛包含两层含义。（1）劳动和技能竞赛是在生产劳动过程中人与人、集体与集体之间比赛。（2）劳动和技能竞赛必须具备三个基本要素：一是要有劳动群众参加；二是要有具体的竞赛目标；三是要有劳动成果的比较和交流。

（二）劳动和技能竞赛的内容

竞赛内容的确定，要体现中心工作和任务，反映国家、集体、个人三者利益的一致性。具体地，就要根据本单位的生产经营特点和实际情况，针对生产经营和工作任务中的薄弱环节确定竞赛的内容。其内容应明确、具体、有针对性。一般来讲，开展劳动和技能竞赛的内容，要以提高经济效益为中心，推动技术进步和管理现代化，提高产品质量和工作质量，降低能源和原材料消耗，提高职工素质和劳动生产率，推动中国制造走向中国创造。

（三）劳动和技能竞赛的形式

竞赛形式是实现内容的必要条件。深化群众生产工作，必须积极探索劳动和技能竞赛的新形式，由单一功能的竞赛向多功能、全方位的竞赛发展；由突击性竞赛向目标性竞赛发展；由生产型竞赛向创新型、科技型竞赛转变。开展劳动和技能竞赛，一般表现在两个方面：一方面积极参与上级组织的竞赛活动；另一方面结合本单位的实际开展竞赛活动。

劳动和技能竞赛的形式大体有以下几种。

1. 台阶式竞赛。把创本单位历史最高水平、同行业最高水平分为几个台阶，把竞赛目标分为几个档次，把荣誉竞赛分为几个等级而组织的竞赛，激励职工奋发向上。

2. 攻关式竞赛。发挥集体智慧和协作精神，集中一个目标或专项课题，开发某个产品等，组织攻关赛。

3. 夺魁式竞赛。组织技术比武、创优质、选最佳、夺奖杯等竞赛。这种竞赛能适应职工显露才干、争当先进的进取心理。

4. 同工种、同产品的对手竞赛。这种竞赛形式是个人之间或班组之间竞赛的基本形式，有利于互相学习和交流经验。

5. 流动红旗竞赛。这种竞赛可以在班组之间进行。要规定竞赛的条件和内容，定期进行检查、评比、奖励，竞赛周期可长可短。

6. 单项指标竞赛。这是针对生产关键、突出某一重点开展竞赛的一种形式。这种竞赛内容单一，目标明确，可比性强，效果明显。

（四）劳动和技能竞赛的评比奖励

评比奖励是劳动和技能竞赛不可缺少的重要环节。在整个竞赛过程中，它起着吸引、调动和激励参赛者积极投身劳动和技能竞赛的重要作用。在实际工作中，竞赛表彰奖励要坚持两个结合的原则。一是精神鼓励与物质奖励相结合的原则。每项劳动和技能竞赛结束后，都要认真总结评比。严格标准，凭数据和事实说话，不搞轮流"坐庄"。对在竞赛中取得成绩的集体或个人，要通过多种宣传手段，介绍他们的先进事迹和先进经验。二是及时和集中奖励相结合。集中奖励一般适用于周期长、范围广、突出总体目标的竞赛；及时奖励则适用于周期短、见效快的小指标竞赛。一般来说，分公司、车间应选择"短、平、快"的竞赛，采取"一项一赛、一赛一评、一评一奖"的办法进行。

二、合理化建议

合理化建议是指有关改进和完善企事业单位生产技术、经营管理和工作任务方面的意见和措施。合理化建议活动开展得成功与否是一级工会的组织力和一个单位职工积极性高低的一种表现形式。

（一）合理化建议的内容

工会应组织职工围绕以下主要内容开展合理化建议活动。

1. 挖掘生产经营（工作）潜力，改进生产组织和工作方法，促进增收节支，提高经济效益和社会效益。

2. 改革创新，提高工作效率、市场竞争力及应变能力。

3. 提高产品质量，改进产品结构，开发新产品。

4. 改进生产设备、设施及生产工具。节约能源，降低消耗，采用新技术、新工艺、新材料，节约原材料。

5. 生产安全和劳动安全卫生。

6. 促进经营管理、改革发展等。

（二）合理化建议活动的任务

合理化建议活动的主要任务如下。

1. 利用各种形式向职工群众宣传合理化建议的作用、意义、方针、政策和先进典型，动员职工投身到活动中来。

2. 协同行政深入调查研究，广泛收集群众意见，积极参与合理化建议以及攻关课题的制订。

3. 发动职工群众献计献策，广泛征集合理化建议，并进行认真分析，筛选分类，及时反馈给行政有关部门研究评估。

4. 协助合理化建议评审小组做好采纳项目的实施工作。

5. 督促有关部门，按国家的有关规定，对合理化建议活动中做出成绩者给予物质和精神奖励。

（三）合理化建议的组织和评审

1. 组织领导。单位一般应成立由工会、综合管理与研发、技协等部门人员参加的合理化建议委员会，负责合理化建议的组织领导和评审。委员会的主要领导一般应由单位的总工程师担任，工会领导人可以做副职。

2. 评审。由于合理化建议的水平不尽一致，有的单位可能数量巨大。所以一般性的初步的评审应由业务主管部门进行。对重大的特别有价值的合理化建议，应由主管部门提出意见，提交合理化建议委员会组织专题评审。

三、劳动和技能竞赛及合理化建议工作流程

（一）劳动和技能竞赛的工作流程

工会作为劳动和技能竞赛的工作机构，要以目标管理为模式，以循环管理的系统管理为手段，以过程受控为对象，以提高效率、效益和促进发展为目的，进行组织和运作。应做好以下工作。

1. 制定竞赛方案。组织劳动和技能竞赛首先要确定目标、内容、条件、选择竞赛形式，在事先调查研究的基础上制定竞赛方案。

2. 宣传发动群众。要将竞赛方案交职工充分讨论，并利用各种宣传阵地，宣传竞赛的意义、目的和方法，做好思想动员，形成竞赛氛围，确保竞赛方案的顺利实施；要广泛宣传竞赛的内容、标准以及奖励等情况，使参赛干部职工在提高认识的基础上，积极投入活动，圆满完成竞赛的各项规定内容。

3. 组织实施竞赛。在组织竞赛的过程中，要公平公正，发现并培养先进典型；要做好竞赛数据的统计，不弄虚作假，及时公布竞赛的情况和成绩，增加透明度，使参赛者人人目标明确，积极参与。各单位按竞赛条款、有关标准和内容，对竞赛实行巡回指导，动态管理，专项自查，特别是对主要条款强化监督检查。对于上级提出的整改意见，要责成专人落实，并反馈相关信息。

4. 竞赛目标达到后，要认真进行总结、评比，推广先进经验，激励后进发展。

（二）合理化建议工作流程

1. 合理化建议活动的组织发动。（1）对合理化建议活动，工会组织要给予应有的重视。因为这是职工关心企业改革与发展的体现，是职工主人翁精神的体现。新中国成立初期，我国广大职工群众以高度的主人翁精神投入建设和发展，曾提出了许多很好的建议并付诸实施。工会组织应重视这方面的工作。（2）认真对合理化建议活动进行规划和组织发动。在重视日常工作的同时，一般可确定某一个月为合理化建议活动月。合理化建议月前，应起草文件对活动作出安排。

2. 合理化建议的征集。（1）单位工会下发统一格式的合理化建议书。（2）班组或者工会小组广泛组织征集，签署意见。（3）分公司、车间工会定期与及时收集合理化建议（一般可一季度收集一次，活动月要在月末及时收集）；职工也可将重要的建议及时上交工会组织。（4）工会在收到合理化建议后，及时进行整理、分类、审核，对可以确认为合理化建议的按生产经营、科技创新、管理、劳动保护、职工生活等分类交有关部门。

3. 合理化建议的评审。

4. 表彰奖励与归档。按评审的条件与标准，分别对合理化建议给予表彰奖励。将不符合合理化建议条件的建议退还给本人，对建议人的积极性给予肯定和鼓励。合理化建议年度和活动月结束，应及时进行总结，并将有关资料整理归档。

第四节　评先、技协与创新工程工作内容与流程

先进集体和先进生产（工作）者是推动社会生产力发展和社会进步的中坚力量，是工人阶级的优秀代表。组织职工开展改革创新和技术协作是工会组织为企业做贡献和建功新时代的一项重要工作，是为实现"中国制造2025"和中华民族伟大复兴作贡献的重要举措。在企业的发展中应该大力发现和宣传先进人物，并激发广大职工改革创新的积极性和潜能。

一、评先及劳动模范管理

做好评先工作是各级工会组织的重要任务。

（一）评选先进

1. 评选先进的组织工作。评选单位的先进集体和先进生产（工作）者、工会组织的"两模三优"（模范职工之家、模范职工小家、优秀工会工作者、优秀工会积极分子和优秀职工之友）、"三八红旗手"和先进女职工，要有规范的制度和办法。在评选上级分配下来的先进集体和个人时，要认真贯彻上级的要求，严格掌握条件。要以考核为主，凭数据说话，以实绩为依据。要充分发扬民主。评选出的先进生产（工作）者和先进集体要得到广泛的认同，具有时代特征。

2. 总结宣传推广先进的工作。对本单位的先进集体和先进个人的先进事迹要运用各种宣传手段大张旗鼓地宣传。要充分运用先进典型事例进行宣传教育，营造人人争先创优的浓厚氛围。

3. 对先进的培养教育工作。要教育先进集体和先进人物坚持正确的政治方向，经得起荣誉的考验，保持和发扬成绩。要为先进人物和先进集体不断提高政治、业务和文化技术水平创造必要的条件，帮助他们提高自身

素质。要关心先进人物，解决他们在工作和生活中的困难，帮助他们解除后顾之忧。要主动关心先进人物的政治进步，了解掌握他们的思想状况，做好思想工作，促使他们在思想上、政治上、业务技术上有更大的进步。

（二）劳动模范管理

1. 教育和培养。劳动模范和先进人物评选出来后，要以认真负责的态度，既高标准严要求，又要以人性化的态度关心和爱护，做好劳动模范和先进人物的教育、培养、管理工作。（1）强化学习教育。通过多种形式，不断提高劳模的思想政治觉悟。要不断提高其技术业务水平，使其掌握新知识，这一点尤为重要。在数字化与智能化时代，要通过不断学习，提高个人的核心竞争力。（2）积极进行培养。要建立必要的工作联系制度，尊重和听取他们的意见和建议，定期不定期地组织征询意见和交流活动。注重从劳动模范中发展党员和提拔干部，通过组建工匠大师工作室、劳模创新工作室等方式鼓励他们全方位发展，鼓励他们取得新的进步和承担更大的责任。

2. 日常管理和人文关怀。（1）日常管理。建立劳模和先进人物的数据库，及时掌握新的情况并更新数据库。认真调查研究，及时了解劳动模范工作中遇到的新情况新问题，提出对策和措施。大力弘扬劳模精神和工匠精神，使劳模的优秀品格和先进事迹成为广大职工奋发向上、建功立业的精神动力，形成劳模光荣、知识崇高、人才宝贵、创造伟大的时代风尚，形成学习劳模、尊崇劳模、争当劳模的良好氛围。（2）人文关怀。劳动模范头戴光环以后，在很多情况下被聚焦，成为人们关注的重点。他们的不足之处也同时被放大。劳动模范也是人，不应该受到过多的指责。要认真落实劳模的各项政策，采取积极的措施，为劳动模范解决生活中的实际困难，为劳模发挥作用创造条件。要积极组织劳动模范进行疗、休养，以使其有一些相对集中的时间得到休息和调整，以更加充沛的精力和良好的状态投入各项工作中去。要倾听他们的意见和呼声，反映劳动模范的意见和建议。

二、职工技术协作

(一) 一般性工作内容

职工技术协作组织是职工群众自愿结合进行技术协作活动的群众组织。组织职工开展技术协作对于促进企业生产经营管理、推动技术进步、增强工会组织的实力和为职工群众办实事的能力,有着积极的作用。各级职工技术协作委员会在同级工会的领导下开展工作,接受上级职工技术协作委员会的指导。开展技术协作活动对于加速企业技术改造、创新和发展、推动技术进步、提高职工的技术素质、增强企业活力与核心竞争力有着重要意义。

1. 建立完善的成果、财务、基金、分配、组织、队伍建设和管理制度,使技术协作管理运行科学化、制度化、规范化。

2. 建立完善的评价、激励机制,贯彻"按劳分配、效率优先、兼顾公平"的原则,对有突出贡献者和重大成果者,要按照规定给予重奖,给予物质和精神两方面的奖励。

3. 建立完善的有偿服务机制,协作双方签订技术项目合同,明确权责,体现一定的效益性,切实保障各方面的利益。

4. 建立完善的办事机构和管理制度,明确日常办事机构的职责和服务功能,制定相应的管理制度和工作制度,切实加强领导。

5. 加强技协组织的财务管理,严格财务制度。鉴于有些地方技协组织和办事机构经济上出现问题,要切实加强财务制度,落实有关技协的规定,防止腐败现象的发生。

(二) 技协活动

在技术协作活动中,工会组织要解放思想、转变观念,不断探索新路子,指导职工技术协作从组织形式、工作内容、工作方式、活动范围等方面不断进行发展和创新。

1. 协作攻关活动。职工技术协作的本意在于针对生产技术中的难题,组织人员开展技术攻关，促进生产的发展。在企业提高核心竞争力和创新发展的关键时期，在由中国制造走向中国创造的新时代，这一活动显得尤其重要。要从这个高度来认识开展职工技术协作的意义和作用，从大处着眼，来积极推动这项工作的发展。

2. 示范操作活动。这是在现场进行传授操作技能的培训活动。组织示范者对职工进行技能和操作方式的培训，在示范者的带领下，学习模仿，逐步提高。

3. 岗位练兵活动。这是在工作岗位上提高职工技术水平的方法。岗位练兵以提高基本技能为主，学习操作基本动作，让大家在熟练中提高。

4. 推广先进操作法。

三、建功新时代创新工程

创新是一级组织、一个国家和一个民族进步的灵魂，是国家兴旺发达的不竭动力。职工建功新时代创新是技术与经济相结合的概念，是群众生产工作在新形势下的创新和发展，其包含了制度创新、技术创新和组织创新等诸多内容。只有充分理解和认识了经济技术创新的内涵和实质，才能转变观念，拓宽思路，确定切实可行的工作目标，选准工作突破口，采取有力措施，扎扎实实地推动经济技术创新工作向前发展。实施职工建功新时代创新工程要把握以下几点。

（一）把重点放到推进企业创新发展上来

要围绕企业改革发展的重点、难点和提高企业的核心竞争力开展创新活动。坚持以市场为导向，把增强企业科技开发能力、市场竞争能力和抗御风险能力作为主攻方向，把解决企业发展的难点、实现产品升级换代等问题作为重点，紧紧围绕创新技术、加强管理、提高质量、降低成本、提高核心竞争力等开展多种形式的群众性经济技术活动，不断促进企业改革发展。

（二）实现内容形式的全面创新

工会多年来开展的劳动和技能竞赛、合理化建议、技术革新、技术协作、发明创造、岗位练兵、技术比武、劳模创新工作室等活动，发挥了很大作用。在新的形势下，要实现内容和形式的全面创新。在内容上，要突出技术创新，致力于掌握核心技术，促进科技成果向现实生产力的转化；要增加经济技术活动的科技含量，紧紧围绕技术、管理和服务创新开展好活动。在形式上，要以职工欢迎、企业需要、效果明显为标准，从实际出发，开展形式多样、卓有成效、富有时代气息的经济技术创新活动；要把创新工程同读书自学等活动结合起来，鼓励职工自学成才、岗位成才，不断把活动推向新水平。

（三）做到三个有机结合

一是与企业的经营管理和转型升级紧密结合。企业的改革发展是广大职工的根本利益所在。实施经济技术创新工程，要以推动企业技术进步、提高核心竞争力和企业经济效益为中心，与企业的生产经营、科技进步、规范管理等方面的工作紧密结合，与技术创新体系、机制、能力建设紧密结合起来，与企业技术创新试点示范工作紧密结合起来。二是与提高职工群众的素质结合起来。要在职工中深入开展以增强创新意识、提高创新能力为主要特征的新型劳动者系列活动，并与"创建学习型组织，争当知识型职工"活动结合，鼓励职工精一门、会两门、学三门，成为具有创新精神、掌握新知识和新技能的知识型职工，帮助职工不断提高自身素质。三是与争先创优活动结合起来。鼓励职工争当"创新能手"，班组争创"创新工程示范岗"，把职工参与的广度、力度、深度作为衡量创新工程是否取得成效的标志。把职工群众广泛参与与发挥先进典型的示范作用结合起来，注意发挥劳模创新工作室、工匠大师工作室等先进典型的榜样示范作用。要努力把先进的科学技术成果转化为现实生产力，推动群众性建功新时代创新工程的深入发展。

四、评先、技协及建功新时代创新工作流程

（一）评选先进和劳动模范管理工作流程

1. 制定方案。评选先进和劳模事关企业价值观、企业文化、企业理念

和企业精神，事关企业发展方向、风气和正气，事关广大管理者、经营者和生产者。方案提出一定要慎之又慎，综合各方面的情况，公平公正，要及时向党政领导汇报。

2. 客观公正地进行评选。评出干劲，评出正气，评出团结，评出积极性，评出生产力，评出正能量。而不是评出问题、评出矛盾。

3. 公示。通过公开栏、局域网等形式进行公开公示，时间一般为五个工作日，请大家充分发表意见。

4. 表彰奖励。对评选出来的先进，要通过物质的、精神的、平面的、立体的、会议的、网络的等多种形式和途径，大力进行宣传和表彰奖励，鼓励和倡导正气。

5. 日常管理。关心帮助，促进新的提高。

（二）技术协作工作流程

1. 建立健全组织。加强职工技术协作工作，首先要建立健全技术协作委员会，在此基础上建立技术协作委员会办公室，作为职工技协的日常办事机构。

2. 确定项目。要针对企业核心技术方面的难点、生产经营的重点，确定项目，开展技术交流与协作，组织攻关。

3. 总结分析，提高发展。技协工作的一个项目、一个阶段工作结束，应及时进行总结分析，以利于提高发展。鉴于技协在税收方面的优惠政策，要注意维护政策的严肃性，防止有人钻政策的空子，给工会技协工作造成损失和不良的影响。

（三）建功新时代创新工作流程

1. 充分认识建功新时代创新工程的意义与作用。经济技术创新工程，既是工会群众生产工作的综合体现，又是企业发展的现实需要。要从新时代工会组织的伟大使命、从完成"中国制造"走向"中国创造"的历史重任，从实现中华民族伟大复兴的高度来认识对待这一问题。

2. 与时俱进，积极努力地做好工作。（1）发挥职工群众的主体作用。

职工是经济技术创新发展的主体。在推进此项工作中，首先要通过多种形式，培养职工的创新意识，着力提高职工的技能。（2）鼓励职工自学成才。落实全总有关规定，对职工自学成才给予物质的精神的奖励。如许多单位实行首席员工制、工人技师制并给予相应的待遇，使没有学历的职工也通过卓有成效的努力看到前途与希望，积极地投入经济技术创新工作中。工会十六大选举郭明义、许振超，十七大选举郭明义、巨晓林、高凤林等为全国总工会的副主席就是很好的例子。（3）研究和探讨建功新时代创新的具体手段和技能。

3. 总结提高。在群众生产工作的各个方面，不断地总结、研究、探讨、学习与借鉴，不断地进行提炼和提高，促进群众生产工作的各个方面实现新的发展、新的进步。

第五节　文本范例

一、××集团劳动和技能竞赛评比奖励实施办法

（一）指导思想

以习近平新时代中国特色社会主义思想为指导，紧紧围绕高质量发展和提高公司核心竞争力，深化发展劳动和技能竞赛，充分调动广大干部职工参与企业改革发展的积极性，为打造国内一流的公司和为实现中华民族伟大复兴作出更大的新的贡献。

（二）组织领导

1. 公司成立劳动和技能竞赛评比委员会，简称评委会。主任由总经理担任；副主任由主管副总、工会主席担任；委员由工会副主席和生产、营销、人力资源、安监等部门负责同志担任。评委会办公室设在工会，负责

与上级劳动和技能竞赛委员会的联系及公司劳动和技能竞赛活动的协调、指导和日常管理等工作。

2. 各参赛单位要成立相应的劳动和技能竞赛委员会和竞赛办公室，竞赛办公室设在本单位工会。

(三) 竞赛形式及评比条件

1. 劳动和技能竞赛实行分组竞赛，公司六大系统，39个参赛单位，分13个竞赛组别，按月、季两种形式进行竞赛评比和奖励。

2. 劳动和技能竞赛评比实行百分制，各竞赛指标增分之和不得超过50分，每项减分最多减至零分。

3. 营销、生产、安全、科研、运输、多元办为各系统初评部门，职责为：根据年度生产经济效益指标及经营管理目标，结合本系统实际情况，分别制订下发所主管竞赛小组具体的评分办法和考核标准，报评委会办公室备案。每月（季度赛每季第一个月）5日前，各参赛单位将上月（季）竞赛指标完成情况报表和月（季）工作总结分别报各系统初评部门（报表格式由各处自定）和评委会办公室各一份。每月（季度赛每季第一个月）8日前，各系统初评部门依据评比考核办法对参赛单位进行考核，排出顺位后报评委会办公室。

4. 评委会办公室要严格标准，及时对各参赛单位的综合指标进行认定。（1）参赛单位凡发生责任事故，取消评比资格。在未失去评比资格的基础上，发生不良反映，每件从总分中减2分。未发生以上失去评比资格和减分事故（事件），以及本月度实现安全百天或安全年时，在总得分中另加10分。（2）参赛单位在本月度收到整改通知书，每项减去该单位竞赛评比总分2分。（3）参赛单位发生失去评比资格和减分情况，均以定责或定性的月份为准，经评委会审定后列入考核一次。参赛单位（竞赛办公室）未按规定日期送交竞赛评比报表和工作总结或隐瞒事故（事件），虚报成绩、漏报项目者，均按弃权或失去评比资格办理，并在下次评比中减去5分。

5. 评委会根据参赛单位的大局观念、协作精神、进步幅度、贡献大小以及经营管理等方面的情况，酌情增减得分或调整评比顺位，每月 10 日审议评定各竞赛小组竞赛名次，12 日前在公司门户网站公布评比结果。劳动和技能竞赛中需要仲裁的事宜，要逐级申报，由评委会最终审定。

(四) 表彰奖励

1. 获劳动和技能竞赛各竞赛小组第一名，且总分在 90 分以上者，为劳动和技能竞赛优胜单位。由评委会办公室代表评委会颁发优胜流动红旗，连续三次者（可跨年度）另授固定奖旗一面，并由评委会办公室代表评委会向获三连冠的单位发送贺信。

2. 月度劳动和技能竞赛优胜单位第一、二次及连续三次以上的奖励标准，按职工人均 200 元、400 元、600 元奖励；季度劳动和技能竞赛优胜单位第一、二次及连续三次以上的奖励标准，按职工人均 400 元、600 元、800 元奖励，奖金从工效挂钩工资基金中列支。竞赛奖金要做到专款专用，主要由各单位竞赛办公室用于奖励在劳动和技能竞赛活动中做出突出贡献的集体和个人。竞赛奖金按有关规定由优胜单位先行垫付，后向劳卫处办理工资结算。

3. 各级组织和有关部门要把劳动和技能竞赛的成绩作为年终评先、干部政绩考核等项工作的重要依据。

(五) 其他事项

1. 各单位要加强领导，认真搞好劳动和技能竞赛的宣传发动、总结评比、表彰奖励等工作，营造唯先必争、唯旗必夺的竞赛氛围，为广大干部职工搭建一个展示才能、争先创优的平台。

2. 各单位劳动和技能竞赛委员会要结合本单位生产实际和作业特点，修订本单位的竞赛考核办法，完善竞赛奖励机制，大力开展各种行之有效的劳动和技能竞赛活动。

3. 各单位竞赛办公室要切实履行职责，做好本单位劳动和技能竞赛的组织协调和日常事务工作，及时完成表彰奖励有关事宜，并将竞赛中的好经验、好建议报评委会办公室。

二、××公司关于组织开展"我为增收节支献良策"合理化建议征集活动的通知

各单位并工会：

为充分调动广大干部职工的积极性、创造性，确保经营目标的顺利完成。经研究，决定在全公司范围内大力开展"我为增收节支献良策"合理化建议征集活动。现将活动有关要求通知如下。

（一）活动主题

以习近平新时代中国特色社会主义思想为指导，以"增收节支、节能降耗、挖潜补欠、消灭故障、经营稳定"为目标，通过组织开展"我为增收节支献良策"合理化建议征集活动，激发和调动广大干部职工爱岗敬业的热情，鼓励立足岗位，结合实际，踊跃献计献策，不断创新发展，确保全年各项经营目标的顺利实现。

（二）组织机构

为加强对活动的组织领导，确保"我为增收节支献良策"合理化建议征集活动的质量和预期效果，由合理化建议技术改进活动领导小组具体负责活动的组织、协调、评比、奖励。

（三）内容要求

1. 本次"我为增收节支献良策"合理化建议征集活动主要以加强管理，增收节支，节能降耗、挖潜降耗，改进服务，拓展新的经营思路为目的。合理化建议内容包括：管理、服务、经营思路和方法的改进；各种工作流程、规程的改进；营销、市场开拓的建议；创新发展、挖潜降耗的建议；加强安全生产的建议；加强企业文化与职工文化建设的建议；加强政治思想工作和凝聚力的建议及其他任何有利于创新、发展和安全稳定的改进事项。

2. 要求建议具体、有创意，切合实际，操作性强，条理清晰，语言简练，内容清晰明确，能解决企业实际工作中的具体问题。同时，建议要紧

密结合公司、分公司、本部门、本岗位的实际,有建设性和可操作性。

3. 职工提合理化建议需填写合理化建议登记表。登记表主要记载事项:(1)建议名称;(2)建议人姓名、部门、职务;(3)建议日期;(4)建议原因或理由;(5)建议方案或措施;(6)其他需说明事项。

(四)活动方式

本次"我为增收节支献良策"合理化建议征集活动主要采取课题攻关和职工建议两种形式进行,即由有关业务管理部门提出攻关课题向全公司公布,各单位要组织广大干部职工,结合本单位、本部门、本工作岗位实际选择有关课题攻关。运用合理化建议的形式,提出好的、切合实际的解决方案,以达到增收节支、节能降耗、创新发展、安全稳定的目的。

(五)方法步骤

"我为增收节支献良策"合理化建议征集活动在职工踊跃献计献策、普遍选择课题和开展调研(要求提出书面合理化建议)的基础上,各分公司将征集到的合理化建议技术改进项目进行汇总,并上报"合建办"。"合建办"根据上报的合理化建议内容、措施、办法及技术改进工作程序,对征集的项目进行整理、分析、汇总,提交合理化建议技术改进评审委员会进行研究,确定实施或上报公司"合建办",并对部分较好的合理化建议予以表彰奖励。

(六)评比表彰

1. 各分公司、车间至少上报合理化建议30条。公司"合建办"在活动结束后将对各单位报送情况进行通报,并进行组织奖和项目奖的评选。

2. 本次活动拟设合理化建议优秀奖及一、二、三等奖各2项;技术改进建议奖一、二、三等奖各2项;并设立优秀组织奖3项。

(七)几点要求

1. 高度重视。各分公司、各部门要高度重视,引导广大干部职工深刻认识和理解开展"我为增收节支献良策"合理化建议征集活动的重要性,切实树立增收节支、节能降耗的思想,让节俭意识深入人心。

2. 加强领导。要结合本系统工作和生产实际，对活动统一领导、统筹安排，有组织、有重点地开展工作。同时，各分公司和业务部门要做好活动的策划和组织，并对活动的开展进行检查指导，及时发现问题和解决问题，确保活动的顺利进行。

3. 宣传造势。各分公司工会要广泛进行宣传，积极发动广大干部职工踊跃参与，努力营造"人人踊跃参与、个个献计献策"的良好氛围，激发职工主人翁精神，为推进年度目标任务做出自己应有的贡献。

4. 认真组织。各分公司要强化干部职工的"增收节支，节能降耗"意识，调动广大职工群众的积极性，特别是技术管理人员的积极性，积极投入到"我为增收节支献良策"合理化建议活动中，提出切实可行的合理化建议。

5. 抓好实施。各分公司征集活动要结合"节能降耗、修旧利废、控支出、降成本、低损耗"及"减少设备故障、消灭事故隐患"等内容，组织开展一系列具有针对性、实效性、功效性的合理化建议和技术改进活动。对于好的、有实用价值的合理化建议和技术改进项目要积极采纳，切实做好实施推介工作。对具有推广价值并对增收节支、节能降耗工作有利的合理化建议和技术改进项目要及时上报，以尽快推广实施。

6. 及时报送。各分公司工会要及时将征集到的合理化建议技术改进项目进行汇总，并于11月底前上报合建办。

××公司工会

××××年×月×日

三、××工会劳动保护工作实施细则

第一章　总则

第一条　为加强工会劳动保护工作，维护职工在劳动过程中的安全与健康，根据《劳动法》《工会法》《安全生产法》和全国总工会关于劳动保护工作的要求，结合实际，特制定本细则。

第二条　工会组织要切实履行群众监督职责，加强工会劳动保护工作管理，建立和完善工会安全监督机制，推动工会劳动保护工作的不断发展。

第二章　劳动保护组织

第三条　工会设劳动保护监督检查员（上级工会任命，一般为工会主席）。劳动保护监督检查员调离，应及时上报上级工会，收回《安全检查证》，并尽快完成补缺事宜。

第四条　工会劳动保护监督检查员在上级工会指导下行使监督检查职权。

第五条　工会应建立工会劳动保护监督检查委员会，委员人数7至15人（总人数必须是单数），设主任委员和副主任委员各1名。主任委员由工会主席担任。

第六条　工会劳动保护工作在工会委员会领导下开展，并接受上级工会业务指导。

第七条　生产分公司（含车间）工会，应设立分公司工会劳动保护监督检查小组，由3至7人组成。设组长1人，由分公司工会主席担任。人员较少的分公司可设立工会劳动保护监督检查委员1至2人。

第八条　工会劳动保护监督检查委员会（小组）通过民主协商产生，经同级工会批准，并报上级工会组织备案。成员由熟悉劳动保护业务、热爱劳动保护工作、敢于依法监督和依法维护的专兼职工会干部和生产一线职工担任，也可以聘请少数行政部门熟悉劳动保护业务的人员担任。

第九条　工会劳动保护监督检查委员会（小组）均在同级工会领导和上级工会劳动保护组织指导下开展工作。任期与同级工会委员会相同。

第十条　凡生产班组的工会小组均设立一名劳动保护检查员。职工人数较多、岗位分散的工会小组，亦可按作业组（点）设立工会小组劳动保护检查员，名额自定。工会小组劳动保护检查员一般情况下由工会小组长担任，也可以由工会小组民主推选产生，亦可以由班组安全员兼任，但行政班组长不能兼任。工会小组劳动保护检查员要做到随缺随补。班组劳动保护检查员待遇规定如下：工会任命的工会小组劳动保护检查员每月发给岗位津贴（标准由公司行政和工会商定），由公司行政按月支付，遇当事人不再担任工会劳动保护检查员的，岗位津贴当月停发。

第十一条 工会劳动保护活动经费从行政劳动保护费用中列支。

第三章　任务及制度

第十二条 工会劳动保护工作的基本任务是：认真落实《工会法》《劳动法》《安全生产法》和全国总工会劳动保护三个条例，依法履行群众监督检查职责，狠抓源头参与，突出机制建设，强化现场监督，实现群防群治，切实维护职工在安全生产中的合法权益，保障职工在劳动过程中的安全与健康。

第十三条 围绕工会劳动保护的基本任务，各级工会劳动保护组织应积极履行职责。

1. 五项参与职责。参与本单位有关安全生产、劳动保护办法、制度的制定；参与《集体合同》《劳动合同》中劳动安全卫生条款的协商与签订；参与新建、扩建和技术改造工程项目的劳动安全卫生设施的设计审查和竣工验收；参与安全管理和安全检查活动，对单位劳动安全卫生中存在的问题及安全生产状况依法进行调查；参与企业职工伤亡事故调查处理。

2. 四项监督权利。监督检查本单位贯彻国家安全生产、劳动安全卫生法律、法规等执行情况；安全卫生设施和劳动保护技术措施计划、经费使用等情况；现场生产作业过程中的违章指挥、违章作业及重大事故隐患、严重职业危害的整改情况；劳动安全卫生管理工作（包括职工安全教育，特殊工种持证上岗，季节性保护，劳动防护用品的采购、发放、使用和女职工特殊保护等）。

第十四条 分公司工会劳动保护组织应建立下列制度和台账资料。

1. 分公司每年召开一次工会劳动保护工作会议；每季度进行一次职工安全巡视检查；每年进行一次总结表彰；每年向工会上报一份工作总结。

2. 分公司工会应至少建立含有以下五项内容的台账：（1）工会劳动保护组织状况；（2）会议学习及各项检查活动记录；（3）职工伤亡事故及有毒有害作业点情况记录；（4）事故隐患及职业危害点档案；（5）"红色"通知书（即《事故隐患限期解决通知书》）、"黄色"通知书（即《事故隐患处理通知书》）、"白色"报告书（即《班组事故隐患报告书》）三书使用登记。

3. 分公司工会应积累四方面资料：（1）职工伤亡事故调查处理原始记录材料及来信来访材料；（2）国家及各级有关部门下发的劳动保护法律、法规文件；（3）工会劳动保护工作计划、总结、简报及经验材料等；（4）有毒有害化学物质安全卡、岗位安全检查表等资料。

第四章　职工伤亡事故调查处理

第十五条　工会必须参加职工因工伤亡事故和其他严重危害职工健康问题的调查处理，坚持原则向有关科室提出处理意见，依法维护职工合法权益。对事故隐瞒不报或处理不当等情况，要求行政方面及时或限期整改。

第十六条　工会对职工伤亡事故调查处理上报应按下列程序办理。

1. 凡发生轻伤及以上工伤事故，无论定性如何，分公司工会应在24小时之内将事故概况（发生时间、地点、受伤者姓名、年龄、工种，事故简况）电话和书面报告速报工会。

2. 工会组织派员参加事故全过程调查。

3. 工会组织依照"四不放过"原则，会同行政提出对事故有关责任者的处理意见，研究防范措施。

第五章　"红黄"通知书和"白色"报告书

第十七条　"红色"通知书，由工会劳动保护组织（成员）使用；"黄色"通知书，由分公司工会劳动保护监督检查小组及以上级工会组织（成员）使用。"红黄"通知书向本单位同级行政或下级行政组织发出，一式三份，交被检单位两份，被检单位将整改情况填入通知书，一份返回发出部门，自存一份。使用"红黄"通知书须加盖工会公章并签署检查者个人姓名。"红黄"通知书不得针对职工个人使用。

第十八条 "红黄"通知书针对生产过程中存在的设备隐患、管理缺陷、环境污染、职业危害和其他危及职工生命安全及身体健康和生产安全的隐患，以及企业行政领导违章指挥，强令工人冒险作业，对职工伤亡事故隐瞒不报或处理不当等情况，要求行政方面及时或限期整改。

第十九条 "红黄"通知书由工会组织负责管理，建立台账。"红黄"通知书一经发出，工会必须督促和协助行政方面及时或限期解决。发现有意拖延、逾期不改的情况，及时向上级工会汇报。

第二十条 工会小组劳动保护检查员使用"白色"报告书，查找班组事故隐患，反馈信息。"白色"报告书一般由工会小组劳动保护检查员填写后报告分公司工会，若情况紧急可直接上报工会。工会和分公司工会要做好台账登记，并把处理情况及时反馈给报告人。

第六章　事故隐患、职业危害点登记建档和监控

第二十一条 各级工会组织对事故隐患（含职业危害作业点）实行登记建档、目标监督整改。

第二十二条 事故隐患登记建档按如下原则进行。

1. 凡是对职工生命安全与健康、生产安全构成威胁的长期固定的隐患处所，各单位工会都要进行登记建档。

2. 分公司无力解决的隐患要在登记建档的同时报工会建档。

第二十三条 档案要求对隐患名称、位置、危险程度、整改措施、资金来源等项目进行准确填记，每份隐患档案应有工会主席签名。

第七章　推广应用有毒有害化学物质信息卡

第二十四条 有固定有毒有害作业点、尘毒点，有接触尘毒危害人员的单位都要推广应用有毒有害化学物质信息卡，确保每一个接触职业危

的职工掌握信息卡内容，熟悉毒物的相关知识，了解所在工作场所职业危害情况和防护措施。

第二十五条　有毒有害化学物质信息卡的主要内容：将有毒有害化学物质，按种类分别就理化性质、用途、毒性、短期过量暴露的影响，长期暴露的影响，火灾和爆炸，化学反应，人身防护，急救，储藏和运输，安全和处理等方面作如实表达，编排采用信息卡的形式。

第二十六条　推广应用有毒有害化学物质信息卡工作要抓好三个重要环节。一是教育：纳入职工三级安全教育培训内容，让职工掌握熟知信息卡内容。二是防护：增强职工的防护意识和防护技能，正确并自觉地使用防护用品，减少职业危害。三是整治：督促并协助行政有关部门加大尘毒治理力度，从根本上改善职工劳动条件。

第二十七条　各分公司工会应建立有毒有害作业点分布情况、作业人员健康体检和休养等方面台账。

第八章　推广使用岗位安全检查表

第二十八条　推广使用岗位安全检查表的范围：生产一线分公司涉及安全生产和劳动安全的主要岗位和工种必须使用岗位安全检查表。

第二十九条　推广使用岗位安全检查表的基本要求。

1. 各级工会要会同行政围绕"推表"开展宣传、教育、竞赛活动，督促行政将其纳入企业三级安全教育内容，组织职工学习、培训、考试，使岗位作业人员熟记、掌握本岗位安全检查表内容。

2. 督促检查职工遵照岗位安全检查表中的要求标准作业，确保人身安全。

第九章　职代会保安全制度

第三十条　职代会要搞好对行政提交的劳动安全卫生、劳动保护措施等安全生产规章制度的审议，用好民主监督权力。

第三十一条　行政向职代会的工作报告，须有安全生产方面的内容，要组织好职工代表的审议。

第三十二条　依法审议《劳动合同》《集体合同》中有关劳动安全卫生条款。劳动安全卫生条款既要坚持国家标准又要结合本单位实际，做到需要解决的问题项目明确、时间明确、标准明确、责任明确。

第三十三条　加强安全生产提案的征集和处理工作。提案工作委员会认真做好提案的审查立案，力促本单位安全生产、劳动保护等重大隐患的整改项目，提交职代会研究讨论和解决，使重大隐患得以消除。

第三十四条　组织职工代表开展安全巡视检查活动。有关职工代表安全巡视检查重点、人员组成、检查方式、反馈处理、注意事项等要求，按照《职工代表安全巡视检查办法》文件执行。

第十章　奖励与惩处

第三十五条　工会劳动保护监督检查员对本单位劳动保护工作管理不力，不能履行监督检查职责，应给予批评；属工会任命的由分公司工会上报工会免去其监督检查员职务。

第三十六条　工会每年评比表彰一次优秀工会劳动保护监督检查委员会（小组）和工会劳动保护先进个人。

第三十七条　对不称职的工会小组劳动保护检查员应及时调整。

第四章
劳动保障工作内容与流程

  维护职工合法权益，竭诚服务职工，是工会的基本职责。工会要赢得职工群众的信赖和支持，必须维护职工合法权益，扎扎实实解决好职工群众最迫切、最困难、最忧虑、最期盼的实际问题，使改革发展成果更多、更公平地惠及职工群众。要努力提高工会工作质量，更好地满足职工群众美好生活需要。

第一节　保险、福利工作内容与流程

一、社会保险基本规定

劳动者在下列情形下，依法享受社会保险待遇：退休；患病、负伤；因工伤残或者患职业病；失业；生育。劳动者死亡后，其遗属依法享受遗属津贴。劳动者享受社会保险待遇的条件和标准由法律、法规规定。劳动者享受的社会保险金必须按时足额支付。

二、职工福利基本规定

（一）津贴

以货币形式供给，属于工资性收入的范畴。有些效益好的企事业单位以津贴的形式给职工增加工资性收入，如交通补贴、电话补贴、生活补贴、出差补贴等。

（二）住房公积金

住房公积金，是单位为在职职工缴存长期住房储金，属于职工个人所有，主要用于缴存人购买、建造、翻建、大修自住住房，任何单位和个人不得挪作他用。

住房公积金制度对于推进住房制度改革、加快城镇住房建设、维护职工合法权益有着积极的作用和意义。由于各地的发展水平、企业经营水平和所有制的差异，公积金的缴存比例不一样。工会作为职工利益的代表者和维护者，要积极推进公积金制度的发展和完善，维护职工的合法权益。住房公积金在解决职工的住房问题上有巨大的作用。

（三）企业年金

企业年金，又称补充养老保险，是企业及其职工在依法参加基本养老保险的基础上，自主建立的补充养老保险制度。2017年末，人社部、财政部联合印发《企业年金办法》（人力资源社会保障部令第36号，以下简称《办法》）。《办法》是贯彻落实党中央、国务院关于建立多层次养老保险制度、大力发展企业年金要求的具体举措，是在我国社会保障制度不断健全和企业年金市场持续发展的基础上，对2004年《企业年金试行办法》的修订和完善。《办法》自2018年2月1日起施行。

《办法》规定，企业年金所需费用由企业和职工个人共同缴纳。企业年金基金实行完全积累，为每个参加企业年金的职工建立个人账户。企业缴费每年不超过本企业职工工资总额的8%，企业和职工个人缴费合计不超过本企业职工工资总额的12%，具体所需费用由企业和职工一方协商确定。职工企业年金个人账户中企业缴费及其投资收益，企业可以与职工一方约定其自始归属于职工个人，也可以约定随着职工在本企业工作年限的增加逐步归属于职工个人，完全归属于职工个人的期限最长不超过8年，并明确了几种例外情形。职工达到国家规定的退休年龄或者完全丧失劳动能力时，可以从本人企业年金个人账户中按月、分次或者一次性领取企业年金，也可以将本人企业年金个人账户资金全部或者部分购买商业养老保险产品，依据保险合同领取待遇并享受相应的继承权。

（四）福利设施

职工福利设施包括职工食堂、宿舍、浴室、理发室、休息室、交通车、幼儿园、学校等福利设施，包括文化宫、俱乐部、图书馆、网吧、体育场、健身房、游泳池等娱乐场所。

（五）福利服务

职工福利服务包括年度职工体检、特殊工种的健康疗休养、逢年过节给职工发放的福利（包括职工生日礼物）等。

三、帮困救助工作内容

工会组织做好帮困救助工作，帮助困难职工解决生活中的困难，是推动社会保险体系的健全和完善、促进社会和谐健康发展的有效措施。

（一）健全服务职工体系

工会应提升困难职工帮扶中心综合服务职工功能，为困难职工解决实际困难。帮扶中心是工会实施送温暖工程、开展困难职工帮扶的有效载体，是工会送温暖工程的重要组成部分。

1. 帮扶中心的重点是下岗失业人员和老、弱、病、残职工及因遭受意外灾害、本人或者家庭成员患大（重）病等原因造成的困难职工群体。

2. 帮扶中心要建立信访接待、职业介绍和培训、法律援助、生活救助等项制度。

3. 帮扶中心要建立健全规章制度，建立民主决策、民主管理、民主监督制度，规范工作流程，做到帮扶工作公开、公平、公正，实行规范化管理，提高服务水平和工作效率。

4. 帮扶中心要严格资金使用和管理，严格遵守财经纪律，接受政府、审计部门和工会的监督。

5. 要推行工会服务职工工作项目清单制度，推进"互联网+"工会普惠性服务。

（二）领导干部联系困难职工

建立健全领导干部联系困难职工制度，每年至少看望一次困难职工，把组织的温暖及时送到困难职工家中，也使领导干部了解职工群众困难的情况，密切干群关系。

（三）规范化与工作承诺

一些在帮困救助方面做得好的企业，将帮困救助从阶段性的工作变成制度化的工作，从零星的、一般性的工作变成规范化的工作，由工会组织的行为变成企业整体的行为，促进了工作水平的提高和整体工作的开展，强化了工会维权的力度。如铁路系统的"三不让承诺"：不让一个职工看不起病，不让一个职工子女上不起学，不让一户职工家庭生活在当地贫困线之下。每年筹集近十亿元人民币，建立起了有力的保障线。

四、社会保险、职工福利和帮困救助工作流程

（一）社会保险工作流程

社会保险政策主要由政府制定，工会参与的范围和力度有限，特别是基层工会。但也不是无所作为，工会组织应积极提出意见和建议参与顶层设计，从源头上维护职工的合法权益，大家共同努力促进社会保险事业的前进与发展，促进社会的和谐与进步。

（二）职工福利工作流程

1. 了解和掌握有关规定与情况。了解和掌握国家法律法规与上级的有关政策规定；了解和掌握职工的意见建议，企业的经营状况、经济状况和承受能力；了解和掌握同行业、兄弟单位的情况。

2. 提出意见和建议。在涉及职工切身利益的规章制度制定过程中，工会必须加大参与力度，充分反映广大职工的意见和呼声，使广大职工的意见和工会的主张在企业出台的规章制度中得到比较充分的体现。根据掌握的信息与资料，综合各方面的情况，提出意见与建议，或者提出改进现行有关做法的意见与建议。共建共享，让职工群众在努力工作、提供有效的劳动以后享受改革发展的成果。

3. 及时研究和分析职工福利方面存在的问题，提出改进和完善的措施和意见。

（三）帮困救助工作流程

1. 深入细致地做好基础工作，认真地进行调查研究，做到底数清、情况明。

2. 建立健全并不断更新数据库。注重资料的收集掌握和数据库的建立与维护。要有效地帮助困难职工，就要及时了解困难职工及其家庭的信

息，全面地掌握情况，建立健全困难职工数据库，以便有针对性地开展工作。

3. 向领导汇报，通过多种形式和途径做好工作。将困难职工群众的情况及时向党政领导汇报、向上级工会组织汇报，以便组织全面掌握情况。如有可能应建立有关制度，从制度上从整体上进行维护和保障。

4. 做好各项制度的衔接，争取把符合条件的困难职工纳入低保、五保范围；协助政府做好离退休人员养老金按时足额发放。

第二节　劳动合同工作内容与流程

劳动合同是劳动关系双方当事人依法约定的明确双方权利和义务的协议。双方订立的劳动合同是否规范，一些重要内容是否进行了约定，对于维护双方尤其是劳动者合法权益，具有十分重要的意义。工会指导职工签订劳动合同，是从源头上维护职工的合法权益，有利于促进企业劳动关系和谐稳定。

一、劳动合同的订立

（一）订立劳动合同应遵循的原则

订立劳动合同，应当遵循合法、公平、平等自愿、协商一致、诚实守信的原则。依法订立的劳动合同具有约束力，用人单位与劳动者应当履行劳动合同约定的义务。

（二）订立劳动合同注意事项

用人单位自用工之日起即与劳动者建立劳动关系。用人单位招用劳动者时，应当如实告知劳动者工作内容、工作条件、工作地点、职业危害、安全生产状况、劳动报酬，以及劳动者要求了解的其他情况；用人单位有权了解劳动者与劳动合同直接相关的基本情况,劳动者应当如实说明。用人单位招用劳动者,不得扣押劳动者的居民身份证和其他证件,不得要求劳动者提供担保或者以其他名义向劳动者收取财物。

建立劳动关系,应当订立书面劳动合同。已建立劳动关系,未同时订立书面劳动合同的,应当自用工之日起一个月内订立书面劳动合同。

用人单位与劳动者在用工前订立劳动合同的,劳动关系自用工之日起建立。用人单位未在用工的同时订立书面劳动合同,与劳动者约定的劳动报酬不明确的,新招用的劳动者的劳动报酬按照集体合同规定的标准执行;没有集体合同或者集体合同未规定的,实行同工同酬。

二、劳动合同条款

(一) 必备条款

为了规范劳动合同条款,使一些重要内容能够被约定,《劳动合同法》规定劳动合同应当具备以下必备条款:用人单位的名称、住所和法定代表人或者主要负责人;劳动者的姓名、住址和居民身份证或者其他有效身份证件号码;劳动合同期限;工作内容和工作地点;工作时间和休息休假;劳动报酬;社会保险;劳动保护、劳动条件和职业危害防护;法律、法规规定应当纳入劳动合同的其他事项。

(二) 其他条款

劳动合同除以上必备条款外,用人单位与劳动者可以约定试用期、培训、保守秘密、补充保险和福利待遇等其他事项。用人单位与劳动者可以在劳动合同中约定保守用人单位的商业秘密和与知识产权相关的保密事项。对负有保密义务的劳动者,用人单位可以在劳动合同或者保密协议中与劳动者约定竞业限制条款,并约定在解除或者终止劳动合同后,在竞业限制期限内按月给予劳动者经济补偿。劳动者违反竞业限制约定的,应当按照约定向用人单位支付违约金。

三、劳动合同期限

（一）期限

劳动合同分为固定期限劳动合同、无固定期限劳动合同和以完成一定工作任务为期限的劳动合同。

1. 固定期限劳动合同，是指用人单位与劳动者约定合同终止时间的劳动合同。用人单位与劳动者协商一致，可以订立固定期限劳动合同。

2. 无固定期限劳动合同，是指用人单位与劳动者约定无确定终止时间的劳动合同。用人单位与劳动者协商一致，可以订立无固定期限劳动合同。有下列情形之一，劳动者提出或者同意续订、订立劳动合同的，除劳动者提出订立固定期限劳动合同外，应当订立无固定期限劳动合同：劳动者在该用人单位连续工作满十年的；用人单位初次实行劳动合同制度或者国有企业改制重新订立劳动合同时，劳动者在该用人单位连续工作满十年且距法定退休年龄不足十年的；连续订立二次固定期限劳动合同，且劳动者没有《劳动合同法》第三十九条和第四十条第一项、第二项规定的情形，续订劳动合同的。用人单位自用工之日起满一年不与劳动者订立书面劳动合同的，视为用人单位与劳动者已订立无固定期限劳动合同。

3. 以完成一定工作任务为期限的劳动合同，是指用人单位与劳动者约定以某项工作的完成为合同期限的劳动合同。用人单位与劳动者协商一致，可以订立以完成一定工作任务为期限的劳动合同。劳动合同由用人单位与劳动者协商一致，并经用人单位与劳动者在劳动合同文本上签字或者盖章生效。

劳动合同文本由用人单位和劳动者各执一份。

（二）试用期

劳动合同期限三个月以上不满一年的，试用期不得超过一个月；劳动合同期限一年以上不满三年的，试用期不得超过二个月；三年以上固定期限和无固定期限的劳动合同，试用期不得超过六个月。同一用人单位与同一劳动者只能约定一次试用期。以完成一定工作任务为期限的劳动合同或者劳动合同期限不满三个月的，不得约定试用期。试用期包含在劳动合同期限内。劳动合同仅约定试用期的，试用期不成立，该期限为劳动合同期限。劳动者在试用期的工资不得低于本单位相同岗位最低档工资或者劳动合同约定工资的80%，并不得低于用人单位所在地的最低工资标准。

四、劳动合同日常管理

（一）履行

1. 用人单位与劳动者应当按照劳动合同的约定，全面履行各自的义务。用人单位应当按照劳动合同约定和国家规定，向劳动者及时足额支付劳动报酬。用人单位拖欠或者未足额支付劳动报酬的，劳动者可以依法向当地人民法院申请支付令，人民法院应当依法发出支付令。用人单位应当严格执行劳动定额标准，不得强迫或者变相强迫劳动者加班。用人单位安排加班的，应当按照国家有关规定向劳动者支付加班费。

2. 劳动者拒绝用人单位管理人员违章指挥、强令冒险作业的，不视为违反劳动合同。劳动者对危害生命安全和身体健康的劳动条件，有权对用人单位提出批评、检举和控告。

3. 用人单位变更名称、法定代表人、主要负责人或者投资人等事项，不影响劳动合同的履行。用人单位发生合并或者分立等情况，原劳动合同继续有效，劳动合同由承继其权利和义务的用人单位继续履行。

（二）变更

用人单位与劳动者协商一致，可以变更劳动合同约定的内容。变更劳动合同，应当采用书面形式。变更后的劳动合同文本由用人单位和劳动者各执一份。

（三）解除

1. 用人单位与劳动者协商一致，可以解除劳动合同。

2. 劳动者提前三十日以书面形式通知用人单位，可以解除劳动合同。

劳动者在试用期内提前三日通知用人单位，可以解除劳动合同。

3. 用人单位有下列情形之一的，劳动者可以解除劳动合同：未按照劳动合同约定提供劳动保护或者劳动条件的；未及时足额支付劳动报酬的；未依法为劳动者缴纳社会保险费的；用人单位的规章制度违反法律、法规的规定，损害劳动者权益的；因有关规定的情形致使劳动合同无效的；法律、行政法规规定劳动者可以解除劳动合同的其他情形。用人单位以暴力、威胁或者非法限制人身自由的手段强迫劳动者劳动的，或者用人单位违章指挥、强令冒险作业危及劳动者人身安全的，劳动者可以立即解除劳动合同，不需事先告知用人单位。

4. 劳动者有下列情形之一的，用人单位可以解除劳动合同。在试用期间被证明不符合录用条件的；严重违反用人单位的规章制度的；严重失职，营私舞弊，给用人单位造成重大损害的；劳动者同时与其他用人单位建立劳动关系，对完成本单位的工作任务造成严重影响，或者经用人单位提出，拒不改正的；因有关规定的情形致使劳动合同无效的；被依法追究刑事责任的。

5. 用人单位单方解除劳动合同，应当事先将理由通知工会。用人单位违反法律、行政法规规定或者劳动合同约定的，工会有权要求用人单位纠正。用人单位应当研究工会的意见，并将处理结果书面通知工会。

（四）劳动合同终止的条件

1. 劳动合同期满的。
2. 劳动者开始依法享受基本养老保险待遇的。
3. 劳动者死亡，或者被人民法院宣告死亡或者宣告失踪的。
4. 用人单位被依法宣告破产的。
5. 用人单位被吊销营业执照、责令关闭、撤销或用人单位决定提前解散的。

（五）经济补偿

新的《劳动合同法》对有关经济补偿作出了具体的规定。

五、劳务派遣

(一) 劳务派遣单位的责任

2012年修订后的《劳动合同法》最大的亮点就是防止用人单位大量使用劳务派遣工。《劳动合同法》第六十六条规定："劳动合同用工是我国的企业基本用工形式。劳务派遣用工是补充形式，只能在临时性、辅助性或者替代性的工作岗位上实施。"第五十八条规定："劳务派遣单位是本法所称用人单位，应当履行用人单位对劳动者的义务。劳务派遣单位与被派遣劳动者订立的劳动合同，除应当载明本法第十七条规定的事项外，还应当载明被派遣劳动者的用工单位以及派遣期限、工作岗位等情况。劳务派遣单位应当与被派遣劳动者订立二年以上的固定期限劳动合同，按月支付劳动报酬；被派遣劳动者在无工作期间，劳务派遣单位应当按照所在地人民政府规定的最低工资标准，向其按月支付报酬。"第五十九条规定："劳务派遣单位派遣劳动者应当与接受以劳务派遣形式用工的单位（以下称用工单位）订立劳务派遣协议。劳务派遣协议应当约定派遣岗位和人员数量、派遣期限、劳动报酬和社会保险费的数额与支付方式以及违反协议的责任。用工单位应当根据工作岗位的实际需要与劳务派遣单位确定派遣期限，不得将连续用工期限分割订立数个短期劳务派遣协议。"

(二) 用工单位应当履行的义务

《劳动合同法》第六十二条规定用工单位应当履行下列义务。

1. 执行国家劳动标准，提供相应的劳动条件和劳动保护。
2. 告知被派遣劳动者的工作要求和劳动报酬。
3. 支付加班费、绩效奖金，提供与工作岗位相关的福利待遇。
4. 对在岗被派遣劳动者进行工作岗位所必需的培训。
5. 连续用工的，实行正常的工资调整机制。

用工单位不得将被派遣劳动者再派遣到其他用人单位。

六、劳动合同工作流程

(一) 劳动合同工作流程

1. 弄清法律法规规定。工会指导劳动合同工作,首先要了解掌握和熟知《劳动法》《劳动合同法》《劳动合同法实施条例》等有关法律法规的具体规定,掌握和熟知其中的核心条款。

2. 了解和掌握单位的情况和职工的需求。要及时准确掌握单位的劳动用工情况和职工的需求与愿望,这样才能有的放矢地进行工作并取得成效。

3. 积极地进行工作指导,发现问题及时反映、协调促进问题的解决,及时进行总结。进入下一个工作流程。

(二) 签订劳动合同流程

1. 狭义的签订劳动合同的流程。一般所说的签订劳动合同的流程主要有:被录用者向录用单位提交录用通知等文件;录用单位向被录用者介绍劳动合同(草案)内容;录用单位与被录用者就劳动合同(草案)内容进行协商;双方达成一致意见后,签字(盖章)并办理备案手续(劳动合同应向当地社会保障部门备案)。

2. 广义的签订劳动合同的流程。广义的签订劳动合同的流程,主要包括以下几项内容:了解劳动合同的概念和内容;研究劳动合同的形式、劳动合同的期限和试用期;订立劳动合同;履行劳动合同(变更、解除和终止)。

第三节 劳动就业工作内容与流程

建立社会主义市场经济体制,我国的劳动关系发生了并发生着深刻的变化。劳动就业已从过去统分统包的体制转向劳动者自主择业、市场调节就业、政府促进就业。

一、劳动就业工作

（一）劳动就业的原则

按照《劳动法》的规定，劳动就业的原则主要有以下几项。

1. 平等就业。劳动者就业，不因民族、种族、性别、宗教信仰不同而受歧视。妇女享有与男子平等的就业权利。在录用职工时，除国家规定的不适合妇女的工种或者岗位外，不得以性别为由拒绝录用妇女或者提高对妇女的录用标准。

2. 鼓励创业。国家鼓励企事业单位在法律、行政法规规定的范围内兴办产业或者拓展经营，增加就业。国家支持劳动者自愿组织起来就业和从事个体经营实现就业，倡导大众创业、万众创新，并发布了一系列的优惠政策，对个人创业，特别是返乡农民工创业给予了很大支持。

3. 双方选择。劳动者自由选择用人单位，用人单位择优选择劳动者。在选择的过程中，推动了优胜劣汰的机制的落实，通过竞争的方式方法，促进劳动者不断提升个人素质，推进了劳动者队伍整体水平的提高。

4. 照顾特殊群体人员。照顾残疾人、少数民族人员、退出现役的军人。禁止用人单位招用未满十六周岁的未成年人。文艺、体育和特种工艺单位招用未满十六周岁的未成年人，必须依照国家有关规定，履行审批。

（二）政府和工会积极推动劳动就业

1. 政府和工会组织积极推动劳动就业。政府和工会组织从积极推动社会和谐发展的高度，举办各种类型的培训班、学习班，帮助劳动者提高素质。

2. 人力资源市场。《劳动法》第十一条规定："地方各级人民政府应当采取措施，发展多种类型的职业介绍机构，提供就业服务。"市、县政府普遍建立人力资源市场，进行职业介绍，在劳动者和用人单位之间架起桥梁，推动地区经济和经济社会的发展。

3. 职业介绍。职业介绍是在国家政策引导下，运用市场机制调节劳动力需求，为劳动者和用人单位提供服务的形式。职业介绍所应有固定的场所，配备相应的工作设施，设立专职人员。

二、最低工资保障规定

《劳动法》第四十八条规定："国家实行最低工资保障制度。最低工资的具体标准由省、自治区、直辖市人民政府规定，报国务院备案。用人单位支付劳动者的工资不得低于当地最低工资标准。"当然，如果劳动者没有提供正常的劳动，不适用此规定。《劳动法》第四十九条规定："确定和调整最低工资标准应当综合参考下列因素：劳动者本人及平均赡养人口的最低生活费用；社会平均工资水平；劳动生产率；就业状况；地区之间经济发展水平的差异。"最低工资标准在各地是有差别的：经济发展水平较高的地区，最低工资水平要高一些，经济发展相对滞后一些的地区，最低工资水平要低一些。按照国家信息公开条例的规定，最低工资标准应该在当地媒体上公布。最低工资标准是一个动态的发展过程，根据物价情况，应该适时进行调整。按照规定，企业支付给劳动者的工资标准不得低于当地政府规定的最低工资标准。实行计件工资或者提成工资等工资形式的企业，其工资金额也不得低于最低工资标准。最低工资应该以法定货币形式按时支付，以下各项不属于最低工资的组成部分：加班加点工资，中班、夜班、高温、低温、井下、有毒、有害等特殊工作环境下的津贴；国家法律、法规和政策规定的劳动者的保险福利。劳动者与用人单位形成或者建立劳动关系后，试用、熟练、见习期间，在法定的工作时间内提供了正常劳动，其所在的用人单位应当支付其不低于最低工资标准的工资。各级政府社会保障行政部门有权对最低工资标准执行情况进行检查，工会有权对最低工资标准执行情况进行监督，发现企业违反相关规定，有权要求当地社会保障行政部门处理。劳动者与企业就最低工资标准发生争议时，根据劳动争议处理的有关规定办理。

三、劳动就业和最低工资保障工作流程

(一)掌握法律法规和政策规定

及时掌握国家的劳动就业的法律法规和有关政策,国民经济的运行情况,掌握当地政府发布的年度最低工资标准和工资指导线、最低生活标准等规定。

(二)积极努力地做好工作

1. 了解行业的整体情况和发展趋势、所在地区兄弟单位的用工情况和工资水平。

2. 了解企业的经营情况和经济状况,了解职工子女的入学、就业情况,了解职工群众的意见与愿望。

3. 培训。(1)帮困救助方面的培训。贫困的一个重要原因是就业问题,要通过培训提高技能等形式促进就业。要通过培训等力所能及地为贫困职工家庭提供有效的帮助。(2)减员分流中的培训。减员分流、结构调整、产业转型,会产生大量富余人员;物联网、"互联网+"、智慧社会建设,会使许多人重新择业。工会组织要协助行政方面做好这方面的工作,通过培训,让职工掌握新的技能,重新走上工作岗位。

4. 在集体合同或者专项工资集体合同中对最低工资标准等作规定。规定单位同个人签订的劳动合同的工资标准不得低于集体合同的规定。

(三)及时了解和掌握情况促进问题解决

及时了解和掌握工作中的情况和问题,认真分析研究,提出完善和改进的意见与建议,重要问题及时向单位领导和上级工会报告。

第四节 劳动争议处理与法律监督工作内容与流程

工会劳动争议调解和劳动法律监督检查工作是工会协调劳动关系和维护职工合法权益的重要途径，是工会履行维护基本职责的重要载体与平台。

一、劳动争议处理

（一）工会参与劳动争议调解的范围

1. 因用人单位开除、除名、辞退职工和职工辞职、自动离职发生的争议。
2. 因履行、变更、解除劳动合同发生的争议。
3. 因签订或履行集体合同发生的争议。
4. 因执行国家有关工作时间和休息休假、工资、劳动安全卫生、女职工和未成年工特殊保护、职业培训、社会保障和福利的规定发生的争议。
5. 法律、法规规定的其他劳动争议。

（二）工会参与处理劳动争议应当遵循的原则

1. 依据事实和法律，及时公正处理。
2. 当事人在适用法律上一律平等。
3. 预防为主、基层为主、调解为主。
4. 尊重当事人申请仲裁和诉讼的权利。
5. 坚持劳动争议处理的三方原则。

工会依法参加劳动争议协商、调解、仲裁工作。职工因劳动权益受到侵犯向人民法院提起诉讼的，工会应当给予支持和帮助。参加劳动争议调解、仲裁工作的工会代表应当遵纪守法、公正廉洁，不得滥用职权、营私舞弊、收受贿赂、泄露秘密和个人隐私。

（三）参与劳动争议协商

劳动争议协商是指劳动争议双方当事人就协调劳动关系、解决劳动争议进行商谈的行为。发生劳动争议，工会可以接受职工及用人单位请求参与协商，促进争议解决。工会发现劳动争议，应主动参与协商，及时化解矛盾。劳动争议双方当事人经协商达成协议的，工会应当督促其自觉履行。劳动争议双方当事人不愿协商或协商不成的，工会可以告知当事人依法申请调解或仲裁。

（四）主持劳动争议调解

1. 工会应当督促、帮助用人单位依法建立劳动争议调解委员会。企业劳动争议调解委员会由职工代表和企业代表组成。职工代表由工会成员担任或者由全体职工推举产生，企业代表由企业负责人指定。企业劳动争议调解委员会主任由工会成员或者双方推举的人员担任。

2. 调解委员会主任的职责：对劳动争议调解委员会无法决定是否受理的调解申请，决定是否受理；决定调解委员的回避；及时指派调解委员调解简单劳动争议；主持调解委员会会议，确定调解方案；召集有调解委员、劳动争议双方当事人参加的调解会议，依法主持调解。

3. 工会代表担任劳动争议调解委员的职责：依法调解本单位劳动争议；保证当事人实现自愿调解、申请回避和申请仲裁的权利；自争议发生之日起30日内结束调解，到期未结束的视为调解不成，告知当事人可以申请仲裁；督促劳动争议双方当事人履行调解协议；及时做好调解文书及案卷的整理归档工作；做好劳动争议预防工作。

4. 工会应当做好劳动争议调解委员、劳动争议调解员的培训工作，提高劳动争议调解委员会调解的法律水平和工作能力。

5. 上级工会指导下级工会的劳动争议调解工作。劳动争议调解委员会接受劳动争议仲裁委员会的业务指导。

6. 工会可以在城镇和乡镇企业集中的地方设立区域性劳动争议调解指导委员会。区域性劳动争议调解指导委员会可以邀请社会保障行政部门的代表和社会有关人士参加。区域性劳动争议调解指导委员会名单报上级地方总工会和劳动争议仲裁委员会备案。

7. 区域性劳动争议调解指导委员会指导本区域内劳动争议调解委员会的调解工作,并调解未设调解组织的用人单位的劳动争议。

(五) 参加劳动争议仲裁

1. 劳动争议仲裁委员会中工会代表的职责:担任劳动争议仲裁委员会副主任和委员,参与处理本委员会管辖范围内的劳动争议案件;按时参加仲裁委员会会议,遇特殊情况不能到会的,应出具委托书,委托本组织其他人员出席会议;对仲裁裁决意见依法行使表决权;参与研究处理有重大影响的案件和仲裁庭提交的重大疑难案件,参与审查、批准案情复杂,需要延期处理的案件;对应当受理未予受理的案件,有权提请仲裁委员会依法受理;对已经发生法律效力的仲裁裁决发现确有错误、需要重新处理的,应当要求仲裁委员会主任提交仲裁委员会重新处理;对受理的集体劳动争议及本地区有影响的个人劳动争议案件,及时向本级及上级工会书面报告。

2. 工会工作者依法取得仲裁员资格,由劳动争议仲裁委员会聘为兼职仲裁员的,所在单位应支持其参加劳动争议仲裁活动。

3. 工会工作者担任兼职仲裁员,在执行仲裁公务时与专职仲裁员享有同等权利。工会工作者担任兼职仲裁员,应当认真履行《劳动争议仲裁委员会组织规则》规定的仲裁员职责。

(六) 代理职工参与诉讼

县和县以上各级工会组织可以建立法律咨询服务机构,为保护职工和工会组织的合法权益提供服务。工会法律服务机构可以接受职工当事人的委托,代理职工参与劳动争议诉讼。工会法律服务机构接受职工当事人的代理申请后,应当指派代理人,指派的代理人应征得委托人同意。工会法律服务机构代理职工参与诉讼，应当由委托人向仲裁委员会或人民法院提交由委托人签名或盖章的授权委托书。

(七) 参与处理集体劳动争议

1. 发生集体劳动争议，用人单位工会应当及时向上级工会报告，依法参与处理。工会参与处理集体劳动争议，应积极反映职工的正当要求，维护职工合法权益。

2. 因集体劳动争议导致停工、怠工的，工会应当及时与有关方面协商解决，协商不成的，按集体劳动争议处理流程解决。

3. 因签订和履行集体合同发生争议，用人单位工会可以就解决争议问题与用人单位平等协商。

4. 因签订集体合同发生争议，当事人双方协商解决不成的，用人单位工会应当提请上级工会协同政府社会保障行政部门协调处理。

5. 因履行集体合同发生争议，当事人双方协商解决不成的，可以向劳动争议仲裁委员会申请仲裁；对仲裁裁决不服的，可以自收到仲裁裁决书之日起15日内向人民法院提起诉讼。上级工会依法律法规的规定参与处理。

二、劳动法律监督工作

(一) 劳动法律监督的原则

工会劳动法律监督，是各级工会依法对劳动法律法规的执行情况进行的有组织的群众监督，是我国劳动法律监督体系的重要组成部分。工会劳动法律监督工作应当遵循以下原则：依法监督；实事求是；依靠群众；与有关部门密切合作。有关劳动保护、安全卫生等各类专业监督检查，已有法律法规规定的，按规定执行。

(二) 劳动法律监督的内容

1. 工会在进行劳动法律监督方面依法享有以下权利：对用人单位执行劳动法律法规的情况进行监督；参与调查处理；提出意见要求改正；要求

政府劳动监察部门处理；支持职工依法举报、控告；舆论监督。

2. 工会有权对用人单位的下列情况进行监督：执行国家有关就业规定的情况；执行国家有关订立、履行、变更、解除劳动合同规定的情况；执行国家有关工作时间、休息、休假规定的情况；执行国家有关工资报酬规定的情况；执行国家有关各项劳动安全卫生及伤亡事故和职业病处理规定的情况；执行国家有关女职工和未成年工特殊保护规定的情况；执行国家有关职业培训和职业技能考核规定的情况；执行国家有关职工保险、福利待遇规定的情况；其他执行劳动法律法规规定的情况。各级工会代表依法参加同级社会保险监督机构，对社会保险金的使用情况进行监督。工会应当与有关部门密切配合，对政府部门贯彻实施劳动法律法规的情况进行监督。

（三）劳动法律监督的组织制度

1. 基层工会、职代会设立劳动法律监督委员会或监督小组。

2. 各级工会劳动法律监督委员会受同级工会委员会领导，并接受上级工会劳动法律监督委员会的业务指导。职代会设立的劳动法律监督委员会对职工代表大会负责。

3. 工会劳动法律监督员应具备以下条件：熟悉劳动法律法规；热心为职工群众说话办事；奉公守法，清正廉洁。

4. 县级以上工会劳动法律监督员，由上一级工会培训、考核，并颁发《工会劳动法律监督员证书》。证书由全国总工会统一印刷。

5. 工会劳动法律监督员因履行监督职责受到打击报复时，有权向上级工会反映、向劳动行政部门检举或向人民法院起诉，上级工会应当给予支持和帮助。

6. 工会劳动法律监督员工作成绩显著，由工会或有关部门给予表彰奖励；对不称职者由工会取消其劳动法律监督员资格。工会劳动法律监督委员会有权根据职工的申诉、举报对用人单位执行劳动法律法规的情况进行调查。

7. 工会劳动法律监督员对用人单位进行调查时应不少于2人，用人单位应当提供方便，协助其了解情况、查阅资料。

8. 工会劳动法律监督员执行任务时，应将调查结果在现场如实记录，经用人单位核阅后，由调查人员和用人单位的有关人员共同签名或盖章，用人单位拒绝签名或盖章的，应当在记录上注明。对调查中发现的违反劳动法律法规的问题，应当向用人单位指出并提出整改意见；严重问题向劳动监察部门通报，并要求查处。

9. 基层工会劳动法律监督委员会对本单位遵守劳动法律法规的情况实行监督，对劳动过程中发生的违反劳动法律法规的问题，应当及时向生产管理人员提出改进意见；对于严重损害劳动者合法权益的行为，在向企业行政提出意见的同时可以向上级工会和当地政府劳动监察部门报告，要求其迅速查处。

10. 职工代表大会的劳动法律监督委员会，对本单位执行劳动法律法规的情况进行监督检查，定期向职工代表大会报告工作，针对存在的问题提出意见或议案，经职工代表大会作出决议，督促行政方面执行。

三、劳动争议处理与监督工作流程

（一）劳动争议处理工作流程

1. 申诉。劳动争议当事人（包括职工方和用人单位）就劳动争议事项提出申诉。

2. 受理立案（或者不予立案）。工会作为劳动争议处理的办事机构和两方成员之一，要做好劳动争议事项的受理工作，认真登记，了解和弄清情况，按照有关规定和流程，决定是否立案。立案者则进入下一工作流程，不立案的事项要认真给予解释。

3. 调解。按照制度和规定，积极地进行调解。以和为贵，能调解的尽可能调解，力争把问题解决在萌芽状态，解决在单位内部。但一般来讲，职工作为一个自然人对于企业法人来说相对处于弱者地位，且单位的代表还是两方成员之一，调解工作会有难度。调解工作是对工会工作者能力与水平的检阅，也考验着工会组织的政治智慧。

4. 结案或者申请仲裁。调解成功的及时结案。调解不成功的当事人可以申诉仲裁。

（二）劳动法律监督工作流程

1. 加强组织体系建设。在职代会中，设立劳动法律监督检查委员会。在基层工会成立劳动法律监督委员会，分公司、车间成立劳动保护监督小组、班组设立劳动保护监督检查员。

2. 健全组织体系的各项工作制度。

3. 开展群众性的培训教育活动。通过微信公众号、板报、QQ 群、微博、报纸、电视、专题性的劳动法律知识竞赛与答题活动、专门印制的扑克与挂历等形式进行劳动法律法规知识的宣传教育活动。

4. 落实有关工作制度，进行定期的或者阶段的、专题的检查监督；开展群众性的检查监督，防控布控。

5. 有条件的可成立劳动法律服务中心，接待群众的来信来访，力所能及地帮助解决问题。

6. 各级工会劳动法律监督委员会每年年末将工作情况、违法案件的处理结果及统计资料向上级工会劳动法律监督委员会报告。重大案件应当及时向上级工会劳动法律监督委员会和上级工会报告。

第五节　创建和谐劳动关系工作内容与流程

创建和谐劳动关系必须向分公司、车间班组延伸，没有分公司、车间班组的和谐，就没有企业的和谐。

一、基本工作内容

坚持以习近平新时代中国特色社会主义思想为指导，努力构建社会主义和谐企业。以维护职工合法权益为重点，着力形成企业与职工良性互动、真诚合作、共谋发展的良好局面；全面落实党的全心全意依靠工人阶级的根本指导方针，充分调动、发挥、保护职工群众的积极性和创造性；严格遵守《劳动法》《劳动合同法》《工会法》等法律法规的规定，依法维护职工政治经济权益；强化以人为本的理念，推动建立规范有序、公正合理、互利共赢、和谐稳定的社会主义新型劳动关系，达到劳动关系和谐的标准。

二、基本原则

创建和谐劳动关系的基本原则主要有以下四个方面。

（一）共建共享、共谋发展的原则

强化职工和企业利益共同体、命运共同体的意识，调动职工和企业双方积极性，把共建共享贯穿于和谐企业建设的全过程。

（二）全员参与、共同推进的原则

运用多种手段和载体，引导广大干部职工全员参与，努力构筑党委领导、行政主抓、工会协调、各方配合、全员参与的创建工作格局。

（三）突出重点、注重实效的原则

以解决职工群众最关心、最现实的利益问题为重点，着力解决影响劳动关系和谐的突出问题，让企业和职工从中见到实效。

（四）实事求是、循序渐进的原则

创建活动不图形式，不搞花架子。坚持从实际出发，着眼当前存在的实际问题，逐步推进，不断提高企业劳动关系的和谐水平。

三、重点工作与核心内容

促进职工美好生活愿望的实现，职工政治、经济和发展权益的实现，是创建和谐劳动关系的重点工作与核心内容。

(一) 深化民主管理，保障职工民主政治权利

1. 坚持和完善职工（代表）大会制度。职工（代表）大会的职权落实，重大决策和涉及职工切身利益的重要规章制度经职工（代表）大会审议通过，领导人员向职工（代表）大会述职并接受评议。

2. 坚持和完善厂务公开民主管理制度。在充分利用职工（代表）大会、公开栏等基本形式进行公开的同时，通过单位门户网站、微信公众号等新形式新载体的公开，抓好职工关心的热点问题的公开，使职工对厂务公开综合评价满意率达到90%以上。

(二) 健全劳动关系协调机制，保障职工劳动经济权益

1. 全面落实平等协商和集体合同制度。坚持把劳动报酬、工作时间和休息休假、保险福利、劳动安全卫生、女职工和未成年工的特殊保护、职工培训作为平等协商与集体合同的重点，强化集体合同的可操作性和实效性。严格检查制度，确保合同履约率和职工满意率达到95%以上。

2. 严格执行劳动合同制度。坚持规范用工，杜绝非法用工行为，职工劳动合同签订率达到100%。在劳动合同签订、变更、续订、解除和终止时，要做到流程合法，内容完备，管理规范。保障女职工的合法权益和特殊利益，不断改善职工福利待遇。

(三) 强化培养教育机制，保障职工精神文化权益

1. 落实职工的教育和发展权益。积极开展"创建学习型组织，争当知识型职工"活动，重视人力资源的开发与管理，最大限度地激发职工群众的潜能，为职工发展创造充足的空间。

2. 开展群众性文体活动。深入开展职工健身活动，根据职工需求，争取文体设施投入，实施"建管用"一体服务机制。充分发挥各文体"兴趣小组"和职工文化活动室、图书室的作用，并通过网上书屋、网上培训等新的形式，不断丰富职工精神文化生活，努力营造和谐文化氛围。

(四) 深化群众生产活动，促进企业改革与发展

1. 开展形式多样的劳动和技能竞赛，以及技术创新活动。围绕经营管

理、转型升级和提高核心竞争力等中心工作，开展形式多样、行之有效的劳动和技能竞赛。弘扬工匠精神，深化新时代建功立业活动，调动职工钻研技术和开拓创新的积极性，推动企业科技进步和经济效益稳步提高。

2. 加强劳动保护。一是深入持久地宣传贯彻好《安全生产法》《职业病防治法》等劳动保护的法律法规，不断提高职工的安全责任意识、自我保护意识和自律行为；二是严格安全生产管理，加强劳动保护监督，消除职工重伤以上责任事故，减少工伤事故危机；三是加强生活设施建设，不断改善职工的生产生活条件。

四、创建和谐劳动关系工作流程

（一）抓住关键，积极推动

在制订实施方案时，要注意抓住维护职工政治、经济和发展权利的核心问题，充分利用职工（代表）大会、集体合同等载体和平台，推动和促进核心问题的解决，促进企业的和谐和各项工作的发展。

（二）结合实际，有序发展

创建和谐劳动关系与和谐企业是一项复杂的工程。不仅是对工会工作的综合考核和检阅，也是对单位整体工作的考核和检阅。在制订方案积极推动的同时，要注意考虑单位的实际情况，循序渐进、健康有序地推动工作的开展。

（三）分析研究，促进提高

认真分析创建工作中存在的问题，提出解决问题的办法与建议，学习借鉴他人的先进经验，提升创建工作水平，促进各项工作的开展。

第六节　文本范例

一、××公司职工互助合作保险实施办法

第一章　总则

第一条　为及时有效地帮助职工解决生活中的急、难问题，充分发扬职工互助互济、扶贫济困的优良传统，增强职工抵御各种风险的能力，特制定本办法。

第二条　工会成立职工互助合作保险基金会（以下简称基金会）具体负责本办法的实施。

第三条　基金会的运行机制是：在参保在职职工发生死亡、伤残、生病，直系亲属生病、死亡，参保职工家庭遭受自然灾害等情况造成临时生活困难时，给予一定程度的经济补偿，帮助职工渡过难关。通过互助集资、行政资助、工会拨款等形式，形成自我积累、自我发展、自我受益的良性运行机制。达到互助互济，稳定职工队伍，解除职工后顾之忧，促进公司的改革发展的目的。

第二章　组织机构

第四条　基金会的组成：公司工会主席任基金会会长，副主席任基金会副会长，委员由人力资源部部长、劳动保护员、工会指导员、财务部部长组成。各车间工会成立基金组，车间工会主席任组长，各班组工会小组组长任班组保险员。会员为在职参保职工。

第五条　基金会的管理：基金会的日常工作由工会生活保险工作委员会负责，其财务管理由工会财务负责，工会派专人负责协助。

第六条 基金会的职责：负责制定和完善基金会实施办法；负责办理会员出入会手续；负责基金会经费收支，编制年度经费决算，核定基金会周转金额；负责接收车间基金组递交的出险补偿申请；负责委派调查小组对会员出险情况进行调查核实；负责审批办理补偿事宜；负责研究基金会的重大问题，向职代会报告工作和经费收支情况，接受会员监督。

第三章 会员

第七条 凡公司在职正式职工，承认本办法，愿意履行本办法规定的权利和义务并按规定缴纳保险金的，均可申请入会，经基金会确认其资格后，即可成为会员。

第八条 入会程序：由本人向车间基金组提出书面或口头申请；缴纳保险金；车间基金组建档造册报公司基金会审批；基金会注册，建立个人入会档案。

第九条 会员的权利：享受本办法规定的各项保险待遇，参加基金会组织的各项活动；对本基金会工作有建议、批评和监督的权利，有权了解和监督保险金的收缴、管理和使用情况。

第十条 会员的义务：遵守本办法的各项规定，执行基金会的决定、决议；诚信守法，维护职工互助合作保险的整体利益；按规定缴纳保险金，缴纳期限为每年3月份；检举虚报、造假、冒领保险金的行为。

第十一条 会员资格的丧失。

（一）会员因调出本单位、退职、解除劳动合同者，自下令之日起丧失会员资格，其所缴纳的保险金不予退还。

（二）年内退休的会员，其所缴纳的保险金不予退还，会员资格保留至年度末终止。

（三）会员有退会的自由。会员提出书面申请退会的，由基金会研究批准后停止会籍，其所缴纳的保险金不予退还。

（四）会员弄虚作假，骗取保险金的，一经发现，基金会将追回其当年已经领取的全部保险金并取消其会员资格。

第四章　保险金及管理

第十二条　保险金的筹集由会员个人、公司行政和工会以及其他进款组成。

（一）公司行政：每年拨款 250000 元，每年 3 月底以前到账。

（二）公司工会：每年拨款 250000 元。

（三）会员个人：每人每年缴纳保险金 10 元，由车间基金组收齐后，附名单交公司基金会。中途（当年新分、新调入的职工除外）加入基金会的，应缴纳自本办法实施年至参加年的个人所有应缴金额并加收其总额 20% 的费用。

（四）保险金存入银行的利息或其他盈利投资的收入。

（五）接受社会、团体、个人捐款。

（六）每年年底依据互助基金使用情况，公司、公司工会协商适当补充资金，确保基金会正常运转。

第十三条　保险金要建立专门台账，单独管理、单独使用，严禁挪用并按规定每年向职代会报告管理、使用、结余情况。

第五章　待遇

第十四条　会员因工死亡的给付一次性互助保险费 20000 元；会员非因工死亡的给付一次性互助保险费 10000 元。

第十五条　会员因工致残，给付一次性互助保险费：十级为 1000 元；九级为 2000 元；八级为 3000 元；七级为 4000 元；六级为 5000 元；五级为 6000 元；四级为 7000 元；三级为 8000 元；二级为 9000 元；一级为 10000 元。

第十六条　会员家庭发生自然灾害（指火、水灾）损失在 10000 元以上者，凭当地乡政府或派出所证明，经核实后，给付一次性补偿 20%，最高限额 3000 元。

第十七条　会员家庭失窃，派出所立案并出具证明，损失在 2000 元以上（不包括有价证券、现金、金银首饰、各种车辆、手机、电脑）者，按损失值给付一次性补偿20%，最高限额3000元。

第十八条 会员因病住院，凭出院证、医院收据，每年度可享受住院互助补助一次，每次300元。

第十九条 会员因病就医（凭县级以上医院诊断书、医院收据），经基金会核实，个人交费部分在1000至5000元者，给予一次性补偿10%，费用在2001元及以上者，给付一次性补偿15%，最高补偿限额5000元。

第二十条 会员生育给付一次性补偿1000元。

第二十一条 会员供养直系亲属（指父母、岳父母、子女、配偶）死亡，提供死亡证明或火化证明，给付一次性互助保险金1000元。

第二十二条 会员直系亲属（指配偶、子女）当年因病住院或门诊就医，个人付费在5000元以上者，凭县级以上医院诊断证明、医院收据，经基金会核实，给付一次性互助补偿10%，最高限额1000元。

第二十三条 如遇特殊情况，经基金会研究审批认为应予补助的，给予一次性互助补助金，最高不超过3000元。

第六章 不享受待遇的情况

第二十四条 违法犯罪、斗殴、醉酒、自杀、自伤或由于会员受益人的故意行为发生的费用。

第二十五条 违反交通法规驾驶机动交通工具肇事者。

第二十六条 整容、整形、变性手术，先天性缺陷矫正或休养、疗养、健康护理等非治疗性行为。

第二十七条 医疗事故或工伤发生的医疗费用。

第二十八条 被解除劳动合同者。

第二十九条 自行购药者。

第三十条 在国外或港、澳、台地区发生的医疗费。

第三十一条 有故意隐瞒、欺骗行为者。

第三十二条 会员死亡后其直系亲属已享受补偿待遇的。

第三十三条　其他基金会认定不属于本办法规定范围的情况。

第七章　申请与给付

第三十四条　会员发生本办法规定的险情后，本人或受益人应向所在车间基金组报告出险情况，并提供以下相关凭证：会员或直系亲属死亡证明书；会员因工致残的医院诊断书、鉴定书；会员或其直系亲属治病的医院诊断书、出院证、医院交费收据；当地乡以上政府或公安机关出具的家庭遭灾的损失证明材料。

第三十五条　对会员或受益人提出的申请，车间基金组负责调查核实并按规定在一定范围内进行公示后，填写《职工互助合作保险补助审批表》，报公司基金会审批。

第三十六条　公司基金会接到车间基金组的申请后，在调查核实的基础上每月月初召开会议进行研究，给予会员及时补偿。

第八章　附则

第三十七条　本办法中凡未明确规定享受次数的条款，均为一年一次。

第三十八条　会员享受本办法规定的保险补偿，不影响享受其他待遇。

第三十九条　基金会工作情况及保险金使用情况，每年向职代会报告一次，并在厂务公开栏内公示。

第四十条　本办法解释权归公司基金会。

第四十一条　本办法自职代会通过之日起施行。

二、××公司关于进一步做好"金秋助学"工作的通知

公司各单位：

现将进一步做好××××年"金秋助学"工作的有关事宜通知如下，请遵照落实。

（一）进一步创新工作形式

要认真总结历年开展"金秋助学"工作的成功经验，准确把握困难职工及就学子弟的所思所想、所需所盼，认真研究创新形式，进一步拓宽助学渠道，丰富助学载体，营造助学氛围。切实加强组织领导，把"金秋助学"工作办成职工欢迎、子弟受益的品牌工作，真正体现组织的关怀，引导激励广大职工子女励志奋进、刻苦学习，以优异成绩回报社会、回报企业。

（二）进一步规范申报材料

要按照落实"金秋助学"实施办法的有关规定，对困难职工及符合条件的单亲职工子女上学情况进行全面调查摸底，确保困难职工子女助学档案动态完善，并及时申报就读全日制正规大、中专院校和高中的特、重困职工子女及符合条件的单亲职工子女就学报表。现就读大、中专院校及高中的，须提供由学校出具的学生学历、学制、年级证明；新入校的，须提供《入学通知书》。所需证明材料须在×月×日以前报工会。工会必须在10个工作日内完成审批、公示工作。

（三）进一步做好工作总结

今年"金秋助学"工作结束后，各单位要对困难职工子女助学的工作进行总结，于×月×日前将汇总表和工作总结报公司工会办公室。各单位的工作总结要结合实际，查找不足，总结经验。

第五章
宣教、文体与"产改"工作内容与流程

宣传教育和文化体育活动是工会的一项重要工作,是工会宣传教育影响和服务职工群众的重要的手段,也是工会促进实现职工美好生活需要的载体与平台。产业工人队伍建设和改革,是新时代工会工作的一项重要任务,是党和国家赋予工会组织的职责和使命。

第一节　宣传教育工作内容与流程

把学习贯彻习近平新时代中国特色社会主义思想作为工会组织的重大政治任务，与学习贯彻习近平总书记关于工人阶级和工会工作的重要论述结合起来，健全学习制度、创新学习方式、深化学习效果，组织广大工会干部深刻学习领会其时代背景、科学体系、精神实质、实践要求和重大意义。

一、工会宣传教育工作

要在广大职工中进行有特色、接地气的宣讲，发挥工会宣传教育阵地作用，把"大学习"课堂搬到工厂车间、生产一线，引导广大职工始终拥护核心、坚决拥戴领袖，更加紧密地团结在以习近平同志为核心的党中央周围，自觉捍卫中国共产党领导和社会主义制度，夯实党执政的阶级基础和群众基础。

（一）主要任务

新形势下工会宣传教育工作的主要任务如下。

1. 认真学习贯彻习近平新时代中国特色社会主义思想和党的二十大精神，认真学习贯彻习近平总书记关于工人阶级和工会工作的重要论述，为构建社会主义和谐社会、实现中华民族伟大复兴提供强大的精神支撑。

2. 坚持以社会主义核心价值观引领职工，深化"中国梦·劳动美"主题宣传教育，大力弘扬伟大民族精神和中华优秀传统文化，加强以职工道德为重点的"四德"建设，培育以民族复兴为大任的时代新人。

3. 发展企业文化与职工文化，不断满足职工精神文化需求。对新形势新任务，工会宣传教育工作必须与时俱进，在继承和发扬优良传统的基础上锐意创新，开阔视野，拓展内容、拓展对象、拓展渠道，不断探索和创造新的内容、新的形式、新的方法、新的手段和新的机制。

（二）重点工作

为完成以上任务，要重点做好以下几项工作。

1. 通过生动的行之有效的社会主义核心价值观教育、理想信念教育和职业道德教育，提高职工的政治素质，为实现中华民族伟大复兴的中国梦提供强大的思想支撑和精神动力。

2. 通过大力宣传工人阶级、劳动模范和优秀工匠的先进事迹和工会工作，通过整合资源和建立工会的新闻宣传工作制度，坚持正确的舆论导向，为工会围绕大局、发挥优势、突出维护职责，竭诚服务职工群众营造良好的舆论氛围。

3. 通过用先进文化占领工会文化阵地，大力发展具有时代特征的职工文化，充分发挥各类文化体育协会的作用，深化工会文化事业的改革，发展健康向上、具有时代特征和工会特色的先进文化，为满足职工群众日益增长的精神文化需求、提高职工健康素质提供坚实的文化条件和基础。

4. 通过加强思想建设、能力建设、作风建设，造就一支政治强、业务精、纪律严、作风正的工会宣传教育队伍和积极分子队伍，为做好新形势下的工会宣传教育工作提供坚强的组织保证。

（三）形式途径

1. 文字宣传。包括黑板报、标语、口号、报刊、书籍、文件、消息、评论等。

2. 现代传媒。包括建立微信公众号、门户网站、QQ群、微博、手机短信平台等。

3. 口头宣传。包括座谈、对话、报告、演讲等。

4. 形象宣传。文娱活动、文艺演出、戏曲演出、摄影比赛、小视频、春节、国庆文体活动周等。

5. 社交宣传。包括家访、谈心、参观、郊游、文明单位和班组活动。

6. 学习培训。培训班、辅导学习、数字图书馆、网上学校等。形式服务于内容，形式应以适用有效为原则，力求保证大家喜欢。

二、宣传教育工作流程

（一）把握中心明确任务

工会的宣传教育工作要紧紧围绕党的中心工作、企业的中心工作、工会的中心工作，明确任务与方向。

（二）制定方案

可以制定专项工作方案，可以在年度、季度工作规划中作一个部分专门进行安排部署，也可以进行阶段性的安排。安排和部署要尽可能周密细致。

（三）狠抓落实

宣传教育工作是政治性很强的工作，也是必须严细认真对待的工作。要根据工作计划，通过强有力的组织领导和积极细致的努力，把工作落在实处。

（四）总结分析研究提高

对季度、年度或者阶段性的宣传教育工作进行总结，进入下一流程。

第二节　职工思想建设工作内容与流程

社会主义精神文明是建设中国特色社会主义的重要目标和重要保证，思想道德建设是精神文明建设的中心环节，是践行社会主义核心价值观的重要内容。群众性的思想政治工作是工会的重要任务，为经济高质量发展创造环境与氛围、奠定坚实的思想基础。

一、群众性精神文明创建工作

工会开展群众性精神文明建设的总体要求是，贯彻落实《公民道德建设实施纲要》，以为人民服务为核心，以集体主义为原则，以诚实守信为重点，加强职工社会公德、职业道德和家庭美德建设，增强职工的道德意识，提高职工的道德素质，推动社会的和谐和全面进步。

（一）开展讲文明树新风活动

开展讲文明树新风活动，要着眼于社会文明程度的普及提高。充分发挥工会组织的组织优势、阵地优势，大力宣传和积极倡导新时代的文明风尚，引导职工从我做起、从身边的小事做起，树立健康文明的生活方式，扭转社会不良风气，推动物质文明和精神文明协调发展、经济与社会共同进步、人与自然和谐相处。

（二）开展创建文明行业、文明岗位、文明职工活动

以服务人民、奉献社会为宗旨，聚焦直接关系职工群众切身利益的行业领域，开展行业自律和行业诚信建设，对职工普遍进行职业责任、职业道德、职业纪律、职业理想等教育，通过岗位培训，规范行为，树立行业新风。

（三）开展"四进社区"活动

充分利用工会的宣传教育文化资源，发挥各类宣传文化教育阵地的作用，将职工急需的文化、科技、卫生、法律等方面的知识，通过各种形式和途径送到社区，送到职工身边，使广大职工群众在喜闻乐见中受到教育、得到启迪。

二、职工思想工作

要创新思想政治工作方式方法，充分运用职工喜欢的熟悉的时尚元素、话语体系，加强工会传统媒体与新媒体的融合发展，提高思想引领水平，掌握工会意识形态工作主导权。

（一）任务与原则

1. 任务

工会思想政治工作的基本任务主要是教育人、引导人和培育人。即通过对职工进行共产主义、爱国主义和集体主义思想的教育，提高职工对工人阶级历史地位、历史作用和历史使命的认识，增强他们认识世界和改造世界的能力，培育"四有"职工队伍，推进社会主义精神文明建设。

2. 原则

一是理论联系实际的原则，要做深入细致的调查研究，针对职工群众关心的热点、难点问题开展思想政治工作。二是提高思想认识与关心、解决实际问题相结合的原则。三是身教同言教结合，身教重于言教的原则，以身作则，言必信，行必果，以本身的模范行为来影响和教育职工。四是以表扬和激励为主的原则。表扬和批评结合，以表扬和正面激励为主。人都希望得到尊重，应该多发现和激励积极因素，弘扬正能量，促进职工思想向上。

（二）方式方法

1. 系统的方法。有目的、有计划地进行教育。

2. 通过典型引导进行教育。如许振超、巨晓林的先进事迹就很能够激励人。又如，王进喜就曾经激励了两代人。典型是方向，典型是目标，要善于发现典型、总结典型和宣传典型。

3. 寓教于乐，将思想政治教育寓于各项活动之中，这是行之有效的方法。

4. 谈心家访。工会的特点是群众化民主化，要防止打官腔，防止机关化、行政化。

三、精神文明创建与思想工作流程

（一）制订相关办法或措施

根据工会工作实际，制订加强职工思想政治工作的办法或措施，围绕走中国特色社会主义工会发展道路和经济高质量发展，进一步完善职工思想政治工作的指导思想、目标原则、职责任务、方法手段和机制制度等。加强对职工思想政治工作的指导，大力推动职工思想政治工作的深入开展。协助党政组织做好职工思想政治工作和群众性精神文明创建工作。

（二）掌握职工的思想与要求

要建立职工思想动态网络，深入实际、深入基层、深入职工群体，关心职工群体的工作与生活，了解、掌握职工的思想状况和意见要求，研究分析职工思想存在问题的原因，找出症结所在。及时向党政有关部门和工会领导机关报告职工思想动态，反映职工的呼声，提出有针对性的政策建议，从源头上维护职工的合法权益。

（三）解疑释惑，理顺职工的情绪

要结合广大职工的思想实际，着眼于改革开放新的实践和新的发展，从协调各方利益、解决利益矛盾、促进和谐发展等方面进行深入的研究，进而做出有分量、有深度、实事求是、有说服力的回答。帮助广大职工解疑释惑，化解矛盾，因势利导，教育和引导职工识大体、顾大局，正确对待改革中各种利益关系的调整，支持党和政府的改革措施，维护职工队伍稳定，营造安定团结的政治局面。

第三节 职工文化建设工作内容与流程

人们的物质生活水平提高以后，对精神生活的追求会日益强烈。社会主义生产的基本任务就是要满足人民日益增长的美好生活需要。工会组织要发挥阵地优势、组织优势，在推动满足职工群众的物质的、精神的、文化的等多方面美好需求方面做好工作。

一、职工文化与企业文化

职工文化工作是工会工作的一个组成部分，职工文化活动是工会活动的一个重要方面，而企业文化是随着改革开放、随着现代化管理引进的一个新的理念。职工文化是工会组织主导的活动，而企业文化是企业经营者、整个企业管理策略的一个组成部分。职工文化以提高职工素质、愉悦职工为重点，而企业文化涉及企业的理念、企业精神、价值准则、发展方向等许多问题。一些著名的公司，一些知名的品牌，之所以长盛不衰，很重要的原因，就是有根植于骨髓的企业文化。著名的华为公司、松下公司就是例子。一般来讲，就企业内部而言，职工文化是企业文化的组成部分，职工文化应该为企业文化建设，为企业的发展和成长发挥助力作用。

二、职工文化工作的任务

职工文化工作主要是职工利用业余时间参与的一些文化活动，如文学艺术、科普宣传、教育、游艺、娱乐等活动。

（一）任务

职工文化工作在不同的历史时期，有不同的任务。当前，它的主要任务有以下几个方面。

1. 提高职工的思想境界和道德情操。利用各种行之有效、职工群众喜闻乐见的文化活动，来提高广大职工的精神境界，培养科学态度和务实作风、爱国精神。

2. 提高职工的文化技术水平。现代化对职工的技术文化知识要求越来越高，现代企业的竞争是知识和人力资源的竞争，是核心技术的竞争，特别是在数字化、智能化的时代更是如此。如现在的机械加工，一个加工中心、一台机器可以干过去的车工、铣工等多工种的活,更别说 IT(信息科技和产业)行业了。2017 年 2 月中央深化改革领导小组通过并下发了《新时期产业工人队伍建设改革方案》;2018 年 3 月,中共中央办公厅、国务院办公厅印发了《关于提高技术工人待遇的意见》;2018 年 5 月,国务院下发了《关于推行终身职业技能培训制度的意见》,旨在为"中国制造2025"提供队伍支持和素质支撑。我们对此要有足够的认识,要通过多种培训等形式,增加职工的知识和技能。

3. 提高职工的生活质量。人们追求生活质量的提高,特别是精神文化生活质量的提高。要利用工会的文化体育方面载体和优势为职工服务。

4. 探寻与企业文化结合的途径和方法。企业文化是企业发展的根本,也关系职工的整体利益。要探寻职工文化与企业文化结合的方式方法,以职工文化促进企业文化的发展,促进家文化、劳模文化、安全文化的发展,增强企业的向心力、凝聚力。

(二)职工文化活动的主要内容

1. 根据上级工会的部署要求,结合企业的中心工作,制定职工文化活动规划。

2. 建立业余文艺骨干队伍,组织职工开展文学艺术、文化娱乐活动。在群众中发现人才,并通过不同的渠道,采取不同方法进行培训,不断提高职工的政治素质和艺术素质。

3. 根据不同层次、不同年龄职工的爱好和需求,组织职工兴趣小组,如书法、摄影、美术、集邮、盆景、插花、微视频、微电影、歌曲演唱等。通过艺术形式,培养职工高尚的道德情操。

4. 建好职工文化活动室,并配备必要的活动器材。

(三)职工文化的特点和功能

职工文化工作内容广泛,形式多样,具有群众性、自娱性、多样性、业余性等特点,同时具有多项功能,即学习发展功能、娱乐休息功能、美化生活功能、传播知识功能、联系群众功能。

三、文化技术教育和培训

现代化对职工的智力要求越来越高。工会作为工人阶级的群众组织、职工利益的代表者和维护者，从大维护的角度、从职工的根本利益、长远利益和企业的整体利益出发，应该重视职工的文化技术教育和职工的培训，提高职工的素质和竞争能力。要继续办好各类培训班和培训学校。工会的文化技术教育有着优良的传统。早在1921年，中国共产党早期的领导人在长辛店铁路工人中，在中国工人运动中的政治启蒙就是从文化教育开始的。基层单位的文化技术教育在新中国成立以后，在工会的工作中曾占据过重要位置，并发挥过很大作用。当今，随着职工队伍知识水平的提高和智能化时代的到来，对职工的文化技术教育也提出了新的要求。对职工的培训在重视专业基础知识教育的同时，重视新知识的培训和教育。方式上，应该充分利用现代传媒，提高效率与实际效果。职工学校的管理应该制度化、规范化。各类文化技术培训班要尽可能结合实际、结合职工的实际需求，有针对性地进行。

四、文化活动

进行职工文化活动，要充分发挥文化活动室、文化宫、俱乐部的阵地优势和作用。

（一）坚持正确的方向

文化场所必须坚持社会主义文化性质，为企业现代化和职工群众服务。文化活动场所应该积极宣传习近平新时代中国特色社会主义思想，宣传党的方针政策，弘扬社会主义文化与社会主义核心价值观，强化工人阶级集体主义和爱国主义精神，抵制低级趣味和庸俗文化。要注重社会效益，反对见利忘义的不良风气。要积极承担社会责任。

（二）密切联系群众

文化活动室、文化宫、俱乐部的服务主体是广大职工群众，不能脱离职工群众。要经常性地进行调查研究，了解和掌握职工群众的意愿和要求，研究和反映职工群众的意见和建议。安排的活动要符合职工群众的胃口，使职工群众乐于参加。鉴于工会专职干部人数有限，要充分发挥工会积极分子和兼职工会干部的作用。这有利于工会工作的开展，有利于工会密切联系群众。放手让积极分子发挥作用，不仅是思想和工作方法上的问题，也是工会组织群众化民主化的问题。

（三）科学管理

文化活动室、文化宫、俱乐部作为工会组织的重要阵地，作为职工文化活动的载体和窗口，要切实加强管理，建立、健全严格的规章制度。防止管理无序和活动混乱。

1. 目标管理。文化活动的各个项目应该有计划有目的有组织地进行。应该有年度、季度、月度、每周的计划与总结，什么时间干什么，应该有十分清晰的路线图，并不断地进行研究和提高工作水平。

2. 信息化管理。包括职工群众的意见和要求，包括日常的财物管理，包括图书资料检索的电子化等。

3. 财产设施设备管理。健全和完善各项规章制度，建立完善的损坏和丢失赔偿制度，最大限度地发挥设施设备的功效。

4. 民主管理。文化活动室、文化宫、俱乐部可以成立由职工参与的民主管理委员会，帮助其提高管理水平，提高服务质量。

五、职工文化与企业文化工作流程

（一）充分认识重大意义

职工文化活动是工会工作的一项重要内容，是职工生活水平提高以后精神生活的必然要求，是企业文化的组成部分。搞好职工文化工作对会员、职工和工会工作，对实现职工对美好生活的愿望，对企业文化及企业的建设与发展有着重要意义。工会组织特别是工会领导人，一定要充分认识职工文化在工会工作中和企业建设发展中的重要意义。

(二) 积极进行调查研究

要对职工文化状况和企业文化状况有清晰的了解。要进行认真的调查研究，了解职工的意愿和需求，特别是要对青年职工群体的需求有清晰的认识与把握。

(三) 明确目标，制定规划与措施

在提高认识弄清情况的基础上，明确工作的目标与方向，制定工作规划与措施。规划的方向任务应明确，措施要具体得力，便于操作和实施。要针对青年职工的需求，利用现代传媒手段以强化工作效果。

(四) 组织实施

组织工会干部和工会积极分子队伍按规划和措施，及时把职工文化工作落到实处。提高职工的生活质量，愉悦职工的身心，促进工会整体工作的开展，促进企业文化建设和企业整体工作的发展。

(五) 总结提高

及时研究分析职工文化工作中的问题，总结经验，提高工作水平。

第四节 职工体育工作内容与流程

职工体育活动是工会工作也是企业文化的一个重要组成部分，是职工精神状态的一个重要反映，也是实现职工美好生活愿望的一个重要方面。通过开展体育活动，可以使广大职工消除疲劳，愉悦身心，振奋精神，陶冶情操。

一、特点和作用

(一) 职工体育的特点

1. 群众性。职工体育活动是由广大职工群众参加的体育活动，具有广

泛的群众性，活动的主体是广大职工。职工体育的特点在于其群众性而不是竞技性。《中国工会章程》第三条"会员享有以下权利"第五款："工会提供的文化、教育、体育、旅游、疗休养、互助保障、生活救助、法律服务、就业服务等优惠待遇。"第二十八条"基层工会委员会的基本任务"第五款，"开展健康的文化体育活动""办好工会文化、教育、体育事业"。这说明，开展体育活动是工会组织的一项重要任务。特别是社会物质财富增加，人们的物质生活水平有了较大提高以后，对健康的关注和渴望，对高质量的美好生活的追求，使得职工群众对体育活动的兴趣大大增加，工会在这方面的责任重大。这方面，从许多职工积极参加兴趣小组可见一斑。所以说，职工体育有着广泛的群众性，为职工体育的开展奠定了坚实的群众基础。

2. 业余性。职工体育是在业余时间内进行的。特别是在劳动时间缩短以后，传统的工作时间进行职工体育活动的思路已经不适应现在的情况。业余时间开展群众性的体育活动，不仅使职工得以最大程度地参与，丰富了职工的业余生活，又使职工锻炼了身体，愉悦了身心。

3. 灵活性与服务性。职工体育活动既是灵活多样的，又是有计划有组织的。要坚持因时、因地制宜的原则，考虑职工需求等多方面的情况，制定方案，开展活动。职工体育的重点在于服务于职工，服务于企业。目的在于促进职工身心健康，发展企业的生产力。职工体育活动的时间、活动项目、举办比赛等都要受企业生产的影响。其活动的组织者虽然是工会，但要取得企业领导者的支持，取得其他组织和部门的支持与配合。一般来讲，企业领导者是比较喜欢参与这些活动的，这为开展好这样的活动奠定了坚实的基础。

（二）职工体育的作用

开展职工体育活动是提高职工身体素质和健康水平、提高劳动和工作效率的有效途径，有利于实现人们对美好生活的愿望；有利于丰富和活跃职工业余文化生活；有利于促进体育事业的发展和体育水平的提高；有利于密切工会与职工群众的关系，增强工会的影响力。在新的形势下，越来越多的领导重视职工体育，以职工体育作为加大企业知名度、增强企业凝聚力的有效方法，调动了职工的积极性，促进了企业的文明建设和各项工作的开展。

(三) 职工体育的方针和原则

职工体育的方针：坚持普及为主，在普及的基础上提高。职工体育的原则：业余自愿的原则，小型多样的原则，因地制宜、勤俭节约的原则。

二、内容与形式

(一) 内容

1. 体操类。包括广播体操、健身操、健美操等。国家对广播体操已经进行了多次改进，足见其作用和影响之大、之受欢迎。广播体操简单易学，四季适用，具有广泛的群众性，应当普遍开展。广播体操可以安排在班前和工间休息时进行。坚持不懈、持之以恒地开展好这项活动，其作用是巨大的。

2. 开展医疗体育活动。为了防止各种慢性病、职业病的发生，开展太极拳、扇子操等医疗体育活动，是很受职工欢迎的。开展这方面的活动，要请专业人员指导，要培养骨干，要掌握参与人员的身体状况，把好事办好。

3. 组织灵活多样的体育娱乐活动。把体育活动与组织群众进行经常锻炼结合起来，与开展体育娱乐活动结合起来，以吸引更多的职工参加，把比赛搞得生动活泼。如球类、田径、跳绳、钓鱼、拔河、自行车慢行、爬山等。

(二) 形式

1. 组建各种运动队和兴趣小组。根据职工的不同爱好和特长，逐步培养和组建体育活动骨干队伍，有计划地锻炼，在普及的基础上提高，在提高的引领下普及。如篮球队、乒乓球队、健美操队、太极拳队等。

2. 运动会。组织年度运动会，或者春季、秋季运动会，对体育运动开展成果进行检阅、促进和提高。

3. 一次性比赛与活动。如周末扑克比赛、拔河比赛等一次性活动，春季的郊游活动，某项大型工程结束后的以放松大家身心为目的的文体娱乐活动。近年来，有的电视台引进和创新了一些集体育、娱乐、竞技、休闲于一体的节目，对增加企业职工体育的形式，有一定启发。

三、活动的组织工作

体育竞赛，因受工作性质、职工人数和工作岗位分布等因素的限制，其规模及内容形式各有不同。因此工会干部应熟悉一般体育竞赛知识，根据实际情况，灵活地加以运用。

（一）竞赛的组织

竞赛的组织涉及活动能否有效进行，涉及公平公正和大家的积极性与情绪，涉及活动的目的能否达到。要制定好竞赛方案。根据竞赛任务和竞赛计划确定竞赛的组织方案，其中包括竞赛内容、裁判及人员分工、经费预算等。

1. 做好实施准备。安排场地、器材等，做好前期的事务性工作。

2. 制定竞赛规程。主要包括竞赛名称、日期、地点、参赛人数、竞赛办法、评定名次及奖励办法等。

3. 组织竞赛。竞赛常用的编排方法有三种。淘汰制，即参赛队在比赛中失败一次或两次即失去继续参赛资格，连续获胜的队继续比赛，直到最后的胜利。循环制，包括单循环、双循环、分组循环三种方法。单循环即参赛队均相遇一次，根据胜负场数决定名次；双循环即参赛队均相遇两次，按各队在全部比赛中胜负场数决定名次；分组循环即把参赛队分成若干组进行单循环比赛。混合制，即同时采用上述两种办法进行比赛。

（二）整体活动的组织

职工体育活动是群众活动，要体现活动的群众性。要发挥工会积极分子特别是体育积极分子的作用，其中有些同志是非常愿意做好这方面的工作。要发挥他们的特长和优势，借力做好工作。让群众体育成为群众的事，让体育活动的过程成为锻炼身体、愉悦身心的过程。

四、职工体育工作流程

（一）建立、健全组织

开展职工体育活动，首先要建立、健全工会体育活动的组织体系。加强积极分子队伍建设，充分认识人们在物质生活水平提高以后对生活质量的需求，对美好生活的渴求，针对人们的不同爱好，组织不同的爱好者协会、各种球队和兴趣小组，利用积极分子队伍带动更多的职工群众参与到体育活动中。

（二）制定工作计划与方案

组织体系建立以后，要制定年度、季度、月度工作计划和具体的工作措施，项目、时间、地点、场地、资金、活动策划等责任到人。

（三）组织活动和竞赛

组织好活动，开展好各项竞赛，推动工作的落实。活动方案和竞赛的秩序册要尽可能请有专长的人员制作。要科学严谨、公平公正。工会开展的群众体育活动要体现群众性，弱化竞技性。要尽可能多地请会员和职工参加。

（四）指导分公司、车间开展体育活动

基层单位工会在组织好单位群众体育活动的同时，要指导分公司、车间开展好体育活动。分公司、车间的体育活动，要结合实际与自身的特点，有针对性地进行。

（五）总结分析研究提高

要对群众体育活动不断地进行总结提高。一次活动、一场竞赛，一个阶段、一个季度或者年度结束，要认真进行总结、分析、研究，总结经验，找出存在的问题，不断地进行提高，把群众性体育活动引向深入。

第五节 产业工人队伍建设改革的内容与流程

为了适应新形势新任务新要求，进一步巩固党的执政基础，实施制造强国战略和全面提高产业工人素质，中共中央、国务院于 2017 年 2 月正式印发了《新时期产业工人队伍建设改革方案》（下称《改革方案》）。这一改革的目标是加强产业工人的思想政治建设、提高技能素质、加强组织建设和维护合法权益，从而实现更好地推动产业工人队伍的发展和经济社会的持续发展。

一、产业工人队伍建设改革的内容

（一）为什么要进行产业工人队伍建设改革

新时期产业工人的含义。传统意义上，产业工人是指在现代工厂、矿山、交通运输等企业中从事集体生产劳动，以工资收入为生活来源的工人。我国产业工人主要是指在第一产业的农场、林场，第二产业的采矿业、制造业、建筑业和电力、热气、燃气及水生产和供应业，以及第三产业的交通运输、仓储及邮政业和信息传输、软件和信息技术服务业等行业中从事集体生产劳动，以工资收入为生活来源的工人。

为什么要推进产业工人队伍建设改革。党的十八大以来，以习近平同志为核心的党中央坚持以人民为中心的发展思想和全心全意依靠工人阶级的方针，围绕提高产业工人队伍整体素质、发挥产业工人骨干作用、维护产业工人合法权益、保障产业工人主人翁地位等，做出重要制度安排，制定一系列政策措施，产业工人队伍建设取得新的进展。我国产业工人有 2 亿左右，其中超过八成集中在第二产业，近八成集中在制造业和建筑业，六成集中在大中型企业，三成具有技术等级，农民工占六成左右。与此同时，产业工人队伍建设存在一些问题。据测算，制造业人员中高技能人才占5%；技术工人队伍中，初级工、中级工占比达到73%，高技能人才比重远低于工业发达国家水平；在非公有制企业、小微企业，技术工人更是严重匮乏。此外，产业工人队伍建设还存在一些体制机制障碍，技能形成缺乏顶层设计，职业教育、普通教育和职业技能培训之间协调衔接不够，产业工人职业发展通道不畅，人力资本投入不足，相关法律法规政策需要进一步完善落实，等等。这些问题，关系到产业工人根本利益和长远利益的实现，关系到工人阶级领导阶级地位的巩固、党的执政基础和国家的长治久安，迫切需要通过改革加以解决。

（二）推进产业工人队伍建设与改革的总体思路与目标任务

推进产业工人队伍建设改革的总体思路。推进产业工人队伍建设改革，总体上，要围绕统筹推进"五位一体"总体布局和协调推进"四个全面"战略布局，坚持稳中求进工作总基调，贯彻落实新发展理念，适应把握引领经济发展新常态，按照政治上保证、制度上落实、素质上提高、权益上维护的总体思路，改革不适应产业工人队伍建设要求的体制机制，充分调动广大产业工人的积极性、主动性和创造性，为实现"两个一百年"奋斗目标、实现中华民族伟大复兴的中国梦更好地发挥产业工人队伍的主力军作用。

改革的目标任务。通过改革，使产业工人队伍不断壮大、综合素质明显提高，保障产业工人地位的制度更加健全，产业工人合法权益进一步实现，劳动光荣、技能宝贵、创造伟大的时代风尚更加浓厚，造就一支有理想守信念、懂技术会创新、敢担当讲奉献的宏大的产业工人队伍。为此，要把产业工人队伍建设作为实施科教兴国战略、人才强国战略、创新驱动发展战略的重要支撑和基础保障，纳入国家和地方经济社会发展规划。

（三）改革的主要举措与亮点

《改革方案》从5个方面提出了25条有针对性的改革举措。主要有以下方面。

在加强和改进产业工人队伍思想政治建设方面，主要是强化和创新产业工人队伍党建工作，突出产业工人思想政治引领，健全保证产业工人主人翁地位的制度安排，创新面向产业工人的工会工作。

在构建产业工人技能形成体系方面，主要是完善现代职业教育制度，改革职业技能培训制度，统筹发展职业学校教育和职业培训，改进产业工人技能评价方式，打造更多高技能人才，促进农民工融入城市、稳定就业。

在运用互联网促进产业工人队伍建设方面，主要是创新产业工人队伍建设网络载体，打造网络学习平台，推行"互联网"普惠性服务。

在创新产业工人发展制度方面，主要是拓宽产业工人发展空间，畅通产业工人流动渠道，创新技能导向的激励机制，改进劳动和技能竞赛体系，加大对产业工人创新创效扶持力度。

在强化产业工人队伍建设支撑保障方面，主要是加强有关产业工人队伍建设的法治保障，完善财政投入机制，建立社会多元投入机制，完善产业工人劳动经济权益保障机制，深化产业工人队伍建设理论政策研究，营造尊重劳动、崇尚技能、鼓励创造的社会氛围。

《改革方案》中，有以下亮点。一是突出强化和创新产业工人队伍党建工作。加大在产业工人队伍中发展党员力度，把技术能手、青年专家、优秀工人吸收到党组织中来。二是突出产业工人思想政治引领，加强理想信念教育、职业精神和职业素养教育，大力弘扬劳模精神、劳动精神、工匠精神，引导产业工人爱岗敬业、甘于奉献。三是突出围绕提升产业工人主人翁地位，健全一系列制度安排，如适当增加产业工人在党的代表大会代表和委员会委员、人民代表大会代表、政协委员、群团组织代表大会代表和委员会委员中的比例，探索实行产业工人在群团组织挂职和兼职等。四是突出创新面向产业工人的工会工作。

（四）提升产业工人技术技能的办法与载体

完善现代职业教育制度。包括加强职业教育、继续教育、普通教育的有机衔接，坚持产教融合、校企合作、工学结合、知行合一，创新各层次各类型职业教育模式；制订校企合作促进办法，健全企业参与校企合作的成本补偿政策等。

改革职业技能培训制度，主要是推进职业技能培训市场化、社会化、多元化改革，建立各类培训主体平等竞争、产业工人自主参加、政府购买服务的技能培训机制；强化和落实企业培养产业工人的主体责任等。

统筹发展职业学校教育和职业培训，建立覆盖广泛、形式多样、运作规范，行业、企业、院校、社会力量共同参与的职业教育培训体系，促进学历与非学历教育衔接连通、互通互认。

改进产业工人技能评价方式，如优化职业技能等级标准，完善职业技能等级认定政策；健全职业技能多元化评价方式，引导和支持企业、行业组织和社会组织自主开展技能评价；做好职业资格制度与职业技能等级制度的衔接等。

打造更多高技能人才，提出实施国家高技能人才振兴计划，创新协同培育模式，依托大型骨干企业建设示范性高技能人才培训基地，孵化拔尖技能人才，培育更多"大国工匠"。深入实施农民工学历与能力提升行动计划、农民工职业技能提升计划。

（五）创新体制机制、畅通产业工人发展通道的重点

改革人事管理和工人劳动管理相区分的双轨管理体制，实行统一的人力资源管理制度；完善个人学习账号和学分累计制度，推进非学历教育学习成果、职业技能等级学分转换互认。

畅通产业工人流动渠道，健全公共就业服务体系，完善就业信息服务制度，提高人力资源配置效率。

创新技能导向的激励机制，建立健全培养、考核、使用、待遇相统一的激励机制，引导企业在关键岗位、关键工序培养使用高技能人才，提高相应待遇，实现多劳者多得、技高者多得。建立技术工人创新成果按要素参与分配的制度，研究创新激励方式。增加产业工人在各级各类劳动模范和先进代表等评选中的名额比例。

改进劳动和技能竞赛体系，建立以企业岗位练兵和技术比武为基础、以国家和行业职业技能竞赛为主体、国内竞赛与国际竞赛赛项相衔接的劳

动和技能竞赛机制。

加大对产业工人创新创效扶持力度，深化群众性技术创新活动，开展先进操作法总结、命名和推广。推动具备条件的行业企业建立职工创新工作室、劳模创新工作室和技能大师工作室，联合高等学校、职业学校和专业科研机构共建实验实训平台，探索创建跨区域、跨行业、跨企业的创新工作室联盟。

（六）新时代产业工人队伍建设改革的创新与发展

加强党建引领。以党建引领产业工人队伍建设改革，推动产业工人队伍建设与党建融合发展。在产业工人中发展党员，通过计划单列、重点倾斜等方式，优先发展生产一线产业工人、技术能手特别是优秀青年产业工人入党。

推进信息化与智能化建设。运用互联网技术和信息化手段，加强和改进产业工人队伍思想政治工作，提高工作针对性和有效性。

强化素质提升与人才培训。提升技能素质：鼓励产业工人通过技能培训、在线学习等方式，提升自身技能水平。同时，通过举办技能大赛、选树行业标杆等方式，激发产业工人提升技能的动力和热情。鼓励企业建立和完善人才激励机制，对表现优秀的产业工人给予相应的荣誉和奖励。通过选拔和培养产业工人中的骨干力量，使他们成为企业发展的中坚力量。

维护职工合法权益与优化工作环境。通过法律法规和政策措施，保障产业工人的合法权益，包括工资待遇、劳动保护、休息休假、社会保险等方面的权益。关注产业工人的工作环境和待遇，推动企业提供良好的工作环境和福利待遇。

二、产业工人队伍建设与改革工作的流程

产业工人队伍建设与改革的工作流程主要包括以下几个方面。

（一）制定政策措施

根据国家相关法律法规和政策，制定产业工人队伍建设和改革的政策

措施，如实施技能人才引进计划，提高产业工人队伍素质等。

（二）优化产业工人队伍结构

通过实施一系列计划和措施，优化产业工人队伍结构，包括引进高技能人才、加强职业教育、深化产教融合等。

（三）强化培训提高产业工人队伍素质

通过多渠道开展职业培训活动、制定科学的薪酬福利制度、建立健全职业技能评价机制和职称评定机制等措施，提高产业工人队伍的素质和能力。加强法治宣传，提供法律援助，维护产业工人的合法权益。

（四）推动产业工人队伍改革

制定政策措施，激发产业工人队伍的活力和创新力，提高产业工人的社会地位和待遇等。

（五）实施评价考核机制

根据相关文件和规定，对产业工人队伍建设改革工作情况实施评价考核机制，树立典型、补齐短板、攻克难点，确保各项任务圆满完成。

第六节　文本范例

一、××公司年度职工文体活动规划方案

根据职工文化建设规划的要求，借鉴其他单位职工文体活动建设的有益经验，结合公司的实际情况，制定此方案。

（一）指导思想

以习近平新时代中国特色社会主义思想为指导，以促进实现职工美好生活需要为目标，在公司内广泛开展职工文化体育系列活动，团结员工，

凝聚力量，引导广大员工关注、支持和参与公司企业文化与职工文化建设，争当企业和谐的促进者，争做企业又好又快发展的推动者。

（二）活动原则

教育性、趣味性原则：坚持以人为本的宗旨，寓教于乐，寓动于乐。群众性原则：主题活动的内容与形式坚持丰富多彩，能够满足不同特长、不同兴趣、不同层次员工的需求，促进员工的身体素质、文化素养和审美素质的全面提高，并在普及与提高的基础上形成良性发展的局面。坚持自主自愿与积极引导相结合的原则：在组织开展活动的过程中，充分体现员工自主发展意识，通过鼓励、引导，为员工搭建文化体育活动的平台。

（三）活动安排

1. 春节前，开展"欢天喜地迎新春"系列活动，举办联欢会、有奖猜灯谜、为职工送春联、跑步或竞走等活动。公司与各工会分别进行。

2. 春节前后，职代会期间，举办以展示一线员工风采为主要内容的××"靓丽风采"人物摄影展，各单位职工民主管理、合理化建议汇报展。公司工会主办，各分工会协办。

3. "三八"妇女节前，表彰奖励先进女职工；开展"我型我秀、展现风采"女职工系列活动，开展休闲游戏、趣味竞技活动、才艺展示、"三八书香"读书活动、女性健康知识讲座等。女职工委员会主办，各分工会配合。

4. 4月组织各分公司之间篮球循环赛，篮球协会主办。组织钓鱼比赛，钓鱼协会主办。

5. "五一"前后，组织开展劳动模范、"工匠精神"演讲活动，宣传劳模先进事迹，弘扬劳模精神。"五一"以后，组织劳动模范、先进工作者生产者进行健康休养。公司工会主办，各分公司及工会协办。

6. 五四青年节前后，组织开展以"闪亮青春我做主"为主题的首届青年文化节活动，展示青年职工风采；开展"我心中的××"青年短视频、微电影大赛。公司工会同团委联合进行。

7. "六一"儿童节后,举办职工子女才艺展和亲子活动。

8. 6月,组织职工开展"活力杯"排球比赛。公司工会主办。

9. "七一"前后,开展以"和谐、团结、奋进"为主题的传统歌曲大家唱活动,动员和组织广大职工高唱歌颂党、歌颂祖国的革命歌曲,庆祝党的生日。公司工会协助党群部进行。

10. 9月,健身舞比赛,舞蹈协会主办。

11. 9月底,举行"安全行"摄影书画展,举办"我秀我家"摄影作品展。文艺协会主办。

12. 10月上旬,举行"××杯"乒乓球赛,邀请××管理区各单位组队参加比赛,扩大公司影响力。公司工会主办。

13. 11月举办中国象棋比赛,象棋协会主办。

14. 11月举办女职工服装秀比赛,举办女职工才艺作品展。女职工委员会主办。

(四) 加强领导,精心组织

要把活动与和谐企业和美好生活建设结合起来,与精神文明创建活动结合起来,与各项工作结合起来,周密部署,狠抓落实。各级单位要充分运用公司门户网站、微信公众号、板报、宣传栏、专题活动等多种形式和载体,做到广泛动员,全面、及时宣传职工文体活动,扩大影响,形成人人皆知、人人参与的局面。在活动中要注意总结经验,及时推广好的经验和做法。公司工会和文体协会主要组织承办大型的文化体育活动,为广大职工搭建文体活动大平台;各分工会要主动作为,结合本单位实际,因地制宜开展小型多样的文体活动,满足员工精神和文化需求。公司工会和公司文体协会各分会要根据本方案,提出本单位活动计划或措施,努力拓展活动的形式和内容。

二、××集团职工艺术节美术、书法、摄影比赛方案

(一) 参展要求

1. 内容要求:以庆祝新中国成立73周年和中国共产党成立101周年

为主题，以歌颂伟大祖国 73 年来走过的光辉历程和取得的辉煌成就为主要内容，格调高雅、积极健康的书法美术摄影作品。

2. 参展的作品内容要健康，具有感染力、亲和力，能够反映新中国成立 73 周年的巨大变化与本单位职工的精神风貌。

(二) 组织方法和时间

活动分三个阶段进行。

1. 第一阶段：（7 月 20 日前）各基层单位举办小型展览和作品观摩，活跃职工文化生活，发现新人新作，选拔优秀作品。

2. 第二阶段：（9 月 1 日前）各单位在展览的基础上筛选出优秀作品，报送工会宣传部。

(三) 作品参展要求

1. 书法作品参展要求。内容：书法和篆刻作品（诗词、联、赋、文等均可）内容健康向上。规格：书法作品尺寸最好 10 尺以内（册页除外），以竖式为宜，草书、篆书另附释文。篆刻作品在 12 方以内，附边款 2 至 4 方，请拓印在规格为 4 尺或 6 尺对开的宣纸印屏上。竖式扇面（含圆形）亦可。参展作品件数每人限 3 幅。

2. 美术作品参展要求。内容：以歌颂祖国 73 周年的巨大变化、反映改革开放和职工工作生活面貌为主要内容的山水、人物等。规格：最大不超过 6 尺，尺幅宽、高不得超过 1.5 米（含边框）；组画、连环画或插画，可选择 2 至 4 幅为一件作品。所有参展作品请勿装裱，用铅笔在作品背面靠下边缘处工整注明作者姓名、年龄和所在单位名称。参展作品件数每人限 3 幅。

3. 摄影作品参展要求。参展作品可以使用任何品牌任何型号的数码相机和手机，形式不限。作品要求健康向上，主题突出、立意明确，创意新颖、艺术性强。参展作品黑白、彩色均可，单幅、组照不限。每个作者数量限 5 幅或 3 组之内，每一组不少于 4 张。单幅作品一律精放至 18 英寸以上。组照每张不得小于 8 英寸（组照请在背面粘连好，以免散落），作品不要装裱，不收反转片，请勿寄底片。作品背面写清作品题目、作者姓名、所在单位、联系电话。

(四) 其他说明

职工艺术节美术、书法、摄影汇展场地设在文化宫展厅，汇展开幕时间在9月份。活动主办单位对入围作品有权在各种活动中使用（专题CD、影视节目、出版物、专题展览、专题网站等）。参展作品所涉及的名誉权、肖像权、著作权等法律责任均由作者本人负责。所有摄影作品一律不退稿，原始素材请作者自己保存。各单位要高度重视这项活动，充分调动广大职工中美术、书法、摄影爱好者的积极性，按要求及时选送作品参展。

三、××分公司关于开展"全员健身达标"活动的通知

为增强职工身体素质，促进我分公司安全生产和精神文明建设，为创建一流分公司打下良好基础。分公司决定在全体干部职工中开展"全员健身达标"活动，现将有关事宜通知如下。

(一) 指导思想

从实际出发，选择锻炼内容、方法和运动负荷，根据职工自身体质状况，因人而异，量力而行，合理选择；全面提高职工身体机能，提高职工身体素质。活动的主题：健康与我同行，我和企业共兴。活动的口号是：我运动，我健康，我快乐！

(二) 组织领导

分公司成立"全员健身达标"活动领导小组。分公司经理任组长，工会主席任副组长，各车间主任为组员。

(三) 活动目标

1. 让职工人人喜爱一项运动，使锻炼成为终身习惯，让健康成为一种文明生活方式。

2. 倡导职工学会一项基本的运动锻炼项目，每星期参加一次以上健身活动或体育锻炼。

3. 力争到年底有 50% 职工达到健身锻炼及格的标准，两年内全员达标率达 80%。经过三年的努力，使全分公司职工身体素质得到明显提高，达标率达到 90% 以上，其中优秀率在 30% 以上。

（四）活动内容及项目

1. 举办健康知识讲座，加强体育健身科普教育，帮助干部职工掌握科学的体育健身方法。

2. 利用现有器材进行体力、耐力、速度等方面的锻炼，适时开展跳绳、拉力器、哑铃、踢毽子、原地跳摸高、立定跳远、蛙跳、俯卧撑、仰卧起坐、握力棒、三点移动等活动。

（五）达标标准

按年龄段划分：35 岁以下为青年组，45 岁至 36 岁为壮年组，46 岁以上为中年组。根据性别不同，分别确定不同组别的达标标准。

（六）相关要求

1. 全分公司干部职工坚持每天健身一刻钟、每周健身一小时；每月各车间组织一次健身达标体能测试；每季度分公司组织一次健身达标抽查；每年分公司评选出一批"全员健身达标"活动先进集体和健康职工进行奖励。

2. 每月各车间的健身达标体能测试，由车间自行组织。车间根据职工报名情况，合理安排测试项目、时间和地点。每次测试后，要将测试结果记入车间活动台账。各车间于每季最后一个月 22 日前将职工健身达标体能测试结果上报分公司工会。（每季度测试人员不少于本部门人员总和的 1/4）

3. 每季度分公司组织的健身达标抽查，采取车间推荐和随机指定人员相结合的方式进行。车间推荐人员中要有车间负责人、班组长、工会小组长，随机指定人员所占比例不低于实际抽查人员数的 20%。

按每月车间测试和每季度分公司达标抽查成绩评选名次，发给每组获得小组第一名的车间"全员健身达标"活动优胜红旗，并给予一次性奖励。各车间健身达标成绩与年终评先挂钩，凡是全年没有获得流动红旗的，取消评先评优资格。

第六章
女职工工作内容与流程

女职工是企事业单位的"半边天",在企事业单位的整体工作中起着重要的作用。女职工工作是基层工会工作的重要组成部分,特别是女职工人数较多的单位,更是工会的重要工作内容,做好女职工工作,对工会组织和企事业单位发展关系重大。

第一节　女职工工作基本任务与组织建设内容与流程

妇女的解放和发展是社会进步的象征。做好女职工工作，关系到为党和人民事业发展提供强大力量，关系到巩固党执政的阶级基础和群众基础，基层工会应高度重视和支持女职工工作，让女职工发挥好"半边天"的作用，促进工会和单位整体工作的发展，为实现经济高质量发展和中华民族伟大复兴的中国梦而奋斗。

一、基本工作内容

女职工委员会是在同级工会领导下和上一级工会女职工委员会指导下的具有民主性和代表性的女职工组织，根据女职工的特点和意愿开展工作。女职工委员会以习近平新时代中国特色社会主义思想为指导，依法表达和维护女职工的合法权益及特殊利益。

（一）基本任务

女职工委员会的基本任务主要有以下六个方面。

1. 团结动员全体女职工发扬工人阶级主人翁精神，积极投身改革开放和社会主义现代化建设，在创建和谐企业的过程中建功立业。

2. 依法维护女职工在政治、经济、文化、社会和家庭等方面的合法权益和特殊利益，同一切歧视、虐待、摧残、迫害女职工的行为作斗争。

3. 协助企业做好女职工劳动保护，参与有关保护女职工特殊权益的规章制度的制定，并监督、协助有关部门贯彻实施。

4. 代表和组织女职工依照法律规定，参加本单位的民主管理和民主监督、民主决策。代表女职工参与平等协商，指导女职工签订劳动合同，参与涉及女职工特殊利益的劳动关系协调和劳动争议的调解工作。用人单位在研究决定涉及女职工利益的问题时，必须听取女职工组织的意见。在单位工代会、职代会中，女会员（职工）代表的比例应与会员（职工）总数的比例相适应。

5. 对女职工进行爱国主义、集体主义、社会主义教育，开展丰富多彩的文化体育活动，引导女职工树立自尊、自信、自立、自强精神，全面提高女职工的思想道德、科学文化技术水平和身体素质。

6. 努力开创女职工工作的新局面，在本级工会组织领导和上级女职工委员会指导下做好女职工工作。

(二) 权益维护

贯彻落实《妇女权益保障法》和有关女职工劳动保护的法律法规，依法维护女职工在政治、经济、文化、社会和家庭等方面的合法权益和特殊利益。

1. 提醒并监督行政方严禁女职工从事以下劳动：矿山井下作业；森林伐木、归楞及流放作业；体力劳动强度分级标准中规定的第四级体力劳动强度的作业；建筑业脚手架的组装和拆除作业以及电力、电信等行业有高处架线作业；连续负重（指每小时负重6次以上）每次负重超过20公斤、间断负重超过25公斤的作业。

2. 提醒并监督行政方严禁女职工在月经期间从事以下劳动：体力劳动强度分级标准中第三级体力劳动强度的作业；食品冷冻库内及冷水等级低温作业；月经期间从事高处作业分级标准中第二级（含二级）以上的作业。

3. 提醒并监督行政方严禁女职工在怀孕期间从事以下劳动：作业场所放射性物质超标的作业；作业场所空气中铅及其化合物、苯、铍、砷、己内酰胺、氰化物、氮氧化物、一氧化碳、汞及其化合物、二硫化碳、氯、氯化烯、环氧乙烷、甲醛等有毒物质超标的作业；制药行业中生产某些药物的作业；全身强烈振动的作业；人力进行的土方和石方的作业；工作中频繁弯腰、攀高、下蹲的作业；体力劳动强度分级标准中第三级体力劳动强度的作业；高处作业分级标准中规定的高处作业。

4. 维护女职工享受应该享受的待遇。如哺乳期女职工在上班期间的特殊保护有：女职工在生育后，婴儿1周岁内应照顾女职工在每班劳动时间内喂乳两次（包括人工喂养）；女职工给单胎每次哺乳时间为30分钟，亦可将两次哺乳时间合并使用；多胞胎生育者，每多生一胎，每次哺乳时间增加30分钟；应避免安排哺乳期内女职工上夜班；女职工在哺乳未满1周岁的婴儿时，禁止安排哺乳期禁忌从事的劳动；不得安排怀孕及哺乳期女职工延长工作时间和夜班劳动。

二、组织与制度建设

（一）女职工委员会的组织制度

1. 根据中华全国总工会印发《工会女职工委员会工作条例》第十二条规定："各级工会建立女职工委员会。女职工委员会与工会委员会同时建立。企业、事业单位、机关和其他社会组织等工会基层委员会中有女会员10人以上的建立女职工委员会，不足10人的设女职工委员。基层工会女职工委员会主任、副主任与工会委员会同时报上级工会审批。"女职工委员会一般由3至7人组成为宜。一般设主任，推选符合条件的女职工委员担任。其具体组成名额和条件由工会规定。女职工委员会候选人由同级工会提名，在充分协商的基础上产生，也可召开女职工大会或代表大会选举产生。基层工会女职工委员会主任、副主任与工会委员会同时报上级工会审批。

女职工委员会主任由同级工会女主席或女副主席担任，也可经民主协商，按照相应条件配备女职工委员会主任，享受同级工会副主席待遇。

2. 女职工委员会在工会领导下开展工作，同时受上级女职工委员会的指导。女职工委员会的任期与工会委员会相同。在任期内委员因某种原因需要调整时，要经民主协商提出替补人选，由工会委员会审议通过；经选举产生的委员，应由下一次女职工大会或代表大会确认。委员因工作调动、退休等原因失去资格，应及时进行补选。

3. 女职工委员会实行民主集中制。凡属重大问题要由女职工委员会进行民主讨论后作出决定。委员会闭会期间，由主任委员主持日常工作。

（二）女职工工作制度

女职工工作的重点在于维护女职工合法权益。女职工委员会要把工作重心放在一线，为广大女职工热忱服务。女职工委员应积极参加委员会的各项活动，积极完成委员会分配给自己的任务和自己所负责的工作，反映女职工组织和女职工的意见和要求，督促落实委员会会议提出的各项目标任务。（女职工工作的具体制度见第七章）

（三）女职工工作方法

女职工工作方法大致有以下几种。

1. 围绕中心，发挥特色。要主动向工会和上级女职工委员会汇报工作，反映女职工问题，取得支持，有针对性地开展女职工工作。

2. 积极工作，争取领导。女职工工作要得到领导的重视，首先要自己重视，作出成绩，要善于提出问题、提出意见、提出计划，请求领导讨论、研究，并积极主动进行工作。

3. 开展竞赛，促进发展。根据每个时期的工作重点，制定出竞赛条件，把女职工工作纳入工会深化"职工之家"建设活动中去，促进女职工工作不断发展。

4. 依靠群众，拓宽渠道。做到"两个依靠，一个争取"，即：依靠女职工工作积极分子开展工作，依靠职工代表解决女职工特殊需要的问题；争取和推动各方面共同努力做好女职工工作。

5. 深入实际，调查研究。经常深入到女职工群体中去，调查研究，了解、掌握和积极反映女职工的意见和建议，协同有关部门为她们解决一些迫切需要又有可能解决的问题。

三、女职工组织建设工作流程

（一）建立、健全组织体系

按照《工会女职工委员会工作条例》和上级工会的要求，建立、健全女职工组织，包括建立、健全公司、分公司、车间女职工委员会和班组女职工小组。

(二) 积极开展日常工作

1. 制定工作规划并加强检查总结。每年初根据单位中心工作、工会中心工作和上级工会女职工委员会的要求，制订女职工工作计划，报单位工会审批后，组织实施。每年6月底对半年工作情况进行检查，及时发现和解决存在的问题；每年12月份对全年工作进行总结，研究解决存在的问题，总结报告及时报单位工会和上级女职工委员会。

2. 利用多种形式对女职工进行自尊、自信、自立、自强为主要内容的教育，提高女职工思想政治素质和科学文化技术素质。

3. "三八"妇女节组织有纪念意义和有时代特色的活动，组织女职工积极参加民主管理和提合理化建议活动。

4. 为女职工发放有关学习宣传材料，每年对专兼职女职工干部进行一次培训。

5. 深入女职工中了解其思想动态，掌握其思想情况。

6. 每年评选表彰先进女职工工作集体和先进女职工工作者，做好会议的记录、填写女职工工作台账。

第二节　女职工权益维护与队伍建设工作内容与流程

一、女职工权益维护

(一) 女职工权益维护的依据

女职工权益维护的法律依据主要包括《妇女权益保障法》《女职工劳

动保护特别规定》等相关法律法规。

1. 《妇女权益保障法》。《妇女权益保障法》是为了保障妇女的合法权益，促进男女平等，充分发挥妇女在社会主义现代化建设中的作用而制定的法律。该法规定了妇女的政治权利、文化教育权益、劳动权益、财产权益、人身权利、婚姻家庭权益及法律责任等。

2. 《女职工劳动保护特别规定》。为减少和解决女职工在劳动中因生理特点造成的特殊困难，保护女职工健康，国务院发布了此规定。主要内容有：用人单位应当加强女职工劳动保护，采取措施改善女职工劳动安全卫生条件；用人单位应当遵守女职工禁忌从事的劳动范围的规定；用人单位不得因女职工怀孕、生育、哺乳而降低其工资、予以辞退、与其解除劳动或者聘用合同；女职工生育享受的产假、产假期间的生育津贴；对哺乳期的相关规定及用人单位违反规定的法律责任等。附则中明确了女职工禁忌从事劳动的范围，经期、孕期、哺乳期禁忌从事劳动的范围。

3. 其他相关法律法规。《劳动法》《劳动合同法》等法律法规也对女职工权益维护做出了相关规定。

这些法律法规为女职工提供了全面的劳动保护，保障了她们的合法权益。

(二) 女职工权益维护的途径和方法

女职工特殊权益维护的途径和方法可以归纳为以下几点。

1. 了解和利用法律武器。女职工应该了解相关的法律法规，如《妇女权益保障法》《劳动法》《劳动合同法》等，在权益受到侵害时，运用法律武器来维护自己的合法权益。

2. 向工会及工会女职工组织寻求帮助。工会及工会女职工组织是代表女职工利益的群众组织。当女职工权益受到侵害时，可以向所在企业或地方的工会女职工组织寻求帮助，它们会提供必要的支持。

3. 向劳动调解委员会和劳动争议仲裁委员会申请调解和仲裁。如果女职工与用人单位之间发生劳动争议，包括因劳动关系、劳动合同的订立、履行、变更、解除和终止，以及因工作时间、休息休假、社会保险、福利等发生的争议，女职工可以向所在单位和地方的劳动调解委员会和劳动争议仲裁委员会申请调解和仲裁。

4. 要求有关主管部门处理。如果女职工的劳动和社会保障权益受到侵犯，可以要求劳动和社会保障部门处理。人身、财产权益受到侵害，可以要求公安机关制止和处理。

5. 向人民法院提起诉讼。如果女职工的民事权益，如财产权益、婚姻家庭权益等受到公民或组织的侵害，可以选择向人民法院提起民事诉讼。

总的来说，女职工特殊权益维护的途径和方法是多种多样的。女职工应该根据自身情况选择合适的维权方式，并积极寻求帮助和支持，以确保自己的合法权益得到有效保障。同时，女职工也应该加强自我保护意识，提高法律素养，以更好地维护自己的权益。

二、女职工队伍建设

女职工队伍建设是一个多维度、系统性的工作，涉及思想引领、技能提升、权益保障等多个方面。要明确女职工队伍建设的目标，即提高女职工的整体素质，充分发挥女职工在企业和社会中的重要作用。这包括提升女职工的职业技能、领导能力、团队协作能力以及自我保护能力等。

（一）思想引领，提升素质

1. 加强思想引领，提高女职工的文化素养和精神追求。工会组织应该引导女职工追求积极健康的生活品质，可以通过开展各种文化活动、道德讲堂、读书会等方式，不断提高她们的文化素养和精神追求，帮助女职工树立正确的价值观和职业观。

2. 实施素质提升工程，通过岗位培训、职业技能竞赛等方式，激励女职工刻苦学习、奋发向上，提升女职工的岗位技能，为企业的生产经营和发展建设提供有力的人才保障。同时，女职工自身也应积极制定学习目标，注重提高履行岗位职责的能力，以在竞争中保持优势。培养高素质女性人才队伍。

3. 树立榜样，发挥优秀女职工的示范作用。企业应积极选拔和培养优秀的女职工，将她们树立为榜样，以激励其他女职工不断进步。同时，优秀女职工的成功经验也可以为其他女职工提供有益的参考和借鉴。

(二) 搭建平台，促进发展

1. 加强培训教育。要加强对女职工的培训和教育，包括职业技能培训、团队协作训练以及自我保护教育等。通过这些培训和教育，可以提升女职工的专业素养和综合能力，使她们更好地适应职场需求。应建立公平的选拔和晋升机制，确保女职工有平等的机会获得晋升和职业发展。同时，要关注女职工的职业生涯规划，为她们提供更多的发展机会和空间。

2. 搭建载体平台。如工作技能、生活技艺发展平台，兴趣爱好小组等，促进女职工之间的交流与合作。这些平台可以为女职工提供学习、分享和成长的机会，助力职工快乐工作，愉悦生活。

这些措施将有助于打造一支高素质、有活力、有担当的女职工队伍，为企业的持续发展和社会的全面进步做出积极贡献。

三、女职工权益维护和队伍建设工作流程

(一) 女职工权益维护工作流程

1. 宣传贯彻执行有关女职工的法律法规、方针政策，教育女职工用法律武器维护自身的合法权益。

2. 按照《女职工劳动保护特别规定》，保护女职工在劳动和工作中的安全和健康。

3. 接待和处理女职工的来信来访，处置率达100%。

(二) 女职工队伍建设工作流程

1. 制定规划。制定规划中应把握以下几点：围绕中心，服务大局，明确定位，设定总体目标与阶段性目标。

2. 强化实施。抓好对规划的落实，明确具体的措施、载体、平台、分项指标、进度、责任人等。可纳入工会整体工作中、年度计划中，统筹安

排进行。

3. 检查监督。对各项具体工作进行检查监督考核，对好的经验进行总结，推广宣介，表彰奖励；对存在的问题分析查找原因，制定措施，促进鞭策。

4. 整改提高。通过各种新媒体广泛宣传女职工工作先进经验、好的工作方法与办法措施，激励先进，促进整体水平的提升。特别是要紧盯存在问题的整改，把各项改正、完善的措施，相关的具体工作落到实处。

第三节　文本范例

××公司女职工工作实施方案

（一）健全女职工组织，规范女职工工作制度

目标：完善女职工工作体系，发挥女职工组织作用。措施如下。

1. 组织健全：各级工会建立、健全女职工委员会。

2. 干部配备到位：公司工会设立女职工委员会，女职工委员会主任由工会女副主席兼任，分工会配备一名兼职女职工主任，负责女职工工作，及时补选缺额女职工干部，保证工作正常运转。

3. 每半年召开一次女职工工作会议，布置工作任务；对女职工干部进行培训，不断提高女职工干部理论水平和实际工作能力。时限：一般在6月，12月。

4. 每半年向同级工会委员会和上级工会女职工委员会报告女职工组织工作情况。时限：6月，12月。

5. 完善女职工档案，对女职工信息资料动态管理，及时更新数据库。时限：每季度末。

（二）履行女职工工作职能，深入实施依法维权工程

目标：切实维护女职工合法权益和特殊利益。措施如下。

1. 加强学习，提升业务能力，熟知与女职工工作相关的法律法规，能够解答和处理女职工工作的实际问题。

2. 深入基层听取、征集女职工意见、建议，了解和掌握女职工工作面临的新变化、新情况，及时协调解决女职工工作中出现的问题。时限：全年。

3. 发挥女职工参政议政作用。在职工代表中，女职工代表比例要与女职工占职工总数的比例基本一致，并通过职代会提案等形式，维护女职工权益。时限：上半年。

4. 关心女职工生活，为女职工做好事、办实事，帮助生活遇到困难的女职工解决困难，对生活出现暂时困难和特殊困难的女职工家庭根据实际情况，按照相关规定发放补助金，及时进行困难救助。时限：全年。

（三）开展争创女职工建功立业标兵活动

目标：总结表彰宣传各类女职工先进。措施如下。

1. 发现和培养总结各岗位先进女职工材料，通过微信公众号、门户网站等进行不同形式的宣传。时限：全年。

2. 深化"巾帼建功立业"活动；积极参与技能比赛、岗位培训活动。时限：2、3季度。

3. 向上级女职工部推荐先进女职工和"三八"红旗手、"三八"集体。时限：1季度。

4. 建立女职工各类先模人物档案。时限：2、4季度。

（四）开展丰富多彩的文体活动

目标：开展愉悦女职工身心的文体活动，调动女职工的工作积极性，增强凝聚力。措施如下。

1. "春节""国庆"等节日，组织参加各类文化、体育活动。时限：节日前后。

2. "三八"妇女节期间，组织慰问一线在岗女职工，组织茶话、插花、游艺活动。时限：3月。

3. 组织女职工参加企业和工会组织的各类培训，参加各职能部门组织的业务知识讲座、政治理论学习等。时限：全年。

第七章
财务工作内容与流程

　　工会财务工作是工会组织开展活动做好各项工作的保障和基础，工会经费审查可以保证工会经济活动的合法性和效益性，保证工会经费使用和资产管理规范。应切实加强财务工作为工会整体工作提供支撑，规范完善经费审查工作促进工会工作发展。

第一节　财产、经费管理工作内容与流程

工会财务工作是指各级工会组织以及所属企业、事业单位，在履行工会的社会职能过程中，发生的筹集、分配、运用、管理资金的活动以及所体现的经济关系。工会财务工作的任务主要是收好、管好、用好工会经费。在这三项任务中，收好经费是基础，即按照《工会法》《中国工会章程》规定，积极组织收入，提高工会经费收缴率，并按时足额上缴经费；管好经费是手段，即按照《工会法》赋予的权力，由全国总工会确定独立管理经费的财务体制，建立、健全各项财务制度，并对各级工会财务工作实施指导和监督；用好经费是目的，就是按照"统筹兼顾保证重点"的原则，在资金上为工会开展工作，尤其是为各个时期工会重点工作提供有力的保证。工会财产包括固定资产、低值易耗品和材料。工会经费包括经费和资金。工会经费管理的任务是：保管好工会经费安全完整，防止流失，合理分配，充分发挥其效用，保证工会正常开展工作的需要。工会经费的收入、使用和管理是工会财务工作的核心。

一、工会会计工作

工会会计是各级工会核算、反映、监督工会预算执行和经济活动的专业会计。工会依法建立独立的会计核算管理体系，与工会预算管理体制相适应。

（一）组织、人员和制度

县级以下工会应当根据会计业务的需要设置会计机构或者在有关机构中设置专职会计人员；不具备设置条件的基层工会，应当委托经批准设立从事会计代理记账业务的中介机构代理记账或者聘请兼职会计。各级工会

应当建立、健全内部控制体系，完善岗位责任制度和内部稽核制度。

（二）基本准则

工会应当对其自身发生的经济业务进行会计处理和报告。工会会计要素包括：资产、负债、净资产、收入和支出。其平衡公式为：资产＝负债＋净资产。工会提供的会计信息应当符合工会宏观管理的要求，满足会计信息使用者的需要，满足本级工会加强财务管理的需要。工会会计应当以实际发生的经济业务为依据，如实反映工会财务状况、各项收支情况及结果，保证会计信息真实可靠、内容完整。工会会计应当按照规定的会计处理方法进行，前后各期一致，不得随意变更，以确保会计信息口径一致，相互可比。工会会计应当遵循重要性原则。对于重要的经济业务，应当单独反映。工会应当及时进行会计处理和报告，不得提前或延后。资产在取得时应当按照实际成本计量。除另有规定外，一律不得自行调整账面价值。凡是指定用途的资金，应按规定的用途专款专用，并单独反映。

二、工会经费与财产管理

（一）经费的来源

工会经费的来源主要有以下几方面。

1. 会员交纳的会费。

2. 企业、事业单位、机关、社会组织按全部职工工资总额的2%向工会拨缴的经费或者建会筹备金。

3. 工会所属的企业、事业单位上缴的收入。

4. 人民政府和企业、事业单位、机关、社会组织的补助。

5. 其他收入。

工会经费主要用于为职工服务和开展工会活动。未成立工会的企业、事业单位、机关、社会组织，按工资总额的2%向上级工会拨缴工会建会筹备金。

（二）经费的提取拨缴标准

企业、事业单位、社会组织无正当理由拖延或者拒不拨缴工会经费，基层工会或者上级工会可以向当地人民法院申请支付令；拒不执行支付令的，工会可以依法申请人民法院强制执行。工会经费分成比例的划分，是工会经费的初次分配，也就是工会会费和行政拨缴经费在各级工会财务管理单位之间的分配。各级经费管理单位的经费分成规定如下。

1. 基层工会所收会费全部自行留用。

2. 行政拨交工会经费的分成规定如下：基层工会分成不少于60%；省、县（市）两级工会不超过35%，各留多少由省、自治区、直辖市总工会决定；上交全国总工会5%。

3. 中央或省、自治区、直辖市直属大型工矿联合企业的总厂、公司、矿区、有二级工会组织的，其经费分成一般不少于70%，或者对其总厂、公司、矿区一级工会组织的经费按预算拨款或经费领报办法解决。采取哪种办法，由省、自治区、直辖市总工会决定。

4. 跨越数省、按系统核算、多层次的大型企业的工会，如内河航运、流域规划、石油管道等的工会组织，要求按系统管理经费的，经该企业工会组织所在地的省、自治区、直辖市总工会报全国总工会批准后，可以按企业系统管理经费。其经费包括基层工会在内一般按80%分成。其余经费，由基层工会上交所在地的县（市、直辖市属区）总工会，县（市、直辖市属区）总工会自留10%；其余10%上交省、自治区、直辖市总工会，由省、自治区、直辖市总工会上交全国总工会5%。

5. 省、自治区、直辖市总工会对地质勘探野外作业的基层工会的经费，应给以适当照顾。

（三）工会经费财产的日常管理

1. 工会经费、财产和国家及企业、事业单位拨给工会的不动产受法律保护，任何单位和个人不得侵占、挪用和任意调拨；不得改变工会所属企业、事业单位的隶属关系。

2. 工会组织合并，其经费财产归合并后的工会所有；工会组织撤销或解散，其经费财产由上级工会处置。

3. 各级人民政府和企业、事业单位、机关应当为工会办公和开展活动，提供必要的设施和活动场所等物质条件。工会所属的为职工服务的企业、事业单位，其隶属关系不得随意改变。

4. 工会经费的支出。工会经费的支出是指工会为开展各项工作和活动所发生的各项资金耗费及损失。支出按照功能分为职工活动支出、维权支出、业务支出、行政支出、资本性支出、补助下级支出、事业支出、其他支出。职工活动支出指用于开展职工教育、文娱、体育、宣传活动以及其他活动等方面的开支。其他支出指各级工会除职工活动支出、维权支出、业务支出、行政支出、资本性支出、补助下级支出、事业支出以外的各项支出。基层工会的办公设施及其维修费用、专职工作人员的人事费、劳动竞赛费用、召开职代会所需要的费用、职工培训、劳动模范的休养活动的费用等均属于行政支出，工会经费不能用于这些活动。基层工会在保证正常工作活动且经费有结余的前提下，可用部分结余经费或实物开办为职工服务的"三产"或作投资经营。但必须进行可行性经济分析论证，经经费审查委员会审查同意，工会委员会讨论后编列预算，并严格按照规定的流程，履行必要的法律手续，确保投资项目的保值增值。基层工会根据实际需要和经费情况以及开支原则、范围、编列预算，掌握使用。基层工会如果经费确有不足，影响工会工作正常开展时，可按《工会法》和《中国工会章程》的规定，提请行政给予补助。

5. 工会专职人员工资福利。企业、事业单位、机关工会委员会的专职工作人员的工资、奖励、补贴，由所在单位支付。社会保险和其他福利待遇等，享受本单位职工同等待遇。

（四）工会经费财产管理工作的原则和任务

1. 原则。"统一领导，分级管理"是工会财务和经费管理的基本原则。统一领导就是指全国总工会对全国各级工会的财务工作实行统一领导职责，各级工会及其企业、事业单位对于全国总工会制定的有关规定、制度应该遵守，不能自行其是。分级管理，就是按照组织领导系统，确定财务管理的层次；按级分配经费；设置管理机构；下级向上级报告工作和反映情况，上级对下级的工作进行检查监督。

2. 任务。一是收好。根据有关规定，将行政拨缴经费、财产分别登记建卡建账；把会员缴纳的会费及时收足收齐，做到不拖欠、不漏缴。只有这样才能保证和逐渐增强工会为职工群众办事的物质力量。二是管好。正确贯彻执行上级工会规定，实行财、物专人负责管理，做到物尽其用、财至其位、使用合理、开支合法；按财务制度的规定，做好记账、建卡工作，以备易人交接和上级核查。三是用好。在财产设备使用上要讲求最大的社会效益，管好、用活，满足广大职工的需要；在经费使用上根据量入为出、统筹兼顾、勤俭节约、发扬民主的原则，做到用得适当、群众满意，把保证工会工作的需要和节约使用经费结合起来，少花钱，多办事。收好、管好、用好是相互联系的，互相补充的。收好是基础，管好是手段，用好是目的。

（五）工会经费、财产管理工作的特点

1. 群众性。工会财产、经费要用之于群众。在使用中要根据群众的意愿和要求，开展各项群众活动，为职工群众办好事、办实事。工会财产、经费的代管采取民主管理的形式，代管使用情况要定期向职工群众公布，使职工群众了解情况，对工会财产经费的收、管、用实行有效的监督。

2. 独立性。工会财产、经费按系统实行独立管理是区别于其他社会团体以及企业、事业单位财产的重要标志。工会根据财产、经费独立原则，按工会系统自下而上收缴经费、调拨财产，按工会系统审批后执行，财产和经费都自成体系，充分体现了工会经费管理的独立性。

3. 民主性。工会的财产、经费，要置于会员的管理和监督之下，依靠会员群众和积极分子实行民主管理，这是做好工会财产、经费工作的重要保证。要根据会员群众的意见和要求，为会员群众当好家、理好财、办好事。坚持走群众路线，充分发扬民主，实行民主理财、理物，接受会员群众的监督。其基本要求是：花钱、办事同会员群众商量，了解他们的需要；组织和依靠会员群众和积极分子，参与财产、经费管理和监督检查工作。

三、工会财务人员的职责与权限

（一）财务人员的职责

工会财务人员的职责主要有六个方面：一是遵守、宣传维护国家财经制度和工会财务纪律，同违法乱纪行为作斗争；二是负责编制并执行经费预决算制度；三是遵守开支范围和开支标准；四是及时协调足额收缴、上解工会经费；五是按照会计工作规定，做好报账、算账、记账工作，定期编制会计报表；六是定期检查预算执行情况，考核资金使用效果。

（二）财务人员的权限

一是有权要求本单位有关部门、人员认真执行预算，遵守国家财经制度和工会财务纪律。如有违反，有权拒绝执行，并向本单位和上级报告。二是有权检查本单位有关财务收支、资金使用和财产保管、收发、计量、检验等情况。

四、工会资产管理

工会资产包括流动资产、投资和固定资产等。

（一）投资

1. 投资是指工会按照国家有关法律、行政法规和工会的相关规定，以货币资金、实物资产等方式进行的投资。投资按其流动性分为短期投资和长期投资；按其性质分为股权投资、债权投资等。投资在取得时应当按照其实际成本入账。以货币资金方式对外投资，以实际支付的款项记账。以实物资产方式对外投资，以评估确认或合同、协议确定的价值记账。

2. 投资期内取得的利息、利润、红利等各项投资收益，应当计入当期收入。

3. 处置（出售）投资时，实际取得价款与投资账面余额的差额，应当计入当期投资收益。对于因被投资单位破产，被撤销、注销、吊销营业执照或者被政府责令关闭等情况造成难以收回的未处置不良投资，报经批准认定后应当及时核销。

（二）固定资产

固定资产是指工会使用年限在一年以上、单位价值在规定标准以上，并在使用过程中基本保持原来物质形态的资产。包括房屋及建筑物、专用设备、一般设备、文物和陈列品、图书、其他固定资产。

1. 一般设备单位价值在 1000 元以上，专用设备单位价值在 1500 元以上，为固定资产。单位价值虽未达到规定标准，但是使用时间在一年以上的大批同类物资，按固定资产管理。

2. 固定资产在取得时应当按照其实际成本入账。对固定资产进行改建、扩建，其净增值部分，应当计入固定资产价值。固定资产修理费用直接计入当期支出。

3. 处置（出售）固定资产时，冲减其账面余额并相应减少固定基金，处置中取得的变价收入扣除处置费用后的净收入（或损失）计入当期收入（或支出）。

4. 工会应当定期对固定资产进行清查盘点，每年至少全面盘点一次。对于盘盈、盘亏或报废、毁损的固定资产，应当及时查明原因，报经批准认定后及时进行处理。盘盈的固定资产按照其公允价值入账，并相应增加固定基金；盘亏的固定资产，冲减其账面余额并相应减少固定基金。报废、毁损的固定资产，冲减其账面余额并相应减少固定基金，清理中取得的变价收入扣除清理费用后的净收入（或损失）计入当期收入（或支出）。基层工会一般由负责财务和综合的人员管理固定资产。要建立、健全制度，重视固定资产的采购、供应、保管、使用、维修养护、清查盘点、报废、报损等工作。固定资产达到规定的年限，不能修复使用的，可以报废。报损应经本单位领导同意并请示上一级工会主管部门。

五、工会经费、财产管理工作流程

加强工会经费的收入、使用和管理工作，要重点从三个方面努力。

(一) 提高认识

按照党的二十大确定的目标任务和坚持走中国特色社会主义工会发展道路的方针，贯彻服务大局、服务基层、服务职工的宗旨，加强政策指导，推动改革创新。依法收好经费，广开财源，增强工会实力，强化财务管理，完善制度建设，发挥资金效能和调控职能，确保工会各项重点工作的开展，在工会全局中发挥更加重要的作用。

(二) 狠抓收入

工会经费的来源主要是：建立工会组织的企业、事业单位、机关和其他经济、社会组织按照每月全部职工工资总额的2%向工会拨缴的经费。为做好工会经费的收缴工作，《中国工会章程》第三十八条规定"县和县以上各级工会应当与税务、财政等有关部门合作，依照规定做好工会经费收缴和应当由财政负担的工会经费拨缴工作。未成立工会的企业、事业单位、机关、社会组织，按工资总额的2%向上级工会拨缴工会建会筹备金"。各地此前已经在实践中创造了许多成功的经验，进行了有益的尝试。要充分借助这一有力措施，抓好经费的收缴工作。

(三) 强化管理

工会经费主要用于为职工服务和工会活动。要在全方位推进工会经费收缴工作的同时，坚持科学管理，进一步提高工会经费的使用效能。上级工会要建立、健全完善的审计制度，使工会经费经得起审计。要弘扬艰苦奋斗的作风，努力压缩行政性开支，坚决制止奢侈浪费现象，使职工的钱用到职工身上，使工会有限的经费用到最需要的地方，使工会经费在工会工作中更好地发挥作用。

第二节 经审工作内容与流程

工会应当根据经费独立原则，按照规定编制和审批预算、决算并建立经费审查监督制度，定期向工会会员（代表）大会和上一级工会委员会报告经费收支和资产管理情况，接受工会会员（代表）大会、上级和同级工会经费审查委员会审查监督。工会会员（代表）大会有权对经费使用情况提出意见。工会经费的使用应当依法接受国家的监督。

一、资产监督

资产，是指可作为生产要素投入生产经营过程中，并带来经济效益的财产。工会资产，是指在法律上由工会组织拥有所有权的各类资产。具体来讲，它是指工会以各种形式投资及其收益、拨款和接受馈赠所形成的财产或财产权利。同时，也包括依照有关法律法规认定的属于工会的各种类型的财产或财产权利。

（一）工会资产监督管理的目标

工会资产监督管理的目标，可分为总体目标和具体目标。总体目标是，维护工会资产合法权益，保护资产安全，提高资产利用效率，更好地履行工会的职责和社会职能服务。经营性工会资产监督管理的目标是：保护工会产权，实现资产优化配置，确保资产保值增值，以最少的资产消耗取得最大的经济效益。非经营性工会资产监督管理的具体目标是：维护资产的安全性、完整性，提高资产利用效率，以最少的资产占用为职工提供最大限度的服务。

（二）工会资产监督管理的任务

工会资产是工会组织的宝贵财富，是工会联系职工、服务职工、凝聚职工必不可少的物质基础。工会资产监督管理的任务有以下几个方面。一是充分认识加强工会资产监督管理的重要性。着眼于从整体上、总量上监督管理好、经营好工会资产。不仅要注重资产的物质形态，更要注重资产的价值形态；不仅要注重资产的基础管理，更要注重资产的运营管理，不断盘活存量，优化增量，使工会资产在流动中保值增值。二是构筑完整的监督管理体系。努力构筑包括"守土有责"、谁主管谁负责的领导责任机制；分级管理、层层把关的监督管理机制；依法保护工会资产的维权机制和权责明确、管理规范、上下协调、精干高效的组织体系。三是建立高素质的监管队伍。强化监管队伍建设，培养清产核资、产权界定、产权登记、资产统计、纠纷调处等方面人才，做到职责到位、思想到位、工作到位。四是营造良好的监督管理环境。加强工会资产监督管理，需要工会上下通力合作，也离不开各级党委政府及社会各界的支持、理解与帮助，要努力营造一个良好的监督管理环境。一方面要加大对《工会法》等法律法规关于工会资产相关规定的宣传力度；另一方面要加强同工商、税务、金融、司法等部门的沟通与协调，推动依法保护工会资产良好环境的形成。

二、经费审查工作

（一）经费审查与审计

1. 工会经费审查的含义。工会经费审查委员会替广大会员监督工会经费的使用情况，进行经费审查工作。工会经审的对象是工会及其所属单位的各项经济活动；工会经费收支预算的制定、执行和决算；企业拨缴工会经费和工会经费的收支；所属单位的经营管理及其效益情况。经费审查的目的是保证工会经济活动的合法性和效益性，保证工会经费使用和资产管理规范，防止腐败行为和违法乱纪行为的发生。

2. 经费审查的地位和职能。工会经费审查工作是工会工作的组成部分，是贯彻工会经费独立原则的客观要求，是加强廉政建设、健全和完善工会监督机制的重要措施，是规范工会会计工作的现实要求。工会经费审查的基本职能是监督和评价。通过对经费的使用情况进行审计，对工会的经费使用情况进行客观的评价，肯定成绩，批评错误，揭露问题，严肃财经纪律，防止腐败现象的发生，保证经济活动沿着健康的轨道发展。审计要对被审计单位（授权人或者委托人）的会计记录和报表等资料进行检查并验证，以确定其财务状况是否真实、公允并出具审计报告（证明），以便为其提供确切的信息。

3. 经费审查的作用和任务。工会经费审查的作用是：促进工会贯彻执行国家的财政法律法规和政策纪律，确保工会经费的正确使用，更好地为会员和职工群众服务；促进工会经费的收缴工作，增加工会经费的收入；协助工会领导民主科学地进行决策。经费审查工作坚持同级审查为主、下级审查为辅的原则。主要有以下几项任务。(1) 审查监督工会经费收支预算、执行和决算。各级工会应该按规定编制预算，支出超预算的，必须编制预算调整方案，一般年内调整一次。经费审查委员会对方案必须进行审查，经过审查方可报上级工会。(2) 审查监督行政拨缴的经费。对存在的问题及时报告、反映和协调沟通，促进问题的解决。(3) 审查监督工会企业、事业单位的经济活动及其效益。对企业、事业单位的审计，一般每年进行一次。(4) 审查监督工会专项经费的提取和使用。工会可从工会所办的企业、事业单位收支结余中提取一定数额的事业发展基金，用于扩大工会事业，补充预算资金的不足。有的工会在送温暖工程中，还陆续建立了一些帮困基金。这些基金的提取和使用，都应严格控制在规定的范围内。对专项基金的审计应定期进行。(5) 审查监督工会财产的安全、完整。(6) 审查监督工会领导人及其企业、事业单位领导人的经济责任。认真做好离任审计。做好工会组织撤并，企业、事业单位合并、分立或者资产重组中的审计，明确责任，防止资产流失。(7) 其他方面的审计。

4. 经费审查的方法。工会经费审查中常见的方法有如下几个。(1) 审阅法和核对法。通过对会计凭证、会计账簿等书面资料的阅读和审查，检查其真实性、合理性、合法性，取得审计证据。核对书面资料的相关记录，账账核对、账证核对、账表核对，验证其是否真实。(2) 顺查法和逆查法。顺着会计业务处理的顺序进行检查，仔细全面，但效率低，主要用于规模和业务量小、问题少的单位。按照业务处理流程的反方向进行，节省时间，用这种方法的人多，但对检查人员的素质要求高。(3) 复核法和调查法。对会计资料中的有关数据进行验算，以确定是否正确的方法，叫复核法。调查法主要有查询法、观察法和盘点法。其他的方法还有详查法和抽查法。

（二）经费审查委员会

工会经费审查委员会监督工会的财产管理，对会员负责并向工会和会员代表大会报告工作。上级工会经审会应维护下级经审人员的正当权益，当下级经审人员正常工作受到阻挠时，支持他们的工作，为他们创造良好的工作环境。

1. 经审会的职责。经费审查委员会有权检查工会委员会的账目并向广大会员公布，提高工会经费使用的透明度；经审会有权检查工会会员（代表）大会关于工会经费收支情况报告决议的履行情况，促进其加强财务管理；经审会有权检查工会对经审会决议的落实情况，把审计监督工作落到实处。经审会还负责监督财务、财产管理人员的交接工作，保证工会资产的财产的完整。

2. 主要任务。工会经费审查委员会的主要工作任务如下。（1）审查本级和下级工会组织经费收支预决算和资产管理情况；审查所属企业、事业单位的财务收支和经费管理情况；监督贯彻执行国家财经政策、纪律、法规和工会财务方针、制度情况。（2）督促同级工会定期公布财务账目，报告财务收支情况，实行财务公开，发扬财务民主。（3）检查同级工会对工会会员（代表）大会有关决议的执行情况。（4）宣传党和国家的财经方针、政策，同铺张浪费、私分钱物、贪污盗窃、侵占国家和工会资产行为进行斗争。对模范执行财经法纪，财务工作成绩显著的单位或个人，建议给予表扬、奖励。（5）深入调查研究，听取职工群众意见，积极参与和支持财务改革，对工会经费收支、资产管理提出改进意见和建议，促进完善各项财务制度。（6）工会组织机构变动和财务、资产管理负责人工作调动，负责监督做好交接工作；对工会领导人员和直属企业、事业单位负责人实施经济责任审计。

3. 工作制度。工作制度主要有：岗位责任制度、计划管理制度、对下检查指导工作制度、请示报告制度、档案管理制度、保密制度。

4. 会议制度。工会经费审查委员会应定期举行会议，由主任召集和主持。每次会议应有2/3以上的委员参加，形成决议应经应到会半数以上委员通过。议事范围：一是审议通过年度工会委员会的经费收支情况报告；二是审议通过经费审查委员会的工作报告；三是指导下级工会经费审查的有关文件；四是审议有关工会财务、资产管理的其他事项。

5. 职责和纪律。由于工会经费审查一般在同级工会领导下进行且一般是副主席担任委员会主任，基层经费审查委员会人员是兼职，经费审查工作在实际工作中存在一些困难。经费审查委员会及其工作机构人员要明确自己的职责，努力做好工作。经审人员是受广大会员的委托进行审查监督的，责任重大。要强化为工会工作服务，为会员服务的意识；认真坚持有关规章制度；要经受住金钱的诱惑；要自觉接受会员群众的监督；要以事实为依据，对审计的真实性负责，秉公办事，廉洁奉公。要遵守工作纪律和保密纪律，维护经费审查工作的独立性和权威性。要严格按经费审查标准和有关规定进行审计，执行审计流程；对经费审查对象的资料要妥善保管，及时归还，严禁乱拆、涂改、丢失；必须由两名以上审计人员进行调查取证，清点钱物必须由两名以上审计人员进行，被审计单位领导必须到场；发现重大问题必须及时报告。审计计划和内容没有公开前，必须保密；不能泄露发现的疑点和问题；不能泄露举报人的情况；审查报告没有公开前必须保密等。要公正客观进行，不得享受任何特殊的待遇。

三、经费审查监督工作流程

工会经费和资产的审查监督工作，是贯彻工会经费和资产独立原则的客观要求，是代表工会会员群众依法履行的审查和监督。必须依照《工会法》《中国工会章程》的规定，加强对工会经费和资产的审查和监督，保证工会经费和资产的安全和完善。

要健全组织，加强领导。只要成立工会组织并独立管理经费，就必须成立经费审查委员会并建立经费审查制度。工会经费审查委员会由同级工会会员（代表）大会民主选举产生。经费审查委员会的办事机构统称经费审查委员会办公室，列入同级工会委员会机关部门的正职级序列，负责处理经审会的日常工作。

要建立、健全工作制度。经费审查委员会要制定严格的工作制度和规范的工作流程，以对组织和会员群众高度负责的精神努力工作。工会经费审查委员会向同级工会会员（代表）大会负责并报告工作。在大会闭幕期间，向同级工会委员会负责并报告工作，同时接受监督。

要深入调查研究，听取职工群众意见和建议。要对本级和基层单位工会财产管理和经费工作有一个准确的分析和正确的判断，明确工作任务。

要制订规划，认真实施。年末年初，要制订明确的详细的工作规划，列出详细的审计计划，包括单位、时间、人员组织和力量调配等，认真将规划和方案进行落实，坚持客观公正地进行审计。

要分析总结，促进提高。审计完毕，要出具报告。要认真分析存在的问题，提出解决问题的意见与建议。要总结和宣传先进单位的经验，表彰先进。

第三节　文本范例

××工会财务会计管理规范化建设竞赛考核标准

（一）会计机构管理规范（10分）

1. 设置会计机构，配备会计机构负责人和会计人员，2分。2. 设置会计岗位，明确工作职责，2分。3. 会计机构负责人和会计人员发生变动时，按规定办理交接手续，2分。4. 会计人员持有会计从业资格证书并且每年接受继续教育培训，2分。5. 任用会计人员实行回避制度，2分。

（二）内部控制制度规范（10分）

建立、健全管理制度：1. 预算制度；2. 决算制度；3. 货币资金管理制度；4. 票据管理制度；5. 财务收支管理制度；6. 专项资金管理制度；

7. 债权债务管理制度；8. 账务处理制度；9. 内部会计控制制度；10. 资产清查制度；11. 会计分析制度；12. 岗位责任制度；13. 会计档案管理制度。10分。少一项扣1分，最多扣10分。

（三）会计核算质量规范（18分）

1. 按规定建账，有总账、明细账、日记账，设有必要的辅助账簿和备查簿，3分。2. 发生经济业务，按规定程序及时办理会计核算手续，3分。3. 原始凭证格式、内容、填制方法、审核程序等符合有关规定和会计制度，3分。4. 记账凭证内容、填制方法、所附原始凭证合法有效并齐全，3分。5. 经费开支手续完备，3分。6. 定期核对账目和清查资产，保证账证相符、账账相符、账实相符，3分。

（四）预决算管理规范（48分）

1. 预决算报表管理，23分。具体为：内容完整，包括同级经费审查委员会审查意见、预决算说明书、预决算报表、预决算明细，10分。按照规定时间上报预决算报表，5分。预决算报表质量符合规定，经分管财务工会主席、财务负责人审阅并签章，报经工会常委会审议和同级经费审查委员会审查通过并签章，上报报表非复印件，3分。预决算报表数字真实、计算准确，勾稽关系正确，5分。

2. 预决算审批，15分。具体为：年度预决算报告符合预决算编报通知要求，10分。半年决算报告内容完整，数字真实、准确，按时上报，5分。

3. 工会经费收支决算汇总，10分。具体为：编报及时2分。有详细分析说明2分。汇总率达到80%以上4分。汇总表数字计算准确，印章齐全，2分。

（五）日常财务管理规范（40分）

1. 经费上缴考核：按月上缴考核，每月6日前上缴经费，8分。2. 会计报表考核：每月6日前通过电子邮件上报上月资产负债表、收入支出表、经费收缴情况表，8分。3. 按规定开立独立银行账户，实行经费独立核算与管理，4分。4. 会计岗位之间相互牵制，2分。5. 财务专用章由专人保管，支票与印鉴分别保管，2分。6. 现金管理符合规定，2分。7. 银行存款管理符合规定，2分。8. 重大资金支出实行集体决策和审批，2分。9. 没有"小金库"或账外设账行为，2分。10. 用于账务处理的计算机会计工作专用，不联网，账务处理等电子数据定期备份，3分。11. 会计档案管理工作由专人负责，并符合有关规定，2分。12. 定期对下级财务会计管理规范化进行指导和检查，3分。

（六）资产管理规范（16分）

1. 资产统计管理，10分。具体为：按照规定时间通过网络对工会资产情况进行填报和汇总上报，6分。同时上报纸质报表，内容完整，数字准确，2分。装订整齐，印章齐全，2分。2. 资产日常管理，6分。具体为：按制度与要求，履行资产增减及处置申报程序，3分。土地使用权证、房屋所有权证办理及时完整，3分。

（七）票据使用管理规范（8分）

1. 按规定领购、发放、缴销《工会经费收入专用收据》等票据，并按时报送报表，2分。2. 按规定正确使用票据软件管理端和开票端，3分。3. 专用收据指定专人负责管理，无丢失、损毁，3分。

（八）加分项目

经费上缴超指标5%加3分；超10%加7分；超15%加12分。经费上缴未完成指标，每降一个百分点扣2分。

第八章
智慧工会与自身建设内容与流程

工会的自身建设是做好工会各项工作的基础,对工会的整体工作起着重要的支撑作用。智慧工会建设是工会工作适应新时代、新形势、新要求的创新实践,是工会工作的发展趋势,是一项全新的系统工程,是推动工会工作现代化的必要手段。在新时代,应该切实加强工会自身建设,推动工会工作的智慧化发展。

第一节　思想和组织建设工作内容流程

一、思想与组织建设的主要工作内容

（一）思想与政治建设工作内容

1. 认真学习贯彻习近平新时代中国特色社会主义思想，切实用以武装头脑、指导实践、推动工作。健全完善理论武装长效机制，综合运用工会干部教育培训、党校和工会院校学习、网络学习培训等平台和载体，探索构建理论学习培训制度体系和成果评价体系。

2. 扎实开展学习贯彻习近平新时代中国特色社会主义思想主题教育、党史学习教育、理想信念教育和中国工运史教育，巩固深化教育成果。

3. 加强工会系统基层党组织建设，坚持党建带工建，积极探索"互联网+党建"工作模式，构建党建和工会业务工作深度融合的长效机制。建立健全联系服务职工长效机制。

（二）组织和队伍建设工作内容

1. 创新组织形式，理顺组织体制，构建纵横交织、覆盖广泛的工会组织体系。坚持以党建带工建为引领，完善党委领导、政府支持、工会主导、社会力量参与的建会入会工作格局，着力扩大工会组织覆盖面，实现组建工会和发展会员工作持续稳步发展。在巩固传统领域建会入会基础上，重点加强新就业形态人员工会组织建设，不断拓展建会入会新的增长点。以25人以上非公有制企业为重点，因地制宜、因行业制宜开展建会集中行动，推进规模较大的非公有制企业和社会组织依法规范建立工会组织。

2. 切实加强区域性、行业性工会联合会建设，健全乡镇（街道）—村（社区）—企业"小三级"工会组织体系，不断扩大对小微企业的有效覆盖。持续深化"八大群体"入会工作，聚焦货车司机、网约车司机、快递员、外卖配送员等重点群体，开展新就业形态劳动者入会集中行动，推动重点行业头部企业建立和完善工会组织。

3. 创新方式、优化程序，推行网上申请入会、集中入会仪式等做法，着力破解建会入会难题，最大限度地把农民工、灵活就业、新就业形态劳动者组织到工会中来。修订组建工会和发展会员考核奖励办法，完善考核通报等制度机制。

4. 坚持把好干部标准贯穿各工会干部选育管用全过程，建设忠诚干净担当的高素质专业化工会干部队伍。完善优秀年轻干部人选库。加大工会干部管理监督力度，健全干部考核评价机制，推进工会干部监督制度化规范化建设。强化积极分子队伍建设。

二、思想和组织建设工作流程

1. 把学习贯彻习近平新时代中国特色社会主义思想作为思想和组织建设的重大政治任务，通过学习切实用以武装头脑、指导实践、推动工作。

2. 健全和完善相应的制度办法，包括本单位制订的或者贯彻落实上级思想政治工作的制度办法的实施细则、具体措施。

3. 狠抓落实，过细做好工作，促进思想建设和组织建设的扎实推进，为整体工作奠定坚实的组织基础，提供强有力的队伍支撑。

4. 调查分析，总结完善，发现并解决存在的问题，促进工作的深化发展。

第二节　制度建设与创新发展工作内容与流程

一、制度建设和创新发展工作内容

(一) 制度和机制建设工作内容

探索新时代工会工作的发展特点和规律，坚持和完善自觉接受党的领导制度，不断巩固党执政的阶级基础和群众基础；坚持和完善发挥工人阶级主力军作用制度，推动健全保障职工主人翁地位的各项制度安排；坚持和完善强化职工思想政治引领制度，加强和改进职工思想政治工作制度、职工文化建设制度；坚持和完善推进产业工人队伍建设改革制度，造就一支强有力的产业工人队伍；坚持和完善维权服务制度，完善维护职工合法权益的制度，构建服务职工工作体系；坚持和完善劳动关系协调机制，推动完善社会治理体系；坚持和完善深化工会改革创新制度，密切联系职工群众；坚持和完善加强工会系统党的建设制度，努力提高工会系统党的建设的质量。

（二）创新发展与激发工会活力工作内容

1. 强化落实到基层、落实靠基层理念，坚持把改革向基层延伸，把力量和资源充实到基层一线，使基层工会组织建起来、转起来、活起来。强化树立依靠会员办会理念，完善基层工会会务公开制度机制，保障会员的知情权、参与权、表达权、监督权。

2. 坚持不懈推进基层工会会员代表大会制度和民主选举制度落实落地，落实会员代表常任制，选优配强基层工会领导班子。普遍实现基层工会按期换届选举，建设一支政治素质好、业务能力强，知职工、懂职工、爱职工的基层工会干部队伍。

3. 加强工会小组建设，选好工会小组长，不断壮大工会积极分子队伍。

4. 建立工会干部联系基层工会的工作机制，加强对下级工会的指导服务，积极协调解决基层工会面临的实际困难和问题。

5. 建立健全激励和保障机制，提升基层工会干部履职能力，让他们在政治上有地位、经济上有获得、履职上有保障、职业上有发展，不断增强工作积极性和职业荣誉感。

6. 推动实行非公有制企业兼职工会干部履职补贴制度。

7. 健全完善会员代表大会评议职工之家制度，深入开展会员评家工作，实现基层工会普遍开展会员评家，以评家促进建家。

8. 加强对社会化工会工作者、专职集体协商指导员等的统筹管理，在薪酬福利、绩效奖惩、教育培训、职业发展等方面提供规范化指导，加强社会工作岗位开发设置。进一步加强工会社会工作专业人才队伍建设，不断提升服务职工群众的能力水平，壮大基层工会力量。

二、制度建设与创新发展工作流程

1. 系统谋划推进工会改革。把增强政治性、先进性、群众性贯穿工会改革全过程，提出深化工会改革的总体思路、重点任务、具体举措、方法路径，明确改革的任务书、时间表、路线图、责任链，对改革任务、责任、进展、薄弱环节等进行盘点、跟踪问效。

2. 坚持问题导向、目标导向，对着问题去、盯着问题改，提出更多具有创新性引领性改革举措。支持基层工会组织开展差别化改革创新，切实增强团结教育、维护权益、服务职工功能对创新做法进行年度评比激励。

3. 健全完善改革评估长效机制，开展年度改革总结和评估工作，加强对制度执行的组织领导和监督检查，推动工会各项工作制度化、科学化、规范化。

4. 总结分析提炼升华。运用质量管理工具 PDCA，进入下一个循环。

第三节　智慧工会建设工作内容与流程

一、智慧工会及初步实践

（一）智慧工会

何为智慧工会？从一些地方的实践来说，一般应从以下几个方面来认识。

1. 智慧工会是利用信息技术和互联网技术，是工会工作发展的新方向和新动力，是将现代化科技手段应用于工会组织管理和服务的一种发展模式。通过数字化、智能化和数据化的手段，智慧工会旨在提升工会组织的效能和服务水平，满足会员的需求，并推动工会工作的创新和发展。

2. 智慧工会建设是工会工作适应新时代发展的必然选择，有助于增强职工群众的获得感和幸福感。未来，智慧工会建设还将继续深入发展。随着新技术、互联网新思维的不断涌现，技术应用已全面融入社会生产生活，引领创新发展，加速经济社会转型。在此背景下，工会组织也开始拥抱技术创新、技术应用，逐步改善工会的工作方式和服务职工的形式，推动智慧工会的建设步伐。

(二) 智慧工会的实践与探索

智慧工会建设是工会工作适应新时代、新形势、新要求的创新实践，推动工会工作实现数字化、智能化、现代化。一些地方进行了智慧工会建设的实践与探索，主要有以下几个方面。

1. 建设工会组织管理的数字化平台。通过互联网技术，实现工会组织管理的在线化、数字化，提升工会组织管理的效率和水平。如利用电子文档、数字化档案等手段，提高工作效率和管理水平。

2. 建设工会服务职工的智能化系统。通过人工智能、大数据等技术，实现工会服务职工的智能化、个性化、精准化，提升工会服务职工的效率和质量，提升工会决策的准确性。如利用智能客服、智能办公等应用，提高服务效率和响应速度。更便捷地联系服务职工群众，与职工群众进行"指尖交流"。

3. 构建工会智慧服务平台。利用互联网技术，构建工会智慧服务平台，为职工群众提供全天候、全方位的服务，如在线咨询、在线申请、在线查询等。

4. 打造工会网络宣传阵地。利用网络平台，打造工会网络宣传阵地，传播工会声音，构建工会网上舆论阵地，引导舆论导向，掌握工会工作的网络话语权，加强工会网上工作平台的建设，推动工会工作与互联网深度融合。如利用微博、微信、抖音等社交媒体平台，加强与职工群众的互动和交流，建设工会网上工作平台。

5. 推动工会工作创新。利用互联网技术和创新思维，推动工会工作的创新和发展，如利用虚拟现实技术开展职工培训，利用在线协作工具加强工会内部的沟通与协作。

6. 完善"党工共建平台"。推进"互联网+党建"智慧工会建设，巩固发展工会网上舆论阵地。通过整合业务打造"智慧工会"，突出技能提升、维权帮扶、特色服务，构建党建和工会业务工作深度融合的长效机制。

智慧工会建设是工会工作的发展趋势，是推动工会工作现代化的必要手段。通过智慧工会建设，可以更好地满足会员的需求，提升工会组织的效能和服务水平，推动工会工作的创新和发展。

二、智慧工会建设的重要内容与基本经验

(一) 智慧工会建设的重要内容

1. 构建基于云计算技术的工会网信基础支撑体系。完善工会信息基础设施建设。加快工会电子政务网络建设，促进与同级政务网络平台安全接入。加强工会网络安全保障体系建设，强化重要数据和个人信息保护，在建设和运维运营中同步加强网络安全保护，提升应对处置网络安全突发事件和重大风险防控能力。

2. 巩固发展工会网上舆论阵地。强化各级工会网站内容建设、功能建设、制度建设，完善网站信息发布和内容更新保障机制，做优工会知识服务平台，推动工会网站数据共享交换。做强工会主流媒体，推进工会媒体深度融合，打造微信公众号、微信群、官方网站、平面刊物为媒体体系，以新技术为支撑、"工"字特色内容建设为根本的新型运行管理传播体系。建设一支政治素质过硬、敏锐性高、责任心强、业务本领好的工会网评队伍。健全网络舆情应急处置制度，增强应急处置能力。推进职工网络素养

提升主题活动，深入开展"网聚职工正能量 争做中国好网民"主题活动。

3. 构建基于大数据技术的工会治理能力提升体系。建立和完善工会数据资源管理体系，建设工会智能数字"云脑"平台、大数据分析研判和决策支撑系统、上下联动的应用市场。整合共享各级工会数据和应用资源，强化基础数据采集校验能力和平台间对接联动，促进工会信息资源开放与应用，实现基础信息资源和业务信息资源的集约化采集、网络化汇聚、精准化管理。通过工会智能数字"云脑"体系，将数据能力和应用能力向各级工会赋能，为加强工会精准服务、业务协同、宏观决策提供技术和数据支撑。

4. 构建基于互联网技术的工会服务应用创新体系。建设工会服务平台，打造以媒体宣传、就业服务、技能提升、法律维权、职工帮扶、文化服务为重点的网上服务应用。创新网上普惠服务模式，推行网上普惠服务精准化，提升工会服务平台用户活跃度、满意度。创新工会多元化服务，推进与政务服务、社会服务、企业服务有机结合，实现工会网上服务资源优化配置和共享。构建工会网上服务评价体系。建设工会业务管理和网上协同办公平台，推动工会工作流程再造、业务功能延伸和领域拓展，推进跨层级、跨地域、跨产业、跨工作部门的网上工作协同。

(二) 智慧工会建设的初步经验

1. 强化组织领导。一是提高认识。智慧工会建设是一个巨大的系统工程，需要工会领导的高度重视和强有力推动，需要从战略的高度提高认识才有可能做好这方面的工作。二是建立专门的智慧工会建设领导小组，明确责任和目标，制订实施计划和方案。三是强化顶层设计和制度建设。在智慧工会建设之初，就应进行整体的顶层设计，制定科学的规划，明确建设目标、建设内容、实施步骤和评估标准，避免盲目性和随意性。明确各项工作任务并将责任到人，确保建设的各项工作能够有序推进。四是加强人才队伍建设。培养和引进具备信息技术和互联网技术的人才，加强工会组织的信息化和智能化建设。五是建立考核机制。建立智慧工会建设的考核机制，对建设成果进行评估和考核，激励工会组织和工作人员的积极性和创造性。

2. 重视数据和新技术手段。一是收集与掌握大量的数据，在这个数据为王的时代，掌握数据者才能更好地服务于职工。二与有关方面协调与沟通，要重视与有关部门的协调与沟通，积极取得支持，争取更多的数据。三是整合数据资源，通过整合职工方面的信息数据，建立职工服务数据库，为工会组织提供更加精准的服务和管理决策支持。四是以职工的需求为导向，通过大数据分析等技术，精准掌握职工的需求和偏好，为职工提供更加个性化、精准的服务。五是数据化决策，通过数据整合和分析，为工会决策提供更加精准、科学的数据支持，提高工会决策的水平和效率。六是智能化管理，实现工会工作的线上化、互联网化，打造"互联网+工会"的新型运营模式，提高工作效率和服务质量。

3. 安全保障。始终注重职工个人信息的保护和安全保障，加强职工个人信息的保护，保障职工信息的安全。

总的来说，智慧工会建设需要借助新技术手段，整合数据资源，实现个性化服务、智能化管理、互联网化运营、数据化决策和智能化安全保障。同时，需要建立组织领导和考核机制，推动智慧工会建设的顺利实施。

三、智慧工会建设中存在的问题与创新发展

（一）智慧工会建设中存在的问题

当前智慧工会建设中存在的一些问题如下。

1. 缺乏统一规划和标准。智慧工会建设缺乏统一规划和标准，有的工会组织在建设过程中存在各自为政、信息孤岛的问题，导致数据无法共享、重复建设等问题，难以实现全面的智能化管理。

2. 智能化应用不够丰富。目前，工会组织在智能化应用方面还比较单一，主要集中在一些基本的办公和管理方面，缺乏更加丰富、多样化的应

用，无法满足职工群众的多元化需求。工会组织在数据整合和利用方面存在不足，缺乏对数据的深度挖掘和分析，无法充分发挥数据的价值，为工会决策提供更加精准的支持。

3. 技术应用水平不高。智慧工会建设需要具备一定的信息技术和互联网技术知识和技能，一些工会组织在智慧工会建设中，缺乏足够的技术支持，导致平台建设和管理存在一些问题，如数据安全漏洞、平台稳定性等，影响数据的安全性和可靠性。一些工会组织人员素质还不能完全适应这一要求，需要加强培训和学习。

4. 职工信息数据采集存在难度。职工信息数据的采集是智慧工会建设的基础，但由于涉及个人隐私等问题，采集存在一定的难度，需要制定相关政策和规范进行引导。

5. 会员参与度不高。智慧工会建设需要提供多元化的服务内容，满足不同会员的需求。但是，有的工会组织在建设中，服务内容单一，缺乏针对性和个性化，无法满足会员的多样化需求；有的工会组织没有进行大量的宣传和推广，导致会员参与度不高，无法充分利用智能平台提供服务和管理。

针对这些问题，需要加强工会组织的沟通和协作，制定统一的规划和标准，提高技术应用水平，加强工会工作人员的技能培训，加强对会员的宣传和推广，提供多元化的服务内容，进一步提升智慧工会建设的质量和水平，推动智慧工会建设的健康有序发展。

(二) 智慧工会建设的创新发展

智慧工会的探索与创新发展主要体现在以下几个方面。

1. 丰富的内容和个性化服务。智慧工会将进一步拓展和深化服务内容，为职工群众提供更加个性化、多元化的服务。借助大数据、人工智能等技术，工会组织可以更深入地了解职工的需求，提供更加精准的服务，满足职工的多元化需求。例如，通过大数据分析，为职工提供更加精准的职业培训、健康管理、文化娱乐等服务。

2. 智能化服务的深化和整合。智慧工会将进一步整合各项智能化服务，实现服务的深度融合和高效协同；工会组织将借助人工智能等技术，实现智能化决策，提高决策的科学性和精准性，为工会工作提供更加全面、深入的支持。工会组织将借助智能化技术，实现智能化管理，提高管理效率和服务水平，为工会工作的发展提供更加全面、深入的支持。例如，通过人工智能技术，实现自动化办公、智能化客服等应用。

3. 数据分析的应用和推广。数据分析将在工会工作中发挥越来越重要的作用，工会组织将借助数据挖掘和分析技术，实现数据驱动的决策和管理，为工会决策提供更加精准的数据支持。例如，通过对职工信息的深度挖掘和分析，了解职工的需求和偏好，为工会工作提供更加精准的服务和管理决策支持。

4. 工会组织和职工的互动和交流。智慧工会将进一步推动工会组织和职工的互动和交流，实现"互联网+工会"的新型工会工作模式。例如，通过社交媒体、移动应用等渠道，与职工进行实时互动，了解职工需求，为职工提供更加便捷的服务。

5. 互联网化运营与跨界协同发展。工会组织将借助互联网技术，实现线上线下的融合，推动工会工作的互联网化运营，提高工会工作的效率和服务水平。智慧工会将与其他领域进行跨界融合，如与社会保障、教育、医疗等，提供更加综合、全面的服务，满足职工的多元化需求。

6. 数字化管理和助力决策。智慧工会将实现全面数字化管理，从职工信息管理到工会组织管理，从活动策划到费用报销，都将通过数字化手段进行管理和优化，提高工作效率和管理水平。数据驱动决策：智慧工会将通过数据挖掘和分析，实现数据驱动的决策，提高决策的科学性和精准性，为职工提供更加优质、高效的服务。

7. 隐私和安全问题的重视和处理。随着职工个人信息的保护和隐私问题的日益突出，智慧工会将更加重视隐私和安全问题，加强信息保护和管理，确保职工信息的安全和隐私。

总之，智慧工会建设是工会工作的发展趋势，是推动工会工作现代化的必要手段。通过智慧工会建设，可以更好地满足会员的需求，提升工会组织的效能和服务水平，推动工会工作的创新和发展。

(三) 智慧工会建设的切入点与突破口

智慧工会建设是工会工作适应新时代、新形势、新要求的创新实践，是推动工会工作现代化的重要手段。在实践中，智慧工会建设可以从以下几个方面寻找切入点与突破口。

1. 不断提升思想认识，健全完善制度机制。智慧工会建设需要工会领导人思想高度重视，从方向要更明、基础要更实、网上要更活等方面推进基层工会建设、加强产业工人队伍建设、打造普惠服务体系，为工会工作的发展提供有力支持。

2. 运用互联网和大数据技术，建立工会信息化平台。通过平台，工会组织可以实现线上线下的互动融合，更便捷地联系服务职工群众，与职工群众进行"指尖交流"。

3. 推广应用智能化工具，提升工会工作效能。例如，利用智能办公软件、智能会议系统等工具，实现工会工作的智能化管理，提高工作效率。

4. 建立职工服务数据库，为工会决策提供数据支持。通过收集、整合职工信息数据，建立职工服务数据库，可以为工会组织提供更加精准的服务和管理决策支持。

5. 推进"互联网+工会"建设，巩固发展工会网上舆论阵地。通过整合业务打造"智慧工会"，突出技能提升、维权帮扶、特色服务，构建党建和工会业务工作深度融合的长效机制。

未来智慧工会将在服务内容、智能化服务、整合与精细化、统计与分析等方面不断完善提升，同时将面临新技术、云计算、大数据等手段的不断应用和安全保障、反馈机制等方向的全面优化提升。智慧工会建设将为工会组织的发展注入新的动力，为职工群众提供更加优质、便捷的服务。

四、智慧工会工作建设流程

1. 强化认识，领导重视。智慧工会建设是一个巨大的系统工程，从某种意义上讲，是百年之变局的一个方面，需要工会的领导者高度重视和强有力推动，需要从战略的高度重视才有可能做好这方面的工作。

2. 顶层设计，完善机制。智慧工会建设之初，应进行整体的顶层设计，建立专门的智慧工会建设领导小组，明确责任和目标，制订实施计划和方案。制定科学的规划，明确建设目标、建设内容、实施步骤和评估标准，避免盲目性和随意性。明确各项工作任务并将责任到人，确保建设的各项工作能够有序推进。

3. 学习借鉴，积极实践。积极学习借鉴兄弟单位的先进经验，学习其他行业、系统的好的做法，结合本单位工会工作的实际有针对性地进行实践与探索；要培养和引进具备信息技术的人才，加强工会组织的信息化和智能化建设。

4. 检查考核，逐步提高。加强对落实情况的检查监督，对建设成果进行评估和考核，激励工会组织和工作人员的积极性和创造性。

5. 不断总结，循序渐进。不断进行总结，逐步完善。

第四节 文本范例

一、××公司智慧工会建设方案

××公司智慧工会建设实施方案（纲要）如下。

（一）智慧工会建设的主要内容

1. 打造运转高效的数字化平台。组织建设、民主管理、劳动保障、劳动与技能竞赛、文化体育活动、女职工工作、财务与经费审查等工作数字化，线上管理，快捷高效。

2. 构建"互联网+"管理新平台。构建 APP、微信公众号、企业微信、钉钉等工作软件的资讯一键发布，职工可以在网上参与工会活动和互动交流，实现工会活动线上组织。

3. 一站式业务服务平台。包括在线教育（云课堂）、求学圆梦、特惠商家、办卡申请、联谊交友、技能提升、劳动竞赛等，为职工提供全天候全方位的普惠性服务。

4. 完善高效的管理系统。完善会员管理系统、工会干部管理系统、劳模先进管理系统、困难职工管理系统等。建立数字翔实、动态更新、上下贯通的工会各业务专项数据库等。

（二）规划与设计

1. 确定建设目标：明确智慧工会建设的方针和目标，以及建设的范围和重点。

2. 功能模块设计：根据工会业务需求，设计智慧工会系统的各个功能模块，包括职工服务、普惠福利、互动交流、业务管理等方面。

3. 系统架构设计：设计智慧工会系统的整体架构，包括硬件和软件环境、安全保障、数据存储等方面。

4. 界面设计：设计智慧工会系统的用户界面，包括页面布局、操作流程、交互效果等方面。

5. 技术方案选择：选择合适的技术方案，包括云计算、大数据、人工智能等方面，以满足智慧工会建设的需求。

（三）开发与测试

1. 软件开发：按照系统架构和功能模块设计，进行软件开发。

2. 硬件部署：根据系统需求，部署相应的硬件设备，包括服务器、网络设备、传感器等。

3. 数据采集与处理：采集工会相关数据，并进行数据处理，包括数据清洗、整合、标准化等。

4. 测试与调试：对开发的软件和硬件进行测试和调试，确保系统的稳定性和可靠性。

(四) 上线与推广

1. 上线发布：正式发布智慧工会系统，并开放给职工使用。
2. 推广宣传：通过各种渠道宣传智慧工会系统，提高职工的认知度和使用率。
3. 培训与指导：对工会工作人员和职工进行培训和指导，提高系统的使用效率和效果。
4. 反馈收集与优化：收集职工和工作人员的反馈意见，对系统进行优化和改进。

(五) 运维与优化

1. 培训与技术支持：为职工和工作人员提供持续的技术支持和培训，提高系统的使用效果和用户满意度。
2. 系统监控与维护：对智慧工会系统进行实时监控和维护，确保系统的稳定性和安全性。
3. 数据更新与维护：定期更新和维护系统数据，确保数据的准确性和完整性。
4. 功能扩展与优化：根据需求和反馈，不断扩展和优化系统功能，提高系统的实用性和用户体验。

具体实施过程中，需要根据实际情况进行调整和优化，以确保智慧工会建设的顺利实施和取得预期效果。

二、××集团公司智慧工会建设案例

该集团是一家大型国有企业，拥有众多职工，工会工作繁重。为了提高职工服务和管理工作效率，该集团决定开展智慧工会建设工作。在建设过程中，该集团采取了以下措施：

(一) 劳动保障和职工服务平台

1. 建设职工服务 APP。该 APP 整合了各种职工服务项目，包括在线报名活动、申请福利、投诉建议等，实现了职工服务的线上办理，提高了服务效率和质量。

2. 有关劳动保障的法律法规、政策规定和企业文件查询平台。

3. 有关咨询服务平台。

(二) 组织与自身建设平台

1. 构建工会会员管理系统。该系统包括在线申请入会、工会会员的基本信息、工作经历、荣誉奖励等，实现了会员信息的在线管理和查询，提高了工会组织工作的效率。

2. 开发工会干部管理系统。该系统包括工会干部和积极分子队伍的基本信息、工作经历、考核评价等，实现了干部信息的在线管理和查询，提高了工会组织工作的效率。

3. 各项制度、办法、规定查询平台。

4. 工会会务公开、信息发布平台。

(三) 职工民主管理工作平台

1. 民主管理与职代会平台。职代会信息发布平台，审议通过重大事项发布平台；分公司、车间职代会申报、审批、审议重大事项平台；职代会提案申报、审理、立案、处理平台。

2. 厂务公开工作平台。包括厂务公开制度、涉及职工切身利益的重大事项公开发布平台。

3. 职工董事职工监事工作平台。

(四) 文体活动与人文建设平台

1. 建立职工互动平台。该平台包括在线问卷调查、职工论坛等，实现了职工之间的互动交流和信息共享，提高了职工的参与度和归属感。

2. 建立职工文体活动平台。在线建立职工各种协会，如钓鱼协会、乒乓球协会、篮球协会、扑克牌协会、书法协会等，文化艺术活动平台等。

(五) 劳动竞赛建功立业平台

1. 建设劳动竞赛平台。该平台包括在线报名参赛、作品展示、评选结果公示等功能，实现了劳动竞赛的线上管理和办理，提高了工作效率和质量。

2. 劳动保护平台。劳动保护的法律法规查询，企业有关安全生产的规章制度等。

通过以上措施的实施，该集团的智慧工会建设工作取得了显著的成效，职工服务和管理工作的效率和质量得到了提高，职工的参与度和归属感也得到了增强。同时，该集团还通过数据分析和挖掘，为工会决策提供了更加科学和准确的数据支持。

第九章
基层工会规范管理

工会工作的制度化、程序化、规范化，是工会整体工作水平提升的条件，对工会工作的创新和高质量发展起着重要作用，应在实际工作中给予应有的重视。

第一节　规范化建设实施方案

为进一步加强工会建设，提升工会工作水平，充分发挥工会在改革发展中的积极作用，根据上级有关文件和工会工作实际，制定××工会规范化建设方案。

一、加强工会规范化建设的重要性和紧迫性

加强工会规范化建设是提高工会组织服务中心工作、服务职工群众水平的内在需要，是加强工会自身建设的要求。要采取切实有效的措施，通过开展规范化建设，推动工会发展上层次、工作上水平，组织动员带领会员群众当好主人翁、建功新时代，为经济高质量发展和实现中华民族伟大复兴的中国梦做贡献。

二、加强工会规范化建设的总体要求

总体要求：以习近平新时代中国特色社会主义思想为指导，坚持走中国特色社会主义工会发展道路，创新工作思路、突出工作重点、丰富活动方式，以改革创新的精神，努力把工会组织建设成为党政重视支持、履行职责到位、职工群众满意、充满生机活力的战斗集体，更好地发挥工会在新时代的重要作用。

三、加强工会规范化建设的主要内容和基本要求

（一）争取党政重视支持

科学合理配备领导班子。工会要积极主动地争取党政的重视和支持，指导基层工会依法按时换届选举，选好配强工会领导班子，调整和任免工

会领导干部符合干部协管有关规定。工会主席一般按党政副职级配备。建立、健全相关工作机制,把工会组织建设纳入党的建设工作目标。

畅通工会源头参与渠道。建立和完善政府与工会联席会议制度,每年至少召开一次联席会议,研究解决职工群众和工会组织反映的难点、热点问题;建立和完善由政府人力资源和社会保障部门、工会、企业代表组织组成的劳动关系三方协商会议制度,协商解决劳动关系运行中的重大问题;建立和完善工会向同级人大、政协通报情况制度,工会参与人大、政协组织的涉及职工合法权益的视察和执法检查等。确保人大代表、政协委员中的职工特别是一线工人、工会代表的比例。

(二) 围绕中心履行职责

广泛开展建功新时代活动。大力开展终身岗位培训、练兵比武、技能竞赛、技术攻关、技术协作、发明创造和"劳模创新工作室"等群众性经济技术活动,劳动和技能竞赛活动参赛率达到90%以上。广泛开展"工人先锋号"立功竞赛、争当"金牌工人"、争做"女职工标兵(岗)"等活动。会同有关部门建立完善劳模培养、评选、表彰、宣传和管理制度,做好劳模评选、表彰和管理工作,大力弘扬新时代劳模精神,激发职工劳动热情和创造活力,引领职工建功立业,为推动企事业创新发展和实现中华民族伟大复兴做出应有的贡献。

发挥工会"大学校"的作用,利用各种社会教育培训资源、网上工会及微信公众号等现代传媒手段,完善工会教育培训体系,实现各类科学文化教育活动覆盖率达到80%以上。

建立健全民主管理机制。指导基层工会建立健全以职工代表大会为基本形式的职工民主管理制度,推进混合所有制企业建立健全职工董事、监事制度。企业普遍建立职工代表大会、厂务公开制度,建制率都达到95%以上。依法督促用人单位建立劳动合同制度和集体合同制度,保证合同履约兑现。企业实施劳动合同制度覆盖率达95%以上。建立工资集体协商制度,开展工资集体协商的企业达到已建工会企业数的95%以上,女职工特殊保护专项集体合同达到已签集体合同企业的98%以上。完善集体协商

"上代下"工作机制；大力推进行业性、区域性工资集体协商工作。

加强工会劳动保护工作。广泛开展"安康杯"竞赛活动。落实工会劳动保护三个条例，建立群众性劳动保护监督检查组织，依法参加重大安全生产事故的调查处理，维护职工劳动安全卫生权益。

构建和谐稳定劳动关系。建立、健全工会劳动法律监督组织，开展工会劳动法律监督检查活动，不断提高监督成效。建会企业普遍建立劳动争议调解委员会。深入开展"送温暖""金秋助学"等活动，帮助职工解决实际困难。

加强工会女职工组织建设，女职工组织与工会同步组建，组建率达96%以上，女职工组织规范化建设活动达标率60%以上。要大力实施女职工素质提升工程，因地制宜开展各类主题教育。实现已建工会企业中女职工专项集体合同全覆盖。

工会经费审查审计监督及时到位。经审委与工会委员会同步建立，最低不少于3人。本级年度经费收支预、决算需经同级经审委审查通过。

（三）基础建设扎实有效

帮扶中心建设规范达标。组织开展职工心理辅导活动，组织实施企业职工生活后勤保障提升规划，以生活救助、就业服务、政策咨询、法律援助、助医助学等为主要内容，为职工提供方便快捷的"一站式"服务。

智慧工会建设成效显著。借助"互联网+"和大数据，加强工会的智能化、数字化建设，提升服务职工群众的水平和工会工作水平。

（四）自身建设不断加强

简化职工入会手续，加强会员会籍管理，最大限度地把广大职工，特别是快递员、送餐员、大货车司机、房屋中介等人员组织到工会中来。非公企业、新经济与社会组织工会组建率达100%，职工入会率达95%以上。指导基层工会建立、健全基层工会经费审查委员会、女职工委员会等，依法按时换届选举，具备社团法人资格的工会应当依法设立独立经费账户。稳步推进直接选举企业工会主席工作。抓好工会干部和工会专业人才的培训工作，新上岗的工会干部必须在一年内进行上岗资格培训。

工会领导班子理想信念坚定，认真贯彻执行党的路线、方针、政策和国家法律、法规，坚持走中国特色社会主义工会发展道路。坚持民主集中制原则，创造性地开展工作。遵纪守法，廉洁奉公，关心解决职工的困难，得到群众的拥戴。

工会代表大会、全体委员会议等会议制度以及组织制度、民主制度、工作制度等各项制度健全，管理规范。坚持以求真务实的精神，认真研究工会工作中出现的新情况新问题，经常深入实际，深入职工，通过调查研究，总结新典型，形成新思路，推动基层工会工作取得新进展。

四、加强工会规范化建设的组织领导和工作要求

加强组织领导，落实目标责任，要制定工会标准化建设评价考核体系与激励机制，将工会标准化建设工作成效作为考核工会领导班子的重要内容。加强分类指导，典型带动，全面提升。根据形势和任务的变化要求，不断丰富工会标准化建设的目标、内容和手段，促进工会规范化建设工作的动态发展、持续提升。

第二节　文本范例

一、××集团公司工会工作考核办法

（一）工会组织制度建设（20分）

1. 工会组织建设。8分。（1）本级及其所属基层单位工会委员会，经费审查委员会和工会女职工委员会健全。具备条件的企业工会，依法取得社会团体法人资格。4分。三个委员会每缺少一个分别扣1分；具备条件

没有办理工会社会团体法人资格证扣1分。(2) 工会基础工作扎实，有牌子、有章子、有各种工作台账、有活动记录，有办公场所。2分。工会基础工作不扎实扣1分，没有办公场所扣1分。(3) 公有制企业职工入会率达95%以上，非公有制企业职工入会率达80%以上。2分。职工入会率每低于要求五个百分点扣0.5分。

2. 干部配备。8分。(1) 工会主席、经审会主任、女职工委员会主任和工会专职工作人员按规定配备。7分。没有按规定配备专职工会主席、经费审查委员会主任和女职工委员会主任、工会专职工作人员分别扣3分、2分和2分。(2) 新任企业工会主席、副主席，在一年内参加上级工会举办的上岗资格或业务培训1分。新任主席、副主席没有按要求参加培训扣1分。

3. 制度化建设。4分。(1) 按期进行工会换届选举。2分。没有按期换届选举扣2分。(2) 工会负责人每年向会员（代表）大会报告工作1分。工会负责人没有报告工作扣1分。(3) 开展建设"职工之家"或"双爱双评"活动1分。没有开展活动扣1分。

（二）经济技术创新活动（15分）

1. 开展"当好主人翁，建功新时代"竞赛活动。10分。(1) 活动有实施方案、有先进典型、有明显成效，劳动和技能竞赛活动取得了突出成果。6分。没有开展竞赛活动扣3分，成效不明显扣2分；没有开展活动扣3分，成效不明显扣2分。(2) 企业按职工工资总额的1%提取并用于竞赛奖励经费。2分。企业没有提取竞赛奖励经费扣2分，没有足额提取扣1分。(3) 开展节能降耗活动并取得明显成效2分。没有开展节能降耗活动扣2分，成效不明显扣1分。

2. 职工素质提升工程。5分。开展了终身培训、岗位练兵、技术比武、技能比赛等活动，实施了女职工素质提升工程，技术工人比例达到行业规定。5分。没有开展提高职工技能素质活动扣5分，成效不明显扣2分。

（三）和谐劳动关系建设（25分）

1. 劳动合同制度。3分。(1) 按规定指导所有职工签订劳动合同。1

分。没有按规定签订劳动合同的职工数在5%以内扣0.5分，递减五个百分点扣1分。（2）劳动合同的签订、履行和管理规范2分。劳动合同的签订和管理不规范扣1分，劳动合同落实不好扣1分。

2. 集体协商和集体合同制度。10分。（1）通过集体协商签订集体合同，合同履行好。5分。没有签订集体合同扣5分，签订合同时没有进行集体协商扣1分，合同落实不好扣2分。（2）通过集体协商签订工资、女职工专项集体合同，合同履行好5分。没有签订工资、女职工专项集体合同各扣5分，合同落实不好各扣2.5分。

3. 劳动关系预警机制和劳动争议调处。3分。（1）依法建立劳动争议调解委员会，并发挥作用。2分。未建立或不健全扣2分，有组织但没有发挥较好作用扣1分。（2）建立劳动争议预测、预报、预防和调处工作制度并得到落实1分。工作不落实扣1分。

4. 工会劳动法律监督机制。5分。（1）建立职代会劳动法律监督委员会，对企业执行有关劳动法律法规问题进行群众监督。2分。未建立或不健全扣2分，有组织没有较好地开展工作扣1分。（2）建立工会劳动保护监督检查委员会1分。没有建立扣1分。（3）开展"安康杯"竞赛活动有计划、有总结，无重大伤亡事故和职业危害事故2分。没有开展活动扣1分。发生重大伤亡事故和职业危害事故扣该大项5分。

5. 困难职工帮扶机制。4分。（1）建立困难职工（含单亲困难女职工）档案。1分。困难职工档案不健全扣1分。（2）设立困难职工帮扶资金。1分；没有设立帮扶资金扣1分。（3）开展送温暖活动、帮扶活动和职工互助互济活动。2分。没有开展送温暖活动、帮扶活动和职工互助互济活动扣2分。

（四）厂务公开民主管理制度（20分）

1. 建立健全职工代表大会制度。12分。（1）每年至少召开一次职工代表大会，并按期换届。3分。公有制企业没有建立职工代表大会制度扣12分，职工代表大会一年之内没有召开一次扣2分，没有按规定按期换届扣1分。非公有制企业没有建立职工民主管理制度扣12分，已建立的职工民主管理制度落实不好扣6分。(2)职工代表大会制度健全，建立联席会议制度、职工代表巡视制度、提案制度、职工代表培训制度等。2分。缺1项扣0.5分。(3)职工代表大会操作程序规范，建立职工代表大会报告制度，职工代表结构和比例合理、报告基本内容全面、重大事项议案采取无记名投票方式表决等。3分。职工代表结构不合理、比例不适当分别扣1分。(4)职工代表大会职权落实。4分。职权不落实扣4分，落实不好扣2分。

2. 厂务公开制度。4分。(1)厂务公开制度健全并得到落实。4分，没有建立厂务公开制度扣4分，没有开展工作扣2分。

3. 职工董事、职工监事制度。4分。(1)建立职工董事、职工监事制度。2分。没有建立职工董事制度扣1分，没有建立职工监事制度扣1分。(2)职工董事、职工监事通过职工（代表）大会民主选举产生。工会主席、副主席分别作为职工董事、职工监事候选人。2分。职工董事、职工监事没有按规定产生扣1分，工会主席、副主席没有作为职工董事、职工监事候选人扣1分。（以上两项只考核已建立董事会、监事会的公司制企业）

(五) 职工队伍建设（10分）

1. "创建学习型组织、争做知识型职工"活动。4分。(1)"创争"活动有目标、有措施、有成效。2分。没有开展活动扣2分，工作成效不明显扣1分。(2)企业按职工工资总额的1.5%至2.5%提取职工教育培训费并专款专用。2分。没有提取培训费扣2分，没有足额提取扣1分，提取的经费没有用于职工教育培训扣2分。

2. 职工教育。6分。(1)职工思想政治教育有针对性、实效性。2分。没有开展工作扣2分，工作成效不明显扣1分。(2)每年开展职工职业道德主题实践活动并有总结、有表彰。1分。没有开展职工活动扣1分。(3)建设和谐企业文化有工作方案和措施，职工文体活动经常化。2分。不重视扣1分，没有开展职工文体活动扣1分。(4)开展普法教育活动。1分。没有开展普法教育扣1分。

(六) 工会经费和资产管理（10分）

1. 收好、管好工会经费。5分。(1) 企业依法按每月全部职工工资总额2%向工会拨缴经费。2分。没有依法按时足额向工会拨缴经费扣2分。(2) 设立独立账户，自主使用工会经费、会费。2分。没有设立独立账户，不能自主使用工会经费、会费各扣1分。(3) 企业按有关规定支付工会会同企业开展的困难职工补助等工作所需要费用。1分。企业没有按有关规定支付费用扣1分。

2. 工会经费和资产管理。5分。(1) 企业依法为工会开展活动提供必要的设施和场所。1分。未提供扣1分。(2) 工会经费年度收支预算、上年度预算执行情况接受同级工会经费审查委员会审查，工会经审工作每年向会员（代表）大会报告。2分。少做1项扣1分。(3) 工会资产安全完整、产权明晰、档案健全。2分。工会资产被挤占、挪用扣2分，产权不明晰扣1分。

二、××公司工会工作考核办法

(一) 工会组织建设好（23分）

1. 本级及其所属基层单位建立工会委员会、经费审查委员会和女职工委员会。5分。

2. 企业工会有牌子、有章子、有工作台账、有活动记录、有办公场所，会员档案健全。5分。

3. 企业职工入会率达到100%。5分。

4. 工会主席、经费审查委员会主任、女职工委员会主任和工会专职工作人员按规定配备，职工200人以上的企业依法配备专职工会主席，并落实相关待遇。5分。

5. 定期进行换届选举，工会委员会和工会领导人坚持每年向会员（代表）大会报告工作。3分。

（二）民主管理工作好（20分）

1. 每年至少召开一次职工代表大会，职工代表大会定期换届。5分。

2. 职工代表大会制度健全，建立联席会议制度、职工代表竞选制度、职工代表巡视制度、职工代表提案制度、职工代表培训制度等。5分。

3. 职工代表大会职权落实，操作程序规范，职工代表结构合理、比例适当、报告的基本内容全面、重大事项议案采取无记名投票方式表决等。5分。

4. 厂务公开制度化，涉及职工切身利益的重要规章制度、重大事项经职代会讨论通过并及时公开。5分。

（三）劳动关系协调好（23分）

1. 指导职工签订劳动合同，劳动合同的签订、履行和管理规范。2分。

2. 通过平等协商签订集体合同，合同履行好。4分。

3. 通过平等协商签订工资专项集体合同，合同履行好。2分。

4. 签订女职工专项集体合同，合同履行好。2分。

5. 建立劳动争议调解委员会；建立劳动争议预测、预报、预防和调处工作制度并得到落实。2分，各1分。

6. 企业工会建立劳动法律监督委员会，对企业执行有关劳动法律法规、劳动保护问题进行群众监督。3分。

7. 建立困难职工档案，建立困难职工帮扶资金。4分。

8. 开展经常性送温暖活动和职工互助互济工作。4分。

（四）经济技术活动好（14分）

1. "当好主人翁，建功新时代"竞赛8分。具体为：开展劳动和技能竞赛有计划、有目标、有先进典型、有明显成效。5分。"安康杯"竞赛活动有计划、有总结。1分。企业按职工工资总额的1%提取劳动和技能竞赛奖励经费。2分。

2. 对职工劳动安全卫生和消防安全法律、法规及相关知识教育培训有部署、有检查、有总结，无危害职工安全事件发生。3分。

3. 职工"五小"活动有计划、有目标、有先进典型、有明显成效。3分。

（五）素质工程和自身建设好（20分）

1. "社会主义核心价值观"活动有规划、有典型、有效果。4分。

2. 文化体育活动有计划有总结，每季度不少于一次。4分。

3. 组织培养、评选、表彰劳动模范，做好日常管理工作。2分。

4. 企业按规定拨缴、提取有关经费。4分。具体为：按职工工资总额的1.5%至2.5%提取职工教育培训费。1分。按职工工资总额的2%向工会拨缴经费。2分。按规定支付工会会同企业开展的劳动保护、困难职工补助等工作所需费用。1分。

5. 独立建立银行账户，自主管理和使用工会经费、会费，工会经费主要用于职工服务和工会活动。2分。

6. 企业依法为工会开展活动提供必要的设施和场所。1分。

7. 工会经费年度收支预算、预算执行情况接受同级工会经费审查委员会审查，工会经审会每年向会员（代表）大会报告工作，符合规定；工会资产档案完备。3分。

加分项目：在工会工作的方法上有特色、有创新或工会理论研究成果突出，3分。

否决项目：工会组建率、职工入会覆盖率不到100%；有重大事故及群体性上访事件，造成恶劣影响的。

总评得分。

三、基本工作制度

（一）工会委员会工作制度

1. 工会委员会实行集体领导和分工负责相结合的民主集中制原则，凡有关工会工作中的重大问题应由集体讨论决定。

2. 工会委员会委员应深入群众，调查研究，倾听群众呼声，经常向工会反映群众的意见和要求，促进工会组织的群众化、民主化建设。

3. 工会委员会全体会议一般每半年召开一次，由工会主席召集，遇有重大问题可临时召开。工会委员会会议讨论和决定以下问题：贯彻执行会员代表大会或会员大会的决议和贯彻执行党委、上级工会有关决定、批示的措施；向会员代表大会或会员大会的工作报告和向党委、上级工会的重要请示、报告；工会工作计划总结；有关职工权益的重大问题和行政、职工代表大会提出的重大建议；工会经费预、决算及重大财务支出；单位重大活动方案；召开会员代表大会的有关事宜；必须由工会委员会讨论和决定的其他问题。

4. 工会委员会每年召开一次民主生活会。民主生活会由工会主席召集和主持会议。工会主席要带头开展批评和自我批评。民主生活会检查和反映出来的问题，应积极制订改进措施，切实加以解决。

5. 工会委员会每半年至少向党委汇报工作一次。

（二）工会女职工工作制度

1. 工会女职工委员会积极参与民主管理和民主监督。单位召开职工代表大会，女职工代表应基本符合女职工在单位职工总数中的比例。

2. 坚持每半年向单位工会和上级女职工委员会总结汇报一次女职工工作（书面报告）。

3. 女职工委员会主任进入企业劳动争议调解委员会；女职工委员会主任参与平等协商和签订集体合同，对涉及女职工利益的重大问题写进合同内。

4. 指定女职工代表参加公司安全生产、劳动保护等工作执行情况的巡视检查。

5. 广泛听取女职工意见，对涉及女职工切身利益和特殊利益的问题积极报告、沟通、协商，妥善解决，维护好女职工合法权益。

（三）工会财务资产管理制度

1. 工会财务工作严格执行《中华人民共和国会计法》《工会会计制

度》等法律法规，认真贯彻上级工会财务规定。

2. 贯彻上级财务部门下达的财务计划精神，编制预算报告书。编制计划时参考上年度计划执行情况。考虑本年度大项、收入、支出因素。

3. 工会一切用款报销必须坚持单位工会主席一支笔审批制度，所有借款必须经工会主席审批。

4. 分工会组织在使用支票时，必须经单位工会主席同意并由工会主席写委托书，到财务办理签字手续，方可使用支票；日常报销1000元以下使用现金，超过1000元（含1000元）必须使用支票，否则不予报销。

5. 报销单据严格执行三用章制度，即主管、经手、验收。用途不清或印章不齐全，不予报销。

6. 购买奖品，必须有收到人签收数量明细表，购买书籍必须附购物清单，否则不予报销。严格实行印鉴分管制度和银行余额调节表审核签字制度。

附录

1. 中华全国总工会办公厅关于印发《推进社会组织建会专项行动方案》的通知

总工办发〔2023〕14号

各省、自治区、直辖市总工会，各全国产业工会，中央和国家机关工会联合会，全总各部门、各直属单位：

《推进社会组织建会专项行动方案》已经中华全国总工会第十七届书记处第70次会议审议通过，现印发给你们，请结合实际认真贯彻落实。

中华全国总工会办公厅
2023年5月17日

推进社会组织建会专项行动方案

为认真贯彻全总十七届七次、八次执委会议精神，持续扩大工会对社会组织的有效覆盖，补短板、强弱项，加强社会组织工会建设，定于2023年5月至2024年12月，在全国范围内开展推进社会组织建会专项行动（以下简称"专项行动"）。现制定工作方案如下。

一、指导思想与任务目标

以习近平新时代中国特色社会主义思想为指导，全面贯彻党的二十大精神，认真贯彻落实中央党的群团工作会议精神，认真落实习近平总书记关于社会组织发展的重要指示精神，落实《中华全国总工会 民政部关于加强社会组织工会建设的意见（试行）》，坚持党建引领，坚持工会联系引导，坚持目标导向，明确思路举措，集中力量攻坚，持续推动具备建会条件的社会组织依法建立工会，不断扩大工会对社会组织职工的有效覆盖。

各级工会要以在省级以上人民政府民政部门登记的社会组织和在各地民政部门登

记的民办医院、学校、幼儿园等为重点，深入摸底排查，依法推进建会，力争到2023年底，上述具备建会条件的社会组织建会率达到60%以上；到2024年底，建会率动态保持在85%左右，并带动律师事务所、会计师事务所等"两新"组织建会工作。同时，推动已建会的社会组织健全组织体系，规范工作运行，充分发挥作用，为维护职工合法权益、推进社会组织有序发展奠定组织基础。

二、主要工作举措

（一）深入摸底排查。各地工会要依托全总社会组织数据库，组织力量对本地区社会组织建会情况进行深入摸底排查，切实摸清社会组织的数量分布、运营状态、职工人数和工会组建等情况。对已经建会的社会组织，及时在全总社会组织数据库中录入完善相关信息。对尚未建会的社会组织，认真了解分析未建会原因，建立台账、挂图作战，分解任务、逐一突破。

（二）依法建会入会。依照法律和工会章程，因地制宜、分类指导，推动具备条件的社会组织依法建会、职工广泛入会。根据社会组织规模结构、人员构成等实际情况，采取单独建、联合建，行业覆盖、区域兜底等灵活多样的组织形式。充分利用互联网手段，积极推行手机"扫码"入会、网上入会等方式，拓宽入会通道，增强建会入会工作的针对性和实效性。

（三）规范工作运行。从源头把好社会组织工会主席人选关，同步健全工会委员会、经费审查委员会及女职工委员会。理顺工会组织关系，完善工会组织架构，建立健全工作机制。落实会员代表大会、会员评家、会务公开、会员代表常任制等制度，规范工作运行，开展建设职工之家活动，激发社会组织工会活力。

（四）强化维权服务。坚持建会入会与维权服务一体推进。聚焦社会组织职工最困难、最操心、最忧虑的实际需求，完善工会法律援助服务、劳动法律监督、集体协商、民主管理"四位一体"的工会维权体系，健全职工代表大会制度，畅通社会组织职工利益诉求表达渠道。注重对职工的人文关怀和心理疏导，做好送温暖、金秋助学等困难职工帮扶工作，提供更多接地气、暖人心、更优质的服务项目，增强工会对社会组织职工的吸引力凝聚力。

三、组织领导与服务保障

（一）坚持党建引领。各地工会要主动向地方党委汇报工作、争取支持，推动将社会组织建会工作纳入党建工作总体部署与考核范畴，推动健全工作机制，形成党委统一领导、工会具体负责、民政部门支持、有关部门各司其职、齐抓共管的工作格局。

（二）加强服务保障。各地工会要高度重视、精心组织，认真研究制定本地区专项行动实施方案，整合资源力量，系统部署推进。对建会重点难点社会组织，领导干部要靠前指导服务。通过设立专项资金、定额补助、项目补助等方式，加大对社会组织工会建设的经费支持力度，规范经费使用管理，保障规模较小社会组织工会和区域性、行业性社会组织工会联合会正常运转。

（三）注重宣传引导。各级工会要注重发现和推广先进典型，积极宣传社会组织依法建会和工会服务职工、促进社会组织发展的好经验、好做法，对个别阻挠职工建会的社会组织要敢于亮剑、公开曝光，为深入推进专项行动创造有利的社会环境和舆论氛围。

（四）做好调研总结。专项行动期间，通过开展调研、通报工作、召开经验交流会等方式，及时梳理总结工作进展情况，研究破解难题，确保专项行动实效。2023年12月15日前、2024年12月15日前，各省（区、市）总工会分别形成专项行动进展情况报告，并填写《社会组织建会专项行动工作进展情况统计表》（见附件）报全总基层工作部。

2. 企业民主管理规定

第一章 总 则

第一条 为完善以职工代表大会为基本形式的企业民主管理制度，推进厂务公开，支持职工参与企业管理，维护职工合法权益，构建和谐劳动关系，促进企业持续健康发展，加强基层民主政治建设，依据宪法和相关法律制定本规定。

第二条 企业民主管理工作应当坚持党的领导，以邓小平理论和"三个代表"重要思想为指导，深入贯彻落实科学发展观，坚定不移地贯彻落实党的全心全意依靠工人阶级的根本指导方针。

企业党组织应当加强对民主管理工作的领导和支持。

第三条 职工代表大会（或职工大会，下同）是职工行使民主管理权力的机构，是企业民主管理的基本形式。

企业应当按照合法、有序、公开、公正的原则，建立以职工代表大会为基本形式的民主管理制度，实行厂务公开，推行民主管理。公司制企业（以下简称公司）应当依法建立职工董事、职工监事制度。

企业应当尊重和保障职工依法享有的知情权、参与权、表达权和监督权等民主权利，支持职工参加企业管理活动。

第四条 企业职工应当尊重和支持企业依法行使管理职权，积极参与企业管理。

第五条 企业工会应当组织职工依法开展企业民主管理，维护职工合法权益。

上级工会应当指导和帮助企业工会和职工依法开展企业民主管理活动，对企业实行民主管理的情况进行监督。

第六条 企业代表组织应当推动企业实行民主管理，促进企业健康发展。

第七条 各级党委纪检部门、组织部门，各级人民政府国有资产监督管理机构和监察机关等有关部门应当依照各自职责，对企业民主管理工作进行指导、检查和监督。

第二章　职工代表大会制度

第一节　职工代表大会组织制度和职权

第八条　企业可以根据职工人数确定召开职工代表大会或者职工大会。

企业召开职工代表大会的，职工代表人数按照不少于全体职工人数的百分之五确定，最少不少于三十人。职工代表人数超过一百人的，超出的代表人数可以由企业与工会协商确定。

第九条　职工代表大会的代表由工人、技术人员、管理人员、企业领导人员和其他方面的职工组成。其中，企业中层以上管理人员和领导人员一般不得超过职工代表总人数的百分之二十。有女职工和劳务派遣职工的企业，职工代表中应当有适当比例的女职工和劳务派遣职工代表。

第十条　职工代表大会每届任期为三年至五年。具体任期由职工代表大会根据本单位的实际情况确定。

职工代表大会因故需要提前或者延期换届的，应当由职工代表大会或者其授权的机构决定。

第十一条　职工代表大会根据需要，可以设立若干专门委员会（小组），负责办理职工代表大会交办的事项。专门委员会（小组）成员人选必须经职工代表大会审议通过。

第十二条　职工代表按照基层选举单位组成代表团（组），并推选团（组）长。可以设立职工代表大会团（组）长和专门委员会（小组）负责人联席会议，根据职工代表大会授权，在职工代表大会闭会期间负责处理临时需要解决的重要问题，并提请下一次职工代表大会确认。

联席会议由企业工会负责召集，联席会议可以根据会议内容邀请企业领导人员或其他有关人员参加。

第十三条　职工代表大会行使下列职权：

（一）听取企业主要负责人关于企业发展规划、年度生产经营管理情况，企业改革和制定重要规章制度情况，企业用工、劳动合同和集体合同签订履行情况，企业安全生产情况，企业缴纳社会保险费和住房公积金情况等报告，提出意见和建议；

审议企业制定、修改或者决定的有关劳动报酬、工作时间、休息休假、劳动安全卫生、保险福利、职工培训、劳动纪律以及劳动定额管理等直接涉及劳动者切身利益的规章制度或者重大事项方案，提出意见和建议；

（二）审议通过集体合同草案，按照国家有关规定提取的职工福利基金使用方案、住房公积金和社会保险费缴纳比例和时间的调整方案，劳动模范的推荐人选等重大事项；

（三）选举或者罢免职工董事、职工监事，选举依法进入破产程序企业的债权人会议和债权人委员会中的职工代表，根据授权推荐或者选举企业经营管理人员；

（四）审查监督企业执行劳动法律法规和劳动规章制度情况，民主评议企业领导人员，并提出奖惩建议；

（五）法律法规规定的其他职权。

第十四条 国有企业和国有控股企业职工代表大会除按第十三条规定行使职权外，行使下列职权：

（一）听取和审议企业经营管理主要负责人关于企业投资和重大技术改造、财务预决算、企业业务招待费使用等情况的报告，专业技术职称的评聘、企业公积金的使用、企业的改制等方案，并提出意见和建议；

（二）审议通过企业合并、分立、改制、解散、破产实施方案中职工的裁减、分流和安置方案；

（三）依照法律、行政法规、行政规章规定的其他职权。

第十五条 县级以下一定区域内或者性质相近的行业内的若干尚不具备单独建立职工代表大会制度条件的中小企业，可以通过选举代表联合建立区域（行业）职工代表大会制度，开展企业民主管理活动。

工会负责组织建立区域（行业）职工代表大会制度。区域（行业）工会作为区域（行业）职工代表大会的工作机构承担日常工作。

第十六条 集团企业的总部机关和各分公司、分厂、车间以及其他分支机构可以按照一定比例选举产生职工代表，召开集团企业职工代表大会，实行企业民主管理。

集团企业的总部机关和各分公司、分厂、车间以及其他分支机构，按照本规定建立职工代表大会制度，在各自的职权范围内分别开展民主管理活动。

第二节 职工代表大会工作制度

第十七条 职工代表大会每年至少召开一次。职工代表大会全体会议必须有三分之二以上的职工代表出席。

第十八条 职工代表大会议题和议案应当由企业工会听取职工意见后与企业协商确定，并在会议召开七日前以书面形式送达职工代表。

第十九条 职工代表大会可以设主席团主持会议。主席团成员由企业工会与职工代表大会各团（组）协商提出候选人名单，经职工代表大会预备会议表决通过。其中，工人、技术人员、管理人员不少于百分之五十。

第二十条 职工代表大会选举和表决相关事项，必须按照少数服从多数的原则，经全体职工代表的过半数通过。对重要事项的表决，应当采用无记名投票的方式分项表决。

第二十一条 职工代表大会在其职权范围内依法审议通过的决议和事项具有约束力，非经职工代表大会同意不得变更或撤销。

企业应当提请职工代表大会审议、通过、决定的事项，未按照法定程序审议、通过或者决定的无效。

第二十二条 企业工会委员会是职工代表大会的工作机构，负责职工代表大会的日常工作，履行下列职责：

（一）提出职工代表大会代表选举方案，组织职工选举职工代表和代表团（组）长；

（二）征集职工代表提案，提出职工代表大会议题的建议；

（三）负责职工代表大会会议的筹备和组织工作，提出职工代表大会的议程建议；

（四）提出职工代表大会主席团组成方案和组成人员建议名单；提出专门委员会（小组）的设立方案和组成人员建议名单；

（五）向职工代表大会报告职工代表大会决议的执行情况和职工代表大会提案的办理情况、厂务公开的实行情况等；

（六）在职工代表大会闭会期间，负责组织专门委员会（小组）和职工代表就企业职工代表大会决议的执行情况和职工代表大会提案的办理情况、厂务公开的实行情况等，开展巡视、检查、质询等监督活动；

（七）受理职工代表的申诉和建议，维护职工代表的合法权益；

（八）向职工进行民主管理的宣传教育，组织职工代表开展学习和培训，提高职工代表素质；

（九）建立和管理职工代表大会工作档案。

第三节　职工代表的产生和权利义务

第二十三条　与企业签订劳动合同建立劳动关系以及与企业存在事实劳动关系的职工，有选举和被选举为职工代表大会代表的权利。

依法终止或者解除劳动关系的职工代表，其代表资格自行终止。

第二十四条　职工代表应当以班组、工段、车间、科室等为基本选举单位由职工直接选举产生。规模较大、管理层次较多的企业的职工代表，可以由下一级职工代表大会代表选举产生。

第二十五条　选举、罢免职工代表，应当召开选举单位全体职工会议，会议应有三分之二以上职工参加。选举、罢免职工代表的决定，应经全体职工的过半数通过方为有效。

第二十六条　职工代表实行常任制，职工代表任期与职工代表大会届期一致，可以连选连任。

职工代表出现缺额时，原选举单位应按规定的条件和程序及时补选。

第二十七条　职工代表向选举单位的职工负责并报告工作，接受选举单位职工的监督。

第二十八条　职工代表享有下列权利：

（一）选举权、被选举权和表决权；

（二）参加职工代表大会及其工作机构组织的民主管理活动；

（三）对企业领导人员进行评议和质询；

（四）在职工代表大会闭会期间对企业执行职工代表大会决议情况进行监督、

检查。

第二十九条 职工代表应当履行下列义务：

（一）遵守法律法规、企业规章制度，提高自身素质，积极参与企业民主管理；

（二）依法履行职工代表职责，听取职工对企业生产经营管理等方面的意见和建议，以及涉及职工切身利益问题的意见和要求，并客观真实地向企业反映；

（三）参加企业职工代表大会组织的各项活动，执行职工代表大会通过的决议，完成职工代表大会交办的工作；

（四）向选举单位的职工报告参加职工代表大会活动和履行职责情况，接受职工的评议和监督；

（五）保守企业的商业秘密和与知识产权相关的保密事项。

第三十条 职工代表履行职责受法律保护，任何组织和个人不得阻挠和打击报复。

职工代表在法定工作时间内依法参加职工代表大会及其组织的各项活动，企业应当正常支付劳动报酬，不得降低其工资和其他福利待遇。

第三章 厂务公开制度

第三十一条 企业应当建立和实行厂务公开制度，通过职工代表大会和其他形式，将企业生产经营管理的重大事项、涉及职工切身利益的规章制度和经营管理人员廉洁从业相关情况，按照一定程序向职工公开，听取职工意见，接受职工监督。

第三十二条 企业主要负责人是实行厂务公开的责任人。企业应当建立相应机构或者确定专人负责厂务公开工作。

第三十三条 企业实行厂务公开应当遵循合法、及时、真实、有利于职工权益维护和企业发展的原则。

实行厂务公开应当保守企业商业秘密以及与知识产权相关的保密事项。

第三十四条 企业应当向职工公开下列事项：

（一）经营管理的基本情况；

（二）招用职工及签订劳动合同的情况；

（三）集体合同文本和劳动规章制度的内容；

（四）奖励处罚职工、单方解除劳动合同的情况以及裁员的方案和结果，评选劳动模范和优秀职工的条件、名额和结果；

（五）劳动安全卫生标准、安全事故发生情况及处理结果；

（六）社会保险以及企业年金的缴费情况；

（七）职工教育经费提取、使用和职工培训计划及执行的情况；

（八）劳动争议及处理结果情况；

（九）法律法规规定的其他事项。

第三十五条 国有企业、集体企业及其控股企业除公开第十三条、第十四条和第三十四条规定的相关事项外，还应当公开下列事项：

（一）投资和生产经营管理重大决策方案等重大事项，企业中长期发展规划；

（二）年度生产经营目标及完成情况，企业担保、大额资金使用、大额资产处置情况，工程建设项目的招投标，大宗物资采购供应，产品销售和盈亏情况，承包租赁合同履行情况，内部经济责任制落实情况，重要规章制度制定等重大事项；

（三）职工提薪晋级、工资奖金收入分配情况；专业技术职称的评聘情况；

（四）中层领导人员、重要岗位人员的选聘和任用情况，企业领导人员薪酬、职务消费和兼职情况，以及出国出境费用支出等廉洁自律规定执行情况，职工代表大会民主评议企业领导人员的结果；

（五）依照国家有关规定应当公开的其他事项。

第四章　职工董事和职工监事制度

第三十六条　公司制企业应当依法建立职工董事和职工监事制度，支持职工代表大会选举产生的职工代表作为董事会、监事会成员参与公司决策、管理和监督，代表和维护职工合法权益，促进企业健康发展。

第三十七条　公司应当依法在公司章程中明确规定职工董事、职工监事的具体比例和人数。

第三十八条　职工董事、职工监事候选人由公司工会根据自荐、推荐情况，在充分听取职工意见的基础上提名，经职工代表大会全体代表的过半数通过方可当选，并报上一级工会组织备案。

工会主席、副主席应当作为职工董事、职工监事候选人人选。

第三十九条　公司高级管理人员和监事不得兼任职工董事；公司高级管理人员和董事不得兼任职工监事。

第四十条　职工董事、职工监事的任期与公司其他董事、监事的任期相同，可以连选连任。

第四十一条　职工董事、职工监事不履行职责或者有严重过错的，经三分之一以上的职工代表联名提议，职工代表大会全体代表的过半数通过可以罢免。

职工董事、职工监事出现空缺时，由公司工会依照本规定第三十八条的规定提出替补人选，提请职工代表大会民主选举产生。

第四十二条　职工董事依法行使下列权利：

（一）参加董事会会议，行使董事的发言权和表决权；

（二）就涉及职工切身利益的规章制度或者重大事项，提请召开董事会会议，反映职工的合理要求，维护职工合法权益；

（三）列席与其职责相关的公司行政办公会议和有关生产经营工作的重要会议；

（四）要求公司工会、公司有关部门和机构通报有关情况并提供相关资料；

（五）法律法规和公司章程规定的其他权利。

第四十三条　职工监事依法行使下列权利：

（一）参加监事会会议，行使监事的发言权和表决权；

（二）就涉及职工切身利益的规章制度或者重大事项，提议召开监事会会议；

（三）监督公司的财务情况和公司董事、高级管理人员执行公司职务的行为；监督检查公司对涉及职工切身利益的法律法规、公司规章制度贯彻执行情况；劳动合同和集体合同的履行情况；

（四）列席董事会会议，并对董事会决议事项提出质询或者建议；列席与其职责相关的公司行政办公会议和有关生产经营工作的重要会议；

（五）要求公司工会、公司有关部门和机构通报有关情况并提供相关资料；

（六）法律法规和公司章程规定的其他权利。

第四十四条　职工董事、职工监事应当履行下列义务：

（一）遵守法律法规，遵守公司章程及各项规章制度，保守公司秘密，认真履行职责；

（二）定期听取职工的意见和建议，在董事会、监事会上真实、准确、全面地反映职工的意见和建议；

（三）定期向职工代表大会述职和报告工作，执行职工代表大会的有关决议，在董事会、监事会会议上，对职工代表大会作出决议的事项，应当按照职工代表大会的相关决议发表意见，行使表决权；

（四）法律法规和公司章程规定的其他义务。

第四十五条　公司应当保障职工董事、职工监事依照法律法规和公司章程开展工作，为职工董事、职工监事履行职责提供必要的工作条件。

第四十六条　职工董事、职工监事在任职期间，除法定情形外，公司不得与其解除劳动合同。

第四十七条　职工董事、职工监事与公司的其他董事、监事享有同等的权利，承担相应的义务。

第五章　附　则

第四十八条　各地区、各有关部门和各企业根据本规定制定实施办法，推进企业民主管理工作。

第四十九条　集体企业依照《城镇集体所有制企业条例》等有关法律法规规定实行民主管理。

第五十条　本规定自发布之日起施行。

中共中央纪委　　　　　　　　　　　　　　　　　　　　　中共中央组织部
国务院国有资产监督管理委员会　　　　　　　　　　　　　　　　监　察　部
中华全国总工会　　　　　　　　　　　　　　　　　　　中华全国工商业联合会

2012年2月13日

3. 集体合同规定

目 录

第一章　总　则
第二章　集体协商内容
第三章　集体协商代表
第四章　集体协商程序
第五章　集体合同的订立、变更、解除和终止
第六章　集体合同审查
第七章　集体协商争议的协调处理
第八章　附　则

第一章　总　则

第一条　为规范集体协商和签订集体合同行为，依法维护劳动者和用人单位的合法权益，根据《中华人民共和国劳动法》和《中华人民共和国工会法》，制定本规定。

第二条　中华人民共和国境内的企业和实行企业化管理的事业单位（以下统称用人单位）与本单位职工之间进行集体协商，签订集体合同，适用本规定。

第三条　本规定所称集体合同，是指用人单位与本单位职工根据法律、法规、规章的规定，就劳动报酬、工作时间、休息休假、劳动安全卫生、职业培训、保险福利等事项，通过集体协商签订的书面协议；所称专项集体合同，是指用人单位与本单位职工根据法律、法规、规章的规定，就集体协商的某项内容签订的专项书面协议。

第四条　用人单位与本单位职工签订集体合同或专项集体合同，以及确定相关事宜，应当采取集体协商的方式。集体协商主要采取协商会议的形式。

第五条　进行集体协商，签订集体合同或专项集体合同，应当遵循下列原则：

（一）遵守法律、法规、规章及国家有关规定；
（二）相互尊重，平等协商；
（三）诚实守信，公平合作；
（四）兼顾双方合法权益；
（五）不得采取过激行为。

第六条　符合本规定的集体合同或专项集体合同，对用人单位和本单位的全体职工具有法律约束力。

用人单位与职工个人签订的劳动合同约定的劳动条件和劳动报酬等标准，不得低于集体合同或专项集体合同的规定。

第七条　县级以上劳动保障行政部门对本行政区域内用人单位与本单位职工开展集体协商、签订、履行集体合同的情况进行监督，并负责审查集体合同或专项集体合同。

第二章　集体协商内容

第八条　集体协商双方可以就下列多项或某项内容进行集体协商，签订集体合同或专项集体合同：

（一）劳动报酬；

（二）工作时间；

（三）休息休假；

（四）劳动安全与卫生；

（五）补充保险和福利；

（六）女职工和未成年工特殊保护；

（七）职业技能培训；

（八）劳动合同管理；

（九）奖惩；

（十）裁员；

（十一）集体合同期限；

（十二）变更、解除集体合同的程序；

（十三）履行集体合同发生争议时的协商处理办法；

（十四）违反集体合同的责任；

（十五）双方认为应当协商的其他内容。

第九条　劳动报酬主要包括：

（一）用人单位工资水平、工资分配制度、工资标准和工资分配形式；

（二）工资支付办法；

（三）加班、加点工资及津贴、补贴标准和奖金分配办法；

（四）工资调整办法；

（五）试用期及病、事假等期间的工资待遇；

（六）特殊情况下职工工资（生活费）支付办法；

（七）其他劳动报酬分配办法。

第十条　工作时间主要包括：

（一）工时制度；

（二）加班加点办法；

（三）特殊工种的工作时间；

（四）劳动定额标准。

第十一条　休息休假主要包括：

（一）日休息时间、周休息日安排、年休假办法；

（二）不能实行标准工时职工的休息休假；

（三）其他假期。

第十二条　劳动安全卫生主要包括：

（一）劳动安全卫生责任制；

（二）劳动条件和安全技术措施；

（三）安全操作规程；

（四）劳保用品发放标准；

（五）定期健康检查和职业健康体检。

第十三条　补充保险和福利主要包括：

（一）补充保险的种类、范围；

（二）基本福利制度和福利设施；

（三）医疗期延长及其待遇；

（四）职工亲属福利制度。

第十四条　女职工和未成年工的特殊保护主要包括：

（一）女职工和未成年工禁忌从事的劳动；

（二）女职工的经期、孕期、产期和哺乳期的劳动保护；

（三）女职工、未成年工定期健康检查；

（四）未成年工的使用和登记制度。

第十五条　职业技能培训主要包括：

（一）职业技能培训项目规划及年度计划；

（二）职业技能培训费用的提取和使用；

（三）保障和改善职业技能培训的措施。

第十六条　劳动合同管理主要包括：

（一）劳动合同签订时间；

（二）确定劳动合同期限的条件；

（三）劳动合同变更、解除、续订的一般原则及无固定期限劳动合同的终止条件；

（四）试用期的条件和期限。

第十七条　奖惩主要包括：

（一）劳动纪律；

（二）考核奖惩制度；

（三）奖惩程序。

第十八条　裁员主要包括：

（一）裁员的方案；

（二）裁员的程序；

（三）裁员的实施办法和补偿标准。

第三章 集体协商代表

第十九条 本规定所称集体协商代表（以下统称协商代表），是指按照法定程序产生并有权代表本方利益进行集体协商的人员。

集体协商双方的代表人数应当对等，每方至少3人，并各确定1名首席代表。

第二十条 职工一方的协商代表由本单位工会选派。未建立工会的，由本单位职工民主推荐，并经本单位半数以上职工同意。

职工一方的首席代表由本单位工会主席担任。工会主席可以书面委托其他协商代表代理首席代表。工会主席空缺的，首席代表由工会主要负责人担任。未建立工会的，职工一方的首席代表从协商代表中民主推举产生。

第二十一条 用人单位一方的协商代表，由用人单位法定代表人指派，首席代表由单位法定代表人担任或由其书面委托的其他管理人员担任。

第二十二条 协商代表履行职责的期限由被代表方确定。

第二十三条 集体协商双方首席代表可以书面委托本单位以外的专业人员作为本方协商代表。委托人数不得超过本方代表的三分之一。

首席代表不得由非本单位人员代理。

第二十四条 用人单位协商代表与职工协商代表不得相互兼任。

第二十五条 协商代表应履行下列职责：

（一）参加集体协商；

（二）接受本方人员质询，及时向本方人员公布协商情况并征求意见；

（三）提供与集体协商有关的情况和资料；

（四）代表本方参加集体协商争议的处理；

（五）监督集体合同或专项集体合同的履行；

（六）法律、法规和规章规定的其他职责。

第二十六条 协商代表应当维护本单位正常的生产、工作秩序，不得采取威胁、收买、欺骗等行为。

协商代表应当保守在集体协商过程中知悉的用人单位的商业秘密。

第二十七条 企业内部的协商代表参加集体协商视为提供了正常劳动。

第二十八条 职工一方协商代表在其履行协商代表职责期间劳动合同期满的，劳动合同期限自动延长至完成履行协商代表职责之时，除出现下列情形之一的，用人单位不得与其解除劳动合同：

（一）严重违反劳动纪律或用人单位依法制定的规章制度的；

（二）严重失职、营私舞弊，对用人单位利益造成重大损害的；

（三）被依法追究刑事责任的。

职工一方协商代表履行协商代表职责期间，用人单位无正当理由不得调整其工作岗位。

第二十九条 职工一方协商代表就本规定第二十七条、第二十八条的规定与用人单位发生争议的，可以向当地劳动争议仲裁委员会申请仲裁。

第三十条 工会可以更换职工一方协商代表；未建立工会的，经本单位半数以上职工同意可以更换职工一方协商代表。

用人单位法定代表人可以更换用人单位一方协商代表。

第三十一条 协商代表因更换、辞任或遇有不可抗力等情形造成空缺的，应在空缺之日起 15 日内按照本规定产生新的代表。

第四章 集体协商程序

第三十二条 集体协商任何一方均可就签订集体合同或专项集体合同以及相关事宜，以书面形式向对方提出进行集体协商的要求。

一方提出进行集体协商要求的，另一方应当在收到集体协商要求之日起 20 日内以书面形式给予回应，无正当理由不得拒绝进行集体协商。

第三十三条 协商代表在协商前应进行下列准备工作：

（一）熟悉与集体协商内容有关的法律、法规、规章和制度；

（二）了解与集体协商内容有关的情况和资料，收集用人单位和职工对协商意向所持的意见；

（三）拟定集体协商议题，集体协商议题可由提出协商一方起草，也可由双方指派代表共同起草；

（四）确定集体协商的时间、地点等事项；

（五）共同确定一名非协商代表担任集体协商记录员。记录员应保持中立、公正，并为集体协商双方保密。

第三十四条 集体协商会议由双方首席代表轮流主持，并按下列程序进行：

（一）宣布议程和会议纪律；

（二）一方首席代表提出协商的具体内容和要求，另一方首席代表就对方的要求作出回应；

（三）协商双方就商谈事项发表各自意见，开展充分讨论；

（四）双方首席代表归纳意见。达成一致的，应当形成集体合同草案或专项集体合同草案，由双方首席代表签字。

第三十五条 集体协商未达成一致意见或出现事先未预料的问题时，经双方协商，可以中止协商。中止期限及下次协商时间、地点、内容由双方商定。

第五章 集体合同的订立、变更、解除和终止

第三十六条 经双方协商代表协商一致的集体合同草案或专项集体合同草案应当

提交职工代表大会或者全体职工讨论。

职工代表大会或者全体职工讨论集体合同草案或专项集体合同草案，应当有三分之二以上职工代表或者职工出席，且须经全体职工代表半数以上或者全体职工半数以上同意，集体合同草案或专项集体合同草案方获通过。

第三十七条 集体合同草案或专项集体合同草案经职工代表大会或者职工大会通过后，由集体协商双方首席代表签字。

第三十八条 集体合同或专项集体合同期限一般为1至3年，期满或双方约定的终止条件出现，即行终止。

集体合同或专项集体合同期满前3个月内，任何一方均可向对方提出重新签订或续订的要求。

第三十九条 双方协商代表协商一致，可以变更或解除集体合同或专项集体合同。

第四十条 有下列情形之一的，可以变更或解除集体合同或专项集体合同：

（一）用人单位因被兼并、解散、破产等原因，致使集体合同或专项集体合同无法履行的；

（二）因不可抗力等原因致使集体合同或专项集体合同无法履行或部分无法履行的；

（三）集体合同或专项集体合同约定的变更或解除条件出现的；

（四）法律、法规、规章规定的其他情形。

第四十一条 变更或解除集体合同或专项集体合同适用本规定的集体协商程序。

第六章　集体合同审查

第四十二条 集体合同或专项集体合同签订或变更后，应当自双方首席代表签字之日起10日内，由用人单位一方将文本一式三份报送劳动保障行政部门审查。

劳动保障行政部门对报送的集体合同或专项集体合同应当办理登记手续。

第四十三条 集体合同或专项集体合同审查实行属地管辖，具体管辖范围由省级劳动保障行政部门规定。

中央管辖的企业以及跨省、自治区、直辖市的用人单位的集体合同应当报送劳动保障部或劳动保障部指定的省级劳动保障行政部门。

第四十四条 劳动保障行政部门应当对报送的集体合同或专项集体合同的下列事项进行合法性审查：

（一）集体协商双方的主体资格是否符合法律、法规和规章规定；

（二）集体协商程序是否违反法律、法规、规章规定；

（三）集体合同或专项集体合同内容是否与国家规定相抵触。

第四十五条 劳动保障行政部门对集体合同或专项集体合同有异议的，应当自收到文本之日起15日内将《审查意见书》送达双方协商代表。《审查意见书》应当载明以下内容：

（一）集体合同或专项集体合同当事人双方的名称、地址；
（二）劳动保障行政部门收到集体合同或专项集体合同的时间；
（三）审查意见；
（四）作出审查意见的时间。
《审查意见书》应当加盖劳动保障行政部门印章。

第四十六条 用人单位与本单位职工就劳动保障行政部门提出异议的事项经集体协商重新签订集体合同或专项集体合同的，用人单位一方应当根据本规定第四十二条的规定将文本报送劳动保障行政部门审查。

第四十七条 劳动保障行政部门自收到文本之日起15日内未提出异议的，集体合同或专项集体合同即行生效。

第四十八条 生效的集体合同或专项集体合同，应当自其生效之日起由协商代表及时以适当的形式向本方全体人员公布。

第七章　集体协商争议的协调处理

第四十九条 集体协商过程中发生争议，双方当事人不能协商解决的，当事人一方或双方可以书面向劳动保障行政部门提出协调处理申请；未提出申请的，劳动保障行政部门认为必要时也可以进行协调处理。

第五十条 劳动保障行政部门应当组织同级工会和企业组织等三方面的人员，共同协调处理集体协商争议。

第五十一条 集体协商争议处理实行属地管辖，具体管辖范围由省级劳动保障行政部门规定。

中央管辖的企业以及跨省、自治区、直辖市用人单位因集体协商发生的争议，由劳动保障部指定的省级劳动保障行政部门组织同级工会和企业组织等三方面的人员协调处理，必要时，劳动保障部也可以组织有关方面协调处理。

第五十二条 协调处理集体协商争议，应当自受理协调处理申请之日起30日内结束协调处理工作。期满未结束的，可以适当延长协调期限，但延长期限不得超过15日。

第五十三条 协调处理集体协商争议应当按照以下程序进行：
（一）受理协调处理申请；
（二）调查了解争议的情况；
（三）研究制定协调处理争议的方案；
（四）对争议进行协调处理；
（五）制作《协调处理协议书》。

第五十四条 《协调处理协议书》应当载明协调处理申请、争议的事实和协调结果，双方当事人就某些协商事项不能达成一致的，应将继续协商的有关事项予以载明。《协调处理协议书》由集体协商争议协调处理人员和争议双方首席代表签字盖章后生效。争议双方均应遵守生效后的《协调处理协议书》。

第八章 附 则

第五十五条 因履行集体合同发生的争议，当事人协商解决不成的，可以依法向劳动争议仲裁委员会申请仲裁。

第五十六条 用人单位无正当理由拒绝工会或职工代表提出的集体协商要求的，按照《工会法》及有关法律、法规的规定处理。

第五十七条 本规定于 2004 年 5 月 1 日起实施。原劳动部 1994 年 12 月 5 日颁布的《集体合同规定》同时废止。

4. 工会基层组织选举工作条例

第一章 总 则

第一条 为规范工会基层组织选举工作，加强基层工会建设，发挥基层工会作用，根据《中华人民共和国工会法》《中国工会章程》等有关规定，制定本条例。

第二条 本条例适用于企业、事业单位、机关和其他社会组织单独或联合建立的基层工会委员会。

第三条 基层工会委员会由会员大会或会员代表大会选举产生。工会委员会的主席、副主席，可以由会员大会或会员代表大会直接选举产生，也可以由工会委员会选举产生。

第四条 工会会员享有选举权、被选举权和表决权。保留会籍的人员除外。

第五条 选举工作应坚持党的领导，坚持民主集中制，遵循依法规范、公开公正的原则，尊重和保障会员的民主权利，体现选举人的意志。

第六条 选举工作在同级党组织和上一级工会领导下进行。未建立党组织的在上一级工会领导下进行。

第七条 基层工会委员会换届选举的筹备工作由上届工会委员会负责。

新建立的基层工会组织选举筹备工作由工会筹备组负责。筹备组成员由同级党组织代表和职工代表组成，根据工作需要，上级工会可以派人参加。

第二章 委员和常务委员名额

第八条 基层工会委员会委员名额，按会员人数确定：

不足 25 人，设委员 3 至 5 人，也可以设主席或组织员 1 人；

25 人至 200 人，设委员 3 至 7 人；
201 人至 1000 人，设委员 7 至 15 人；
1001 人至 5000 人，设委员 15 至 21 人；
5001 人至 10000 人，设委员 21 至 29 人；
10001 人至 50000 人，设委员 29 至 37 人；
50001 人以上，设委员 37 至 45 人。

第九条 大型企事业单位基层工会委员会，经上一级工会批准，可以设常务委员会，常务委员会由 9 至 11 人组成。

第三章 候选人的提出

第十条 基层工会委员会的委员、常务委员会委员和主席、副主席的选举均应设候选人。候选人应信念坚定、为民服务、勤政务实、敢于担当、清正廉洁，热爱工会工作，受到职工信赖。

基层工会委员会委员候选人中应有适当比例的劳模（先进工作者）、一线职工和女职工代表。

第十一条 单位行政主要负责人、法定代表人、合伙人以及他们的近亲属不得作为本单位工会委员会委员、常务委员会委员和主席、副主席候选人。

第十二条 基层工会委员会的委员候选人，应经会员充分酝酿讨论，一般以工会分会或工会小组为单位推荐。由上届工会委员会或工会筹备组根据多数工会分会或工会小组的意见，提出候选人建议名单，报经同级党组织和上一级工会审查同意后，提交会员大会或会员代表大会表决通过。

第十三条 基层工会委员会的常务委员会委员、主席、副主席候选人，可以由上届工会委员会或工会筹备组根据多数工会分会或工会小组的意见提出建议名单，报经同级党组织和上一级工会审查同意后提出；也可以由同级党组织与上一级工会协商提出建议名单，经工会分会或工会小组酝酿讨论后，由上届工会委员会或工会筹备组根据多数工会分会或工会小组的意见，报经同级党组织和上一级工会审查同意后提出。

根据工作需要，经上一级工会与基层工会和同级党组织协商同意，上一级工会可以向基层工会推荐本单位以外人员作为工会主席、副主席候选人。

第十四条 基层工会委员会的主席、副主席，在任职一年内应按规定参加岗位任职资格培训。凡无正当理由未按规定参加岗位任职资格培训的，一般不再提名为下届主席、副主席候选人。

第四章 选举的实施

第十五条 基层工会组织实施选举前应向同级党组织和上一级工会报告，制定选举工作方案和选举办法。

基层工会委员会委员候选人建议名单应进行公示，公示期不少于5个工作日。

第十六条 会员不足100人的基层工会组织，应召开会员大会进行选举；会员100人以上的基层工会组织，应召开会员大会或会员代表大会进行选举。

召开会员代表大会进行选举的，按照有关规定由会员民主选举产生会员代表。

第十七条 参加选举的人数为应到会人数的三分之二以上时，方可进行选举。

基层工会委员会委员和常务委员会委员应差额选举产生，可以直接采用候选人数多于应选人数的差额选举办法进行正式选举，也可以先采用差额选举办法进行预选产生候选人名单，然后进行正式选举。委员会委员和常务委员会委员的差额率分别不低于5%和10%。常务委员会委员应从新当选的工会委员会委员中产生。

第十八条 基层工会主席、副主席可以等额选举产生，也可以差额选举产生。主席、副主席应从新当选的工会委员会委员中产生，设立常务委员会的应从新当选的常务委员会委员中产生。

第十九条 基层工会主席、副主席由会员大会或会员代表大会直接选举产生的，一般在经营管理正常、劳动关系和谐、职工队伍稳定的中小企事业单位进行。

第二十条 召开会员大会进行选举时，由上届工会委员会或工会筹备组主持；不设委员会的基层工会组织进行选举时，由上届工会主席或组织员主持。

召开会员代表大会进行选举时，可以由大会主席团主持，也可以由上届工会委员会或工会筹备组主持。大会主席团成员由上届工会委员会或工会筹备组根据各代表团（组）的意见，提出建议名单，提交代表大会预备会议表决通过。

召开基层工会委员会第一次全体会议选举常务委员会委员、主席、副主席时，由上届工会委员会或工会筹备组或大会主席团推荐一名新当选的工会委员会委员主持。

第二十一条 选举前，上届工会委员会或工会筹备组或大会主席团应将候选人的名单、简历及有关情况向选举人介绍。

第二十二条 选举设监票人，负责对选举全过程进行监督。

召开会员大会或会员代表大会选举时，监票人由全体会员或会员代表、各代表团（组）从不是候选人的会员或会员代表中推选，经会员大会或会员代表大会表决通过。

召开工会委员会第一次全体会议选举时，监票人从不是常务委员会委员、主席、副主席候选人的委员中推选，经全体委员会议表决通过。

第二十三条 选举采用无记名投票方式。不能出席会议的选举人，不得委托他人代为投票。

选票上候选人的名单按姓氏笔画为序排列。

第二十四条 选举人可以投赞成票或不赞成票，也可以投弃权票。投不赞成票者可以另选他人。

第二十五条 会员或会员代表在选举期间，如不能离开生产、工作岗位，在监票人的监督下，可以在选举单位设立的流动票箱投票。

第二十六条 投票结束后，在监票人的监督下，当场清点选票，进行计票。

选举收回的选票，等于或少于发出选票的，选举有效；多于发出选票的，选举无效，应重新选举。

每张选票所选人数等于或少于规定应选人数的为有效票，多于规定应选人数的为无效票。

第二十七条 被选举人获得应到会人数的过半数赞成票时，始得当选。

获得过半数赞成票的被选举人人数超过应选名额时，得赞成票多的当选。如遇赞成票数相等不能确定当选人时，应就票数相等的被选举人再次投票，得赞成票多的当选。

当选人数少于应选名额时，对不足的名额可以另行选举。如果接近应选名额且符合第八条规定，也可以由大会征得多数会员或会员代表的同意减少名额，不再进行选举。

第二十八条 大会主持人应当场宣布选举结果及选举是否有效。

第二十九条 基层工会委员会、常务委员会和主席、副主席的选举结果，报上一级工会批准。上一级工会自接到报告 15 日内应予批复。违反规定程序选举的，上一级工会不得批准，应重新选举。

基层工会委员会的任期自选举之日起计算。

第五章　任期、调动、罢免和补选

第三十条 基层工会委员会每届任期三年或五年，具体任期由会员大会或会员代表大会决定。经选举产生的工会委员会委员、常务委员会委员和主席、副主席可连选连任。基层工会委员会任期届满，应按期换届选举。遇有特殊情况，经上一级工会批准，可以提前或延期换届，延期时间一般不超过半年。

上一级工会负责督促指导基层工会组织按期换届。

第三十一条 基层工会主席、副主席任期未满时，不得随意调动其工作。因工作需要调动时，应征得本级工会委员会和上一级工会的同意。

第三十二条 经会员大会或会员代表大会民主测评和上级工会与同级党组织考察，需撤换或罢免工会委员会委员、常务委员会委员和主席、副主席时，须依法召开会员大会或会员代表大会讨论，非经会员大会全体会员或会员代表大会全体代表无记名投票过半数通过，不得撤换或罢免。

第三十三条 基层工会主席因工作调动或其他原因空缺时，应及时按照相应民主程序进行补选。

补选主席，如候选人是委员的，可以由工会委员会选举产生，也可以由会员大会或会员代表大会选举产生；如候选人不是委员的，可以经会员大会或会员代表大会补选为委员后，由工会委员会选举产生，也可以由会员大会或会员代表大会选举产生。

补选主席的任期为本届工会委员会尚未履行的期限。补选主席前征得同级党组织和上一级工会的同意，可暂由一名副主席或委员主持工作，期限一般不超过半年。

第六章　经费审查委员会

第三十四条　凡建立一级工会财务管理的基层工会组织，应在选举基层工会委员会的同时，选举产生经费审查委员会。

第三十五条　基层工会经费审查委员会委员名额一般 3 至 11 人。经费审查委员会设主任 1 人，可根据工作需要设副主任 1 人。

基层工会的主席、分管财务和资产的副主席、财务和资产管理部门的人员，不得担任同级工会经费审查委员会委员。

第三十六条　基层工会经费审查委员会由会员大会或会员代表大会选举产生。主任、副主任可以由经费审查委员会全体会议选举产生，也可以由会员大会或会员代表大会选举产生。

第三十七条　基层工会经费审查委员会的选举结果，与基层工会委员会选举结果同时报上一级工会批准。

基层工会经费审查委员会的任期与基层工会委员会相同。

第七章　女职工委员会

第三十八条　基层工会组织有女会员 10 人以上的建立女职工委员会，不足 10 人的设女职工委员。女职工委员会与基层工会委员会同时建立。

第三十九条　基层工会女职工委员会委员由同级工会委员会提名，在充分协商的基础上产生，也可召开女职工大会或女职工代表大会选举产生。

第四十条　基层工会女职工委员会主任由同级工会女主席或女副主席担任，也可经民主协商，按照相应条件配备女职工委员会主任。女职工委员会主任应提名为同级工会委员会或常务委员会委员候选人。基层工会女职工委员会主任、副主任名单，与工会委员会选举结果同时报上一级工会批准。

第八章　附　则

第四十一条　乡镇（街道）、开发区（工业园区）、村（社区）建立的工会委员会，县级以下建立的区域（行业）工会联合会如进行选举的，参照本条例执行。

第四十二条　本条例由中华全国总工会负责解释。

第四十三条　本条例自发布之日起施行，以往有关规定与本条例不一致的，以本条例为准。1992 年 5 月 18 日全国总工会办公厅印发的《工会基层组织选举工作暂行条例》同时废止。

5. 基层工会经费审查委员会工作条例

（1990 年 11 月 15 日）

第一章 总 则

第一条 为加强对基层工会及所属企业、事业财务收支和财产管理的审查，监督财经法纪的贯彻执行和工会经费的合理使用，发扬财务民主，密切工会组织同会员群众的联系，，为全面履行工会的社会职能，促进工会事业的发展服务，根据《中国工会章程》和《工会各级经费审查委员会组织通则》及有关规定，制定本条例。

第二条 基层工会经费审查委员会是代表会员群众对基层工会及所属企业、事业单位经费收支和财产管理的真实、完整、合法及效益进行审查监督的组织，由同级工会会员大会或会员代表大会选举产生。

基层工会内部审计职权由基层工会经费审查委员会行使。

第三条 基层工会经费审查委员会向同级工会会员大会或会员代表大会负责并报告工作；在大会闭会期间，向同级工会委员会负责并报告工作。

基层工会经费审查委员会接受上级工会经费审查委员会的业务指导和督促检查。

第四条 基层工会经费审查委员会依照国家法规、政策和工运方针、任务、工会财务制度、纪律，独立行使审查监督权。

基层工会委员会应尊重和保证基层工会经费审查委员会依法行使审查监督的职权。对工会经费审查委员会提出的正确意见，应予支持和采纳。

第二章 组织和成员

第五条 凡建立一级工会财务管理的工会基层组织，必须在选举工会基层委员会的同时，选举产生经费审查委员会。

工会基层委员会下辖的管钱管物、举办企业、事业的车间工会，可经车间工会会员大会或会员代表大会选举产生经费审查小组或经费审查委员。

第六条 基层工会经费审查委员会一般由三至十一名委员组成。大型企业可根据需要适当增加委员名额。经费审查委员会成员，应选举坚持四项基本原则，密切联系群众，热心工会经审工作，懂得财经政策，能坚持原则、求实公正、廉洁奉公的会员担任。

为有利于代表会员群众进行有效的审查监督，委员中一般应包括工会干部、财会或审计人员和其他的会员群众代表，本级工会委员会主持财务工作的负责人及其管钱、管物人员不得兼任本级工会经费审查委员会的成员。

第七条 基层工会经费审查委员会设主任一人，负责召集经费审查委员会会议，主持经费审查委员会的日常工作。工作需要时，设副主任一至二人，协助主任工作。主任、副主任由经费审查委员会全体会议选举产生。选举结果，报上一级工会委员会批准。

第八条 基层工会经费审查委员会的任期与基层工会委员会相同。在任期内，如有成员出缺，由同级会员大会或会员代表大会补选。其主要负责人的任免，要征得上一级工会委员会的同意，履行民主程序。

第九条 基层工会经费审查委员会，根据工作需要，可聘请工会积极分子参加审查工作。

第三章 工作任务

第十条 基层工会经费审查委员会对基层工会及所属企业、事业经费收支和财产管理的下列事项进行审查监督：
一、工会经费收入、上解和支出预算的制定、执行和决算；
二、与工会经费收支有关的经济、技术活动及其效益；
三、工会经费专项基金的提取、使用；
四、工会财产的安全、完整；
五、工会内部控制制度的建立、健全、有效；
六、国家财经法规、条例和工会财务制度、纪律的执行情况；
七、国家和上级工会规定的其他审查事项。

第十一条 基层工会经费审查委员会有责任检查工会会员大会或会员代表大会关于工会财务工作决议的执行情况，督促和审查工会委员会定期向会员群众公布账目和向会员大会或会员代表大会报告财务收支情况；检查对经费审查委员会全体会议决议的执行情况。

第十二条 深入实际，深入群众，调查研究，总结经验，对收好、管好、用好各项经费和加强工会财产管理，提高所属企业、事业的效益，提出意见和建议。

第十三条 宣传党和国家的财经方针政策，支持工会财务人员依法履行职责，对模范执行财务制度、纪律，在财务工作方面取得显著成绩的单位、人员，建议会员大会或会员代表大会给予表彰和奖励；同铺张浪费、私设小金库和私分钱物、贪污盗窃、侵占国家和工会财物等现象进行斗争。

第十四条 在基层工会组织机构变动和财务、财产管理负责人调动工作时，负责监督做好交接工作。

第四章 主要职权

第十五条 基层工会经费审查委员会委员列席同级工会委员会全体会议。在设工会基层委员会常务委员会的基层工会，不是常务委员会成员的该工会基层经费审查委员会的主任、副主任有权列席常务委员会会议。主任、副主任或经指定人员参加各该基层工会有关财务工作的会议。

第十六条 基层工会经费审查委员会有下列审查权：

一、要求基层工会及所属企业、事业单位按时报送有关的计划、预算、决算、会计报表和文件资料，听取他们的汇报；

二、检查凭证、账表、决算、资金和财产，查阅有关的文件和资料；

三、对审查中发现的问题，向被审查单位和有关人员调查并取得证明材料；

四、对正在进行的严重违反财经法纪、严重损失浪费行为，提请同级工会委员会或上级工会及时制止，并对已造成的损失作出处理决定；

五、遇有阻挠、破坏审查工作时，有权采取封存账册、印鉴和资财等临时措施，并提出追究有关人员的责任的意见。

第十七条 基层工会经费审查委员会对基层工会及其所属企业、事业单位违反财经法纪的有关责任人员，有权建议同级工会委员会或上级工会给予纪律处分或经济制裁，触犯刑律者，提请司法机关依法追究刑事责任。

第十八条 基层工会委员会向上级工会报送预算、决算，向会员和上级工会报告经费收支情况时，预算、决算、报告必须经同级工会经费审查委员会审查、签署、盖章。

第十九条 基层工会经费审查委员会对审查工作中的重大事项，有权向上级工会委员会、经费审查委员会反映。

第五章 审查方式和程序

第二十条 基层工会经费审查委员会主要采取下列方式进行审查工作：

一、定期召开经费审查委员会全体会议审查基层工会委员会提出的预算和决算方案，听取预算执行情况的报告，审议预算的调整和追加事项；

二、对基层工会经费的收入、上解、管理、重大开支事项或会员群众反映的重要问题，进行专题审查；

三、对基层工会所属企业、事业单位的经费收支、社会效益和经济效益状况，对工会财产的管理状况，进行定期的报送审查或就地审查；

四、参加同级工会组织的财务大检查工作，参与检查监督。

第二十一条 基层工会经费审查委员会进行审查工作的主要程序是：

一、根据国家和上级工会的规定、要求以及本单位的实际情况，制定对基层工会及所属企业、事业进行审查的工作计划；

二、审查前，应当通知基层工会或被审查的所属企业、事业单位；

三、审查终结，应将审查结果、处理意见和改进工作的建议报告基层工会委员会。报送前，应征求被审查单位的意见；

四、基层工会委员会应及时研究处理，并将处理意见和执行情况向基层工会经费审查委员会通报；

五、被审查单位对处理决定如有异议，可以提请复议。如复议后原决定仍维持不变，被审查单位必须执行；

六、基层工会经费审查委员会与基层工会委员会在重大问题上意见不一致时，应同时报请上级工会委员会和经费审查委员会处理。

第六章 工作制度和工作方法

第二十二条 基层工会经费审查委员会实行集体领导制、民主集中制。讨论问题时，应充分发扬民主。决定问题时，由全体委员的过半数通过。日常工作，委员会各有分工，并根据实际情况建立学习、会议、审查、调研、计划、总结等制度。

第二十三条 基层工会经费审查委员会要认真贯彻执行群众路线，广泛听取和定期征求会员群众的意见、要求，宣传党和国家的财经方针政策，依靠广大会员群众和积极分子做好工作。

第二十四条 基层工会经费审查委员会应加强与基层工会委员会及其财务工作委员会的经常联系，加强同本单位行政财务、劳资、内审等部门的联系，沟通情况，取得支持和帮助，密切协作，做好工作。

第二十五条 基层工会经费审查人员含积极分子要认真学习和贯彻执行党、政府和上级工会的有关方针、政策、制度、规定，坚持原则，忠于职守，秉公办事，尽职尽责，自觉接受会员群众监督。工作表现突出的优秀经费审查人员应受到同级工会或上级工会委员会、经费审查委员会的表彰、奖励。

经费审查人员行使职权受国家法律和工会章程的保护，任何单位及人员不得给予不公正对待甚至打击报复。当发生这种错误做法时，基层工会和上级工会应当进行干预，加以纠正，并对打击报复者严肃处理。

上级工会有关财经法规、政策、制度、纪律及对预算、决算的批复等文件，应同时发给基层工会经费审查委员会；基层工会经费审查委员会开展工作必需的工作时间、办公用品、活动经费等应得到保证。

基层工会经费审查委员会公章的规格，与同级工会委员会相同。

第七章 附 则

第二十六条 基层工会经费审查委员会可以根据本条例的规定，结合本单位的实际，制定执行本条例的工作细则。

第二十七条 本条例由中华全国总工会经费审查委员会负责解释。

第二十八条 本条例自公布之日起施行。1980年2月颁发的《中华全国总工会基层工会经费审查委员会暂行工作条例》同时废止。

6. 工会女职工委员会工作条例

（2024年4月26日 中华全国总工会第八届女职工委员会第一次会议审议通过）

第一章 总 则

第一条 为加强工会女职工委员会组织建设和工会女职工工作，根据《中华人民共和国工会法》和《中国工会章程》的有关规定，制定本条例。

第二条 工会女职工委员会是在同级工会委员会领导下和上一级工会女职工委员会指导下的女职工组织，根据女职工的特点和意愿开展工作。

第三条 工会女职工委员会以马克思列宁主义、毛泽东思想、邓小平理论、"三个代表"重要思想、科学发展观、习近平新时代中国特色社会主义思想为指导，坚持自觉接受党的领导，深刻领悟"两个确立"的决定性意义，增强"四个意识"、坚定"四个自信"、做到"两个维护"，保持和增强政治性、先进性、群众性，坚定不移走中国特色社会主义工会发展道路。推动男女平等基本国策的贯彻落实，履行维权服务基本职责，大力推进服务化、体系化、品牌化、创新化、数智化建设，不断提高工会女职工组织引领力、组织力、服务力，团结动员广大女职工为以中国式现代化全面推进强国建设、民族复兴伟业而奋斗。

第二章 基本任务

第四条 加强思想政治引领。坚持不懈用习近平新时代中国特色社会主义思想凝心铸魂，开展理想信念教育，团结引导广大女职工听党话、跟党走。教育女职工践行社会主义核心价值观，树立自尊、自信、自立、自强精神，不断提高思想道德素质、科学文化素质和技术技能素质，做伟大事业的建设者、文明风尚的倡导者、敢于追梦的奋斗者。

第五条 推动女职工提升素质建功立业。按照"五位一体"总体布局和"四个全面"战略布局要求，贯彻新发展理念，把握中国工人运动和工会工作的主题和方向，弘扬劳模精神、劳动精神、工匠精神，积极参与产业工人队伍建设改革，动员和组织广大女职工在推动实现经济社会高质量发展中建功立业。

第六条 维护女职工合法权益，保障女职工特殊权益。依法维护女职工在政治、经济、文化、社会和家庭等方面的合法权益和特殊权益，同一切歧视、虐待、摧残、迫害女职工的行为作斗争。参与有关保护女职工权益的法律、法规、规章、政策的制定和完善，监督、协助有关部门贯彻实施。代表和组织女职工依法依规参加本单位的民主选举、民主协商、民主决策、民主管理和民主监督。指导和帮助女职工与用人单位签订并履行劳动合同。参与平等协商、签订集体合同和女职工权益保护等专项集体合同工作，并参与监督执行。参与涉及女职工特殊权益的劳动关系协调和劳动争议调解，及时反映侵害女职工权益问题，督促和参与侵权案件的调查处理。

  第七条 做好女职工关爱服务。开展困难女职工帮扶救助、职工婚恋服务和职工子女关爱等工作。落实国家生育政策，协同做好职工子女托育托管服务。加强女职工心理关怀。

  第八条 开展家庭家教家风建设。充分发挥女职工在家庭生活中的独特作用，倡导和支持男女共同履行家庭责任，弘扬社会主义家庭文明新风尚。

  第九条 推动营造有利于女职工全面发展的社会环境。积极争取党政支持，会同社会有关方面共同做好女职工工作。在研究决定涉及女职工权益问题时，积极提出意见建议。发现、培养、宣传和推荐先进女职工集体和个人。

  第十条 与国际组织开展交流活动。讲好中国工会故事、中国女职工故事和中国巾帼劳模工匠故事，为促进妇女事业发展作出贡献。

第三章　组织制度

  第十一条 各级工会建立女职工委员会。女职工委员会与工会委员会同时建立。企业、事业单位、机关、社会组织等基层工会委员会有女会员十人以上的建立女职工委员会，不足十人的设女职工委员。

  第十二条 省、自治区、直辖市，设区的市和自治州，县（旗）、自治县、不设区的市总工会女职工委员会，实行垂直领导的产业工会女职工委员会，按照机构编制管理权限，经机构编制部门同意，设立办公室（女职工部）或明确女职工工作责任部门，负责女职工委员会的日常工作。乡镇（街道）、村（社区）、企业、事业单位、机关、社会组织，以及区域性、行业性工会联合会，开发区、工业园区工会等，应当建立女职工委员会，根据工作需要设立办公室或明确专兼职工作人员。

  第十三条 女职工委员会委员由同级工会委员会提名，在充分协商的基础上产生，也可召开女职工大会或女职工代表大会选举产生。县和县以上工会女职工委员会根据工作需要可聘请顾问若干人。注重提高女劳动模范、一线女职工和基层工会女职工工作者在工会女职工委员会委员中的比例，委员中应有新就业形态女性劳动者代表。

  第十四条 女职工委员会委员任期与同级工会委员会委员任期相同。在任期内，由于委员的工作变动等原因需要调整时，由工会女职工委员会提出相应的替补、增补人选，经同级工会委员会审议通过予以替补、增补，并报上级工会女职工委员会。

  第十五条 县和县以上工会女职工委员会常务委员会由主任一人、副主任若干人、常务委员若干人组成。

  第十六条 在工会代表大会、职工代表大会中，女职工代表的比例应与女职工占职工总数的比例相适应。

  第十七条 工会女职工委员会是县和县以上妇联的团体会员，通过县和县以上地方工会接受妇联的业务指导。

第四章　干　部

  第十八条 女职工委员会主任由同级工会女主席或女副主席担任，也可经民主协商，按照相应条件配备，享受同级工会副主席待遇。女职工委员会主任应提名为同级工会委员会或常务委员会委员候选人。

第十九条　女职工 200 人以上的企业、事业单位工会女职工委员会，应配备专职女职工工作干部。

第二十条　各级工会组织要按照革命化、年轻化、知识化、专业化的要求，落实新时代好干部标准，加强工会女职工工作干部队伍建设。

第二十一条　各级工会女职工委员会要加强对女职工工作干部的教育培养和关心关爱，提高女职工工作干部队伍的整体素质。工会女职工工作干部要坚持党的基本路线，熟悉工会业务，热爱女职工工作。

第五章　工作制度

第二十二条　女职工委员会实行民主集中制。凡属重大问题，要广泛听取女职工意见，由委员会或常务委员会进行充分的民主讨论后作出决定。

第二十三条　女职工委员会根据工作需要制定有关制度。每年召开一至二次常务委员会和委员会会议，也可临时召开会议。

第二十四条　工会女职工委员会要定期向同级工会委员会和上级工会女职工委员会报告工作。

第二十五条　工会女职工委员会要建立完善委员工作机制，发挥委员在建言献策、专题调研、参加活动、联系基层等方面的作用。

第二十六条　县和县以上各级工会女职工委员会要加强对基层的联系、指导和服务，把工作重心放在基层，注重向基层倾斜力量和资源，增强基层女职工组织的活力，为广大女职工服务。

第六章　经　费

第二十七条　各级工会组织要为工会女职工委员会开展工作与活动提供必要的经费，所需经费应列入同级工会组织的经费预算。

第七章　附　则

第二十八条　本条例由中华全国总工会女职工委员会负责解释。

第二十九条　本条例自印发之日起施行。

7. 工伤保险条例

（2003 年 4 月 27 日中华人民共和国国务院令第 375 号公布　根据 2010 年 12 月 20 日《国务院关于修改〈工伤保险条例〉的决定》修订）

第一章　总　则

第一条　为了保障因工作遭受事故伤害或者患职业病的职工获得医疗救治和经济补偿，促进工伤预防和职业康复，分散用人单位的工伤风险，制定本条例。

第二条　中华人民共和国境内的企业、事业单位、社会团体、民办非企业单位、基金会、律师事务所、会计师事务所等组织和有雇工的个体工商户（以下称用人单位）应当依照本条例规定参加工伤保险，为本单位全部职工或者雇工（以下称职工）缴纳工伤保险费。

中华人民共和国境内的企业、事业单位、社会团体、民办非企业单位、基金会、律师事务所、会计师事务所等组织的职工和个体工商户的雇工，均有依照本条例的规定享受工伤保险待遇的权利。

第三条　工伤保险费的征缴按照《社会保险费征缴暂行条例》关于基本养老保险费、基本医疗保险费、失业保险费的征缴规定执行。

第四条　用人单位应当将参加工伤保险的有关情况在本单位内公示。

用人单位和职工应当遵守有关安全生产和职业病防治的法律法规，执行安全卫生规程和标准，预防工伤事故发生，避免和减少职业病危害。

职工发生工伤时，用人单位应当采取措施使工伤职工得到及时救治。

第五条　国务院社会保险行政部门负责全国的工伤保险工作。

县级以上地方各级人民政府社会保险行政部门负责本行政区域内的工伤保险工作。

社会保险行政部门按照国务院有关规定设立的社会保险经办机构（以下称经办机构）具体承办工伤保险事务。

第六条　社会保险行政部门等部门制定工伤保险的政策、标准，应当征求工会组织、用人单位代表的意见。

第二章　工伤保险基金

第七条　工伤保险基金由用人单位缴纳的工伤保险费、工伤保险基金的利息和依法纳入工伤保险基金的其他资金构成。

第八条　工伤保险费根据以支定收、收支平衡的原则，确定费率。

国家根据不同行业的工伤风险程度确定行业的差别费率，并根据工伤保险费使用、工伤发生率等情况在每个行业内确定若干费率档次。行业差别费率及行业内费率档次由国务院社会保险行政部门制定，报国务院批准后公布施行。

统筹地区经办机构根据用人单位工伤保险费使用、工伤发生率等情况，适用所属行业内相应的费率档次确定单位缴费费率。

第九条　国务院社会保险行政部门应当定期了解全国各统筹地区工伤保险基金收支情况，及时提出调整行业差别费率及行业内费率档次的方案，报国务院批准后公布施行。

第十条 用人单位应当按时缴纳工伤保险费。职工个人不缴纳工伤保险费。

用人单位缴纳工伤保险费的数额为本单位职工工资总额乘以单位缴费费率之积。

对难以按照工资总额缴纳工伤保险费的行业，其缴纳工伤保险费的具体方式，由国务院社会保险行政部门规定。

第十一条 工伤保险基金逐步实行省级统筹。

跨地区、生产流动性较大的行业，可以采取相对集中的方式异地参加统筹地区的工伤保险。具体办法由国务院社会保险行政部门会同有关行业的主管部门制定。

第十二条 工伤保险基金存入社会保障基金财政专户，用于本条例规定的工伤保险待遇，劳动能力鉴定，工伤预防的宣传、培训等费用，以及法律、法规规定的用于工伤保险的其他费用的支付。

工伤预防费用的提取比例、使用和管理的具体办法，由国务院社会保险行政部门会同国务院财政、卫生行政、安全生产监督管理等部门规定。

任何单位或者个人不得将工伤保险基金用于投资运营、兴建或者改建办公场所、发放奖金，或者挪作其他用途。

第十三条 工伤保险基金应当留有一定比例的储备金，用于统筹地区重大事故的工伤保险待遇支付；储备金不足支付的，由统筹地区的人民政府垫付。储备金占基金总额的具体比例和储备金的使用办法，由省、自治区、直辖市人民政府规定。

第三章 工伤认定

第十四条 职工有下列情形之一的，应当认定为工伤：

（一）在工作时间和工作场所内，因工作原因受到事故伤害的；

（二）工作时间前后在工作场所内，从事与工作有关的预备性或者收尾性工作受到事故伤害的；

（三）在工作时间和工作场所内，因履行工作职责受到暴力等意外伤害的；

（四）患职业病的；

（五）因工外出期间，由于工作原因受到伤害或者发生事故下落不明的；

（六）在上下班途中，受到非本人主要责任的交通事故或者城市轨道交通、客运轮渡、火车事故伤害的；

（七）法律、行政法规规定应当认定为工伤的其他情形。

第十五条 职工有下列情形之一的，视同工伤：

（一）在工作时间和工作岗位，突发疾病死亡或者在 48 小时之内经抢救无效死亡的；

（二）在抢险救灾等维护国家利益、公共利益活动中受到伤害的；

（三）职工原在军队服役，因战、因公负伤致残，已取得革命伤残军人证，到用人单位后旧伤复发的。

职工有前款第（一）项、第（二）项情形的，按照本条例的有关规定享受工伤保险待遇；职工有前款第（三）项情形的，按照本条例的有关规定享受除一次性伤残补助金以外的工伤保险待遇。

第十六条　职工符合本条例第十四条、第十五条的规定，但是有下列情形之一的，不得认定为工伤或者视同工伤，分别是：

（一）故意犯罪的；

（二）醉酒或者吸毒的；

（三）自残或者自杀的。

第十七条　职工发生事故伤害或者按照职业病防治法规定被诊断、鉴定为职业病，所在单位应当自事故伤害发生之日或者被诊断、鉴定为职业病之日起30日内，向统筹地区社会保险行政部门提出工伤认定申请。遇有特殊情况，经报社会保险行政部门同意，申请时限可以适当延长。

用人单位未按前款规定提出工伤认定申请的，工伤职工或者其近亲属、工会组织在事故伤害发生之日或者被诊断、鉴定为职业病之日起1年内，可以直接向用人单位所在地统筹地区社会保险行政部门提出工伤认定申请。

按照本条第一款规定应当由省级社会保险行政部门进行工伤认定的事项，根据属地原则由用人单位所在地的设区的市级社会保险行政部门办理。

用人单位未在本条第一款规定的时限内提交工伤认定申请，在此期间发生符合本条例规定的工伤待遇等有关费用由该用人单位负担。

第十八条　提出工伤认定申请应当提交下列材料：

（一）工伤认定申请表；

（二）与用人单位存在劳动关系（包括事实劳动关系）的证明材料；

（三）医疗诊断证明或者职业病诊断证明书（或者职业病诊断鉴定书）。

工伤认定申请表应当包括事故发生的时间、地点、原因以及职工伤害程度等基本情况。

工伤认定申请人提供材料不完整的，社会保险行政部门应当一次性书面告知工伤认定申请人需要补正的全部材料。申请人按照书面告知要求补正材料后，社会保险行政部门应当受理。

第十九条　社会保险行政部门受理工伤认定申请后，根据审核需要可以对事故伤害进行调查核实，用人单位、职工、工会组织、医疗机构以及有关部门应当予以协助。职业病诊断和诊断争议的鉴定，依照职业病防治法的有关规定执行。对依法取得职业病诊断证明书或者职业病诊断鉴定书的，社会保险行政部门不再进行调查核实。

职工或者其近亲属认为是工伤，用人单位不认为是工伤的，由用人单位承担举证责任。

第二十条　社会保险行政部门应当自受理工伤认定申请之日起60日内作出工伤认定的决定，并书面通知申请工伤认定的职工或者其近亲属和该职工所在单位。

社会保险行政部门对受理的事实清楚、权利义务明确的工伤认定申请，应当在15日内作出工伤认定的决定。

作出工伤认定决定需要以司法机关或者有关行政主管部门的结论为依据的，在司法机关或者有关行政主管部门尚未作出结论期间，作出工伤认定决定的时限中止。

社会保险行政部门工作人员与工伤认定申请人有利害关系的，应当回避。

第四章　劳动能力鉴定

第二十一条　职工发生工伤，经治疗伤情相对稳定后存在残疾、影响劳动能力的，应当进行劳动能力鉴定。

第二十二条　劳动能力鉴定是指劳动功能障碍程度和生活自理障碍程度的等级鉴定。

劳动功能障碍分为十个伤残等级，最重的为一级，最轻的为十级。

生活自理障碍分为三个等级：生活完全不能自理、生活大部分不能自理和生活部分不能自理。

劳动能力鉴定标准由国务院社会保险行政部门会同国务院卫生行政部门等部门制定。

第二十三条　劳动能力鉴定由用人单位、工伤职工或者其近亲属向设区的市级劳动能力鉴定委员会提出申请，并提供工伤认定决定和职工工伤医疗的有关资料。

第二十四条　省、自治区、直辖市劳动能力鉴定委员会和设区的市级劳动能力鉴定委员会分别由省、自治区、直辖市和设区的市级社会保险行政部门、卫生行政部门、工会组织、经办机构代表以及用人单位代表组成。

劳动能力鉴定委员会建立医疗卫生专家库。列入专家库的医疗卫生专业技术人员应当具备下列条件：

（一）具有医疗卫生高级专业技术职务任职资格；

（二）掌握劳动能力鉴定的相关知识；

（三）具有良好的职业品德。

第二十五条　设区的市级劳动能力鉴定委员会收到劳动能力鉴定申请后，应当从其建立的医疗卫生专家库中随机抽取3名或者5名相关专家组成专家组，由专家组提出鉴定意见。设区的市级劳动能力鉴定委员会根据专家组的鉴定意见作出工伤职工劳动能力鉴定结论；必要时，可以委托具备资格的医疗机构协助进行有关的诊断。

设区的市级劳动能力鉴定委员会应当自收到劳动能力鉴定申请之日起60日内作出劳动能力鉴定结论，必要时，作出劳动能力鉴定结论的期限可以延长30日。劳动能力鉴定结论应当及时送达申请鉴定的单位和个人。

第二十六条　申请鉴定的单位或者个人对设区的市级劳动能力鉴定委员会作出的鉴定结论不服的，可以在收到该鉴定结论之日起15日内向省、自治区、直辖市劳动能力鉴定委员会提出再次鉴定申请。省、自治区、直辖市劳动能力鉴定委员会作出的劳动能力鉴定结论为最终结论。

  第二十七条 劳动能力鉴定工作应当客观、公正。劳动能力鉴定委员会组成人员或者参加鉴定的专家与当事人有利害关系的，应当回避。

  第二十八条 自劳动能力鉴定结论作出之日起1年后，工伤职工或者其近亲属、所在单位或者经办机构认为伤残情况发生变化的，可以申请劳动能力复查鉴定。

  第二十九条 劳动能力鉴定委员会依照本条例第二十六条和第二十八条的规定进行再次鉴定和复查鉴定的期限，依照本条例第二十五条第二款的规定执行。

第五章 工伤保险待遇

  第三十条 职工因工作遭受事故伤害或者患职业病进行治疗，享受工伤医疗待遇。

  职工治疗工伤应当在签订服务协议的医疗机构就医，情况紧急时可以先到就近的医疗机构急救。

  治疗工伤所需费用符合工伤保险诊疗项目目录、工伤保险药品目录、工伤保险住院服务标准的，从工伤保险基金支付。工伤保险诊疗项目目录、工伤保险药品目录、工伤保险住院服务标准，由国务院社会保险行政部门会同国务院卫生行政部门、食品药品监督管理部门等部门规定。

  职工住院治疗工伤的伙食补助费，以及经医疗机构出具证明，报经办机构同意，工伤职工到统筹地区以外就医所需的交通、食宿费用从工伤保险基金支付，基金支付的具体标准由统筹地区人民政府规定。

  工伤职工治疗非工伤引发的疾病，不享受工伤医疗待遇，按照基本医疗保险办法处理。

  工伤职工到签订服务协议的医疗机构进行工伤康复的费用，符合规定的，从工伤保险基金支付。

  第三十一条 社会保险行政部门作出认定为工伤的决定后发生行政复议、行政诉讼的，行政复议和行政诉讼期间不停止支付工伤职工治疗工伤的医疗费用。

  第三十二条 工伤职工因日常生活或者就业需要，经劳动能力鉴定委员会确认，可以安装假肢、矫形器、假眼、假牙和配置轮椅等辅助器具，所需费用按照国家规定的标准从工伤保险基金支付。

  第三十三条 职工因工作遭受事故伤害或者患职业病需要暂停工作接受工伤医疗的，在停工留薪期内，原工资福利待遇不变，由所在单位按月支付。

  停工留薪期一般不超过12个月。伤情严重或者情况特殊，经设区的市级劳动能力鉴定委员会确认，可以适当延长，但延长不得超过12个月。工伤职工评定伤残等级后，停发原待遇，按照本章的有关规定享受伤残待遇。工伤职工在停工留薪期满后仍需治疗的，继续享受工伤医疗待遇。

  生活不能自理的工伤职工在停工留薪期需要护理的，由所在单位负责。

  第三十四条 工伤职工已经评定伤残等级并经劳动能力鉴定委员会确认需要生活

护理的，从工伤保险基金按月支付生活护理费。

生活护理费按照生活完全不能自理、生活大部分不能自理或者生活部分不能自理3个不同等级支付，其标准分别为统筹地区上年度职工月平均工资的50%、40%或者30%。

第三十五条　职工因工致残被鉴定为一级至四级伤残的，保留劳动关系，退出工作岗位，享受以下待遇：

（一）从工伤保险基金按伤残等级支付一次性伤残补助金，标准为：一级伤残为27个月的本人工资，二级伤残为25个月的本人工资，三级伤残为23个月的本人工资，四级伤残为21个月的本人工资；

（二）从工伤保险基金按月支付伤残津贴，标准为：一级伤残为本人工资的90%，二级伤残为本人工资的85%，三级伤残为本人工资的80%，四级伤残为本人工资的75%。伤残津贴实际金额低于当地最低工资标准的，由工伤保险基金补足差额；

（三）工伤职工达到退休年龄并办理退休手续后，停发伤残津贴，按照国家有关规定享受基本养老保险待遇。基本养老保险待遇低于伤残津贴的，由工伤保险基金补足差额。

职工因工致残被鉴定为一级至四级伤残的，由用人单位和职工个人以伤残津贴为基数，缴纳基本医疗保险费。

第三十六条　职工因工致残被鉴定为五级、六级伤残的，享受以下待遇：

（一）从工伤保险基金按伤残等级支付一次性伤残补助金，标准为：五级伤残为18个月的本人工资，六级伤残为16个月的本人工资；

（二）保留与用人单位的劳动关系，由用人单位安排适当工作。难以安排工作的，由用人单位按月发给伤残津贴，标准为：五级伤残为本人工资的70%，六级伤残为本人工资的60%，并由用人单位按照规定为其缴纳应缴纳的各项社会保险费。伤残津贴实际金额低于当地最低工资标准的，由用人单位补足差额。

经工伤职工本人提出，该职工可以与用人单位解除或者终止劳动关系，由工伤保险基金支付一次性工伤医疗补助金，由用人单位支付一次性伤残就业补助金。一次性工伤医疗补助金和一次性伤残就业补助金的具体标准由省、自治区、直辖市人民政府规定。

第三十七条　职工因工致残被鉴定为七级至十级伤残的，享受以下待遇：

（一）从工伤保险基金按伤残等级支付一次性伤残补助金，标准为：七级伤残为13个月的本人工资，八级伤残为11个月的本人工资，九级伤残为9个月的本人工资，十级伤残为7个月的本人工资；

（二）劳动、聘用合同期满终止，或者职工本人提出解除劳动、聘用合同的，由工伤保险基金支付一次性工伤医疗补助金，由用人单位支付一次性伤残就业补助金。一次性工伤医疗补助金和一次性伤残就业补助金的具体标准由省、自治区、直辖市人民政府规定。

第三十八条 工伤职工工伤复发，确认需要治疗的，享受本条例第三十条、第三十二条和第三十三条规定的工伤待遇。

第三十九条 职工因工死亡，其近亲属按照下列规定从工伤保险基金领取丧葬补助金、供养亲属抚恤金和一次性工亡补助金，分别为：

（一）丧葬补助金为6个月的统筹地区上年度职工月平均工资；

（二）供养亲属抚恤金按照职工本人工资的一定比例发给由因工死亡职工生前提供主要生活来源、无劳动能力的亲属。标准为：配偶每月40%，其他亲属每人每月30%，孤寡老人或者孤儿每人每月在上述标准的基础上增加10%。核定的各供养亲属的抚恤金之和不应高于因工死亡职工生前的工资。供养亲属的具体范围由国务院社会保险行政部门规定；

（三）一次性工亡补助金标准为上一年度全国城镇居民人均可支配收入的20倍。

伤残职工在停工留薪期内因工伤导致死亡的，其近亲属享受本条第一款规定的待遇。

一级至四级伤残职工在停工留薪期满后死亡的，其近亲属可以享受本条第一款第（一）项、第（二）项规定的待遇。

第四十条 伤残津贴、供养亲属抚恤金、生活护理费由统筹地区社会保险行政部门根据职工平均工资和生活费用变化等情况适时调整。调整办法由省、自治区、直辖市人民政府规定。

第四十一条 职工因工外出期间发生事故或者在抢险救灾中下落不明的，从事故发生当月起3个月内照发工资，从第4个月起停发工资，由工伤保险基金向其供养亲属按月支付供养亲属抚恤金。生活有困难的，可以预支一次性工亡补助金的50%。职工被人民法院宣告死亡的，按照本条例第三十九条职工因工死亡的规定处理。

第四十二条 工伤职工有下列情形之一的，停止享受工伤保险待遇：

（一）丧失享受待遇条件的；

（二）拒不接受劳动能力鉴定的；

（三）拒绝治疗的。

第四十三条 用人单位分立、合并、转让的，承继单位应当承担原用人单位的工伤保险责任；原用人单位已经参加工伤保险的，承继单位应当到当地经办机构办理工伤保险变更登记。

用人单位实行承包经营的，工伤保险责任由职工劳动关系所在单位承担。

职工被借调期间受到工伤事故伤害的，由原用人单位承担工伤保险责任，但原用人单位与借调单位可以约定补偿办法。

企业破产的，在破产清算时依法拨付应当由单位支付的工伤保险待遇费用。

第四十四条 职工被派遣出境工作，依据前往国家或者地区的法律应当参加当地工伤保险的，参加当地工伤保险，其国内工伤保险关系中止；不能参加当地工伤保险的，其国内工伤保险关系不中止。

第四十五条 职工再次发生工伤，根据规定应当享受伤残津贴的，按照新认定的伤残等级享受伤残津贴待遇。

第六章 监督管理

第四十六条 经办机构具体承办工伤保险事务，履行下列职责：

（一）根据省、自治区、直辖市人民政府规定，征收工伤保险费；

（二）核查用人单位的工资总额和职工人数，办理工伤保险登记，并负责保存用人单位缴费和职工享受工伤保险待遇情况的记录；

（三）进行工伤保险的调查、统计；

（四）按照规定管理工伤保险基金的支出；

（五）按照规定核定工伤保险待遇；

（六）为工伤职工或者其近亲属免费提供咨询服务。

第四十七条 经办机构与医疗机构、辅助器具配置机构在平等协商的基础上签订服务协议，并公布签订服务协议的医疗机构、辅助器具配置机构的名单。具体办法由国务院社会保险行政部门分别会同国务院卫生行政部门、民政部门等部门制定。

第四十八条 经办机构按照协议和国家有关目录、标准对工伤职工医疗费用、康复费用、辅助器具费用的使用情况进行核查，并按时足额结算费用。

第四十九条 经办机构应当定期公布工伤保险基金的收支情况，及时向社会保险行政部门提出调整费率的建议。

第五十条 社会保险行政部门、经办机构应当定期听取工伤职工、医疗机构、辅助器具配置机构以及社会各界对改进工伤保险工作的意见。

第五十一条 社会保险行政部门依法对工伤保险费的征缴和工伤保险基金的支付情况进行监督检查。

财政部门和审计机关依法对工伤保险基金的收支、管理情况进行监督。

第五十二条 任何组织和个人对有关工伤保险的违法行为，有权举报。社会保险行政部门对举报应当及时调查，按照规定处理，并为举报人保密。

第五十三条 工会组织依法维护工伤职工的合法权益，对用人单位的工伤保险工作实行监督。

第五十四条 职工与用人单位发生工伤待遇方面的争议，按照处理劳动争议的有关规定处理。

第五十五条 有下列情形之一的，有关单位或者个人可以依法申请行政复议，也可以依法向人民法院提起行政诉讼：

（一）申请工伤认定的职工或者其近亲属、该职工所在单位对工伤认定申请不予受理的决定不服的；

（二）申请工伤认定的职工或者其近亲属、该职工所在单位对工伤认定结论不服的；

（三）用人单位对经办机构确定的单位缴费费率不服的；

（四）签订服务协议的医疗机构、辅助器具配置机构认为经办机构未履行有关协议或者规定的；

（五）工伤职工或者其近亲属对经办机构核定的工伤保险待遇有异议的。

第七章　法律责任

第五十六条　单位或者个人违反本条例第十二条规定挪用工伤保险基金，构成犯罪的，依法追究刑事责任；尚不构成犯罪的，依法给予处分或者纪律处分。被挪用的基金由社会保险行政部门追回，并入工伤保险基金；没收的违法所得依法上缴国库。

第五十七条　社会保险行政部门工作人员有下列情形之一的，依法给予处分；情节严重，构成犯罪的，依法追究刑事责任：

（一）无正当理由不受理工伤认定申请，或者弄虚作假将不符合工伤条件的人员认定为工伤职工的；

（二）未妥善保管申请工伤认定的证据材料，致使有关证据灭失的；

（三）收受当事人财物的。

第五十八条　经办机构有下列行为之一的，由社会保险行政部门责令改正，对直接负责的主管人员和其他责任人员依法给予纪律处分；情节严重，构成犯罪的，依法追究刑事责任；造成当事人经济损失的，由经办机构依法承担赔偿责任：

（一）未按规定保存用人单位缴费和职工享受工伤保险待遇情况记录的；

（二）不按规定核定工伤保险待遇的；

（三）收受当事人财物的。

第五十九条　医疗机构、辅助器具配置机构不按服务协议提供服务的，经办机构可以解除服务协议。

经办机构不按时足额结算费用的，由社会保险行政部门责令改正；医疗机构、辅助器具配置机构可以解除服务协议。

第六十条　用人单位、工伤职工或者其近亲属骗取工伤保险待遇，医疗机构、辅助器具配置机构骗取工伤保险基金支出的，由社会保险行政部门责令退还，处骗取金额 2 倍以上 5 倍以下的罚款；情节严重，构成犯罪的，依法追究刑事责任。

第六十一条　从事劳动能力鉴定的组织或者个人有下列情形之一的，由社会保险行政部门责令改正，处 2000 元以上 1 万元以下的罚款；情节严重，构成犯罪的，依法追究刑事责任：

（一）提供虚假鉴定意见的；

（二）提供虚假诊断证明的；

（三）收受当事人财物的。

第六十二条　用人单位依照本条例规定应当参加工伤保险而未参加的，由社会保险行政部门责令限期参加，补缴应当缴纳的工伤保险费，并自欠缴之日起，按日加收万分之五的滞纳金；逾期仍不缴纳的，处欠缴数额1倍以上3倍以下的罚款。

依照本条例规定应当参加工伤保险而未参加工伤保险的用人单位职工发生工伤的，由该用人单位按照本条例规定的工伤保险待遇项目和标准支付费用。

用人单位参加工伤保险并补缴应当缴纳的工伤保险费、滞纳金后，由工伤保险基金和用人单位依照本条例的规定支付新发生的费用。

第六十三条　用人单位违反本条例第十九条的规定，拒不协助社会保险行政部门对事故进行调查核实的，由社会保险行政部门责令改正，处2000元以上2万元以下的罚款。

第八章　附　　则

第六十四条　本条例所称工资总额，是指用人单位直接支付给本单位全部职工的劳动报酬总额。

本条例所称本人工资，是指工伤职工因工作遭受事故伤害或者患职业病前12个月平均月缴费工资。本人工资高于统筹地区职工平均工资300%的，按照统筹地区职工平均工资的300%计算；本人工资低于统筹地区职工平均工资60%的，按照统筹地区职工平均工资的60%计算。

第六十五条　公务员和参照公务员法管理的事业单位、社会团体的工作人员因工作遭受事故伤害或者患职业病的，由所在单位支付费用。具体办法由国务院社会保险行政部门会同国务院财政部门规定。

第六十六条　无营业执照或者未经依法登记、备案的单位以及被依法吊销营业执照或者撤销登记、备案的单位的职工受到事故伤害或者患职业病的，由该单位向伤残职工或者死亡职工的近亲属给予一次性赔偿，赔偿标准不得低于本条例规定的工伤保险待遇；用人单位不得使用童工，用人单位使用童工造成童工伤残、死亡的，由该单位向童工或者童工的近亲属给予一次性赔偿，赔偿标准不得低于本条例规定的工伤保险待遇。具体办法由国务院社会保险行政部门规定。

前款规定的伤残职工或者死亡职工的近亲属就赔偿数额与单位发生争议的，以及前款规定的童工或者童工的近亲属就赔偿数额与单位发生争议的，按照处理劳动争议的有关规定处理。

第六十七条　本条例自2004年1月1日起施行。本条例施行前已受到事故伤害或者患职业病的职工尚未完成工伤认定的，按照本条例的规定执行。

8. 工会劳动保护监督检查员工作条例

(总工发〔2001〕16号　2001年12月31日)

第一条　为履行工会劳动保护监督检查的职责，维护职工在劳动过程中的安全与健康，根据《中华人民共和国工会法》《中华人民共和国劳动法》和国家有关劳动安全卫生法律法规的规定，制定本条例。

第二条　工会组织依法履行劳动保护监督检查职责，建立劳动保护监督检查制度，对安全生产工作实行群众监督，维护职工的合法权益。

第三条　在县(含)以上总工会、产业工会中设立工会劳动保护监督检查员。可聘请有关方面熟悉劳动保护业务的人员担任兼职工会劳动保护监督检查员。

第四条　中华全国总工会，省、自治区、直辖市总工会，全国产业工会，省辖市总工会对工会劳动保护监督检查员有审批任命权。

省、自治区、直辖市总工会，全国产业工会和中华全国总工会有关部门的工会劳动保护监督检查员由中华全国总工会审批任命。

省辖市总工会、省产业工会的工会劳动保护监督检查员由省、自治区、直辖市总工会、全国产业工会审批任命，报中华全国总工会备案。

县级总工会的劳动保护监督检查员由省辖市总工会审批任命，报省、自治区、直辖市总工会备案。

工会劳动保护监督检查员由其所隶属的工会组织考核、申报。

工会劳动保护监督检查员证件由中华全国总工会统一印制。

第五条　工会劳动保护监督检查员在其所隶属的工会组织领导下工作，代表工会组织依法实施劳动保护监督检查；也可受任命机关委托，代表任命机关执行监督检查任务。

第六条　工会劳动保护监督检查员应具有大专以上文化程度、具有一定的生产实践经验，并从事工会劳动保护工作一年以上，应有较高的政策、业务水平，熟悉和掌握有关劳动安全卫生法律法规和劳动保护业务；科级以上、从事五年以上劳动保护工作的工会干部也可以担任工会劳动保护监督检查员。工会劳动保护监督检查员任命前必须经过劳动保护岗位培训，考核合格。

第七条　工会劳动保护监督检查员代表工会组织行使下列职权：

(一)参与劳动安全卫生法律法规、标准和重大决策、措施的制定，监督劳动安全卫生法律法规和政策的贯彻执行。

(二)监督检查本地区、行业和企事业的劳动安全卫生工作，对劳动安全卫生状况进行分析，对危害职工劳动安全与健康的问题进行调查，向政府及有关部门、企事业单位反映需要解决的问题，提出整改治理的建议。

（三）制止违章指挥、违章作业。在监督检查时，发现存在事故隐患、职业危害和违反国家劳动安全卫生法律法规的问题，有权要求企事业进行整改，监督企事业采取防范事故和职业危害的措施；发现严重存在事故隐患或职业危害的，提请所隶属的工会组织向企事业单位发出书面整改建议，并督促企事业单位解决；对拒不整改的，提请政府有关部门采取强制性措施。

（四）在生产过程中发现明显重大事故隐患和严重职业危害，并危及职工生命安全的紧急情况时，有权向企事业行政或现场指挥人员要求采取紧急措施，包括立即从危险区内撤出作业人员。同时支持或组织职工采取必要的避险措施并立即报告。

（五）依法参加职工伤亡事故的调查和处理，监督企事业单位采取防范措施，对造成伤亡事故和经济损失的责任者，提出处理意见。对触犯刑律的责任者，建议追究其法律责任。

（六）参加新建、扩建和技术改造工程项目劳动安全卫生设施的设计审查和竣工验收，对劳动条件和安全卫生设施存在的问题提出意见和建议。

（七）监督和协助企事业单位严格执行国家劳动安全卫生规程和标准，建立、健全劳动安全卫生制度；监督检查劳动安全卫生设施；监督检查技术措施计划的执行及经费投入、使用的情况；监督检查企事业单位的安全生产状况。

（八）支持基层工会劳动保护监督检查委员会和工会小组劳动保护检查员开展工作，在劳动保护业务上给予指导。

第八条 工会劳动保护监督检查员履行下列义务：

（一）严格执行国家法律法规和政策，实事求是，坚持原则，联系群众，依法监督。

（二）宣传国家劳动安全卫生法律法规和政策，教育职工遵守国家有关劳动安全卫生的各项法律法规和企事业单位的规章制度，推广先进的安全管理方法、预防事故和职业危害技术。

（三）与政府有关部门密切合作。

（四）学习相关知识，提高自身素质，适应工会劳动保护监督检查工作的要求。

第九条 工会劳动保护监督检查员执行任务时，应出示《工会劳动保护监督检查员证》。实施监督检查时，企事业单位应予以配合，提供方便。对拒绝或阻挠监督检查员工作的单位和个人，提请有关部门严肃处理。

第十条 工会劳动保护监督检查员应定期向其所隶属的工会汇报工作。受任命机关委托执行监督检查任务时，应向任命机关提交专题报告。

第十一条 工会组织对工会劳动保护监督检查员进行管理、业务指导和定期培训。

第十二条 任命机关定期考核工会劳动保护监督检查员的工作。对成绩显著者给予表彰奖励，对失职者取消其监督检查员资格。

第十三条　工会劳动保护监督检查员所隶属的工会组织为其开展工作提供交通、通讯等工作条件和必要的工作经费。工会劳动保护监督检查员按规定享受个人防护用品、保健津贴等待遇。

第十四条　各省、自治区、直辖市总工会和全国产业工会根据本地区、本行业具体情况，制订实施细则。

第十五条　本条例解释权属中华全国总工会。

第十六条　本条例自颁布之日起实施。

9. 基层工会劳动保护监督检查委员会工作条例

（总工发〔2001〕16号　2001年12月31日）

第一条　为发挥基层工会劳动保护监督检查作用，维护职工在劳动过程中的安全与健康，根据《中华人民共和国工会法》《中华人民共和国劳动法》和国家劳动安全卫生法律法规的有关规定，制定本条例。

第二条　企事业工会及所属分厂、车间工会设立工会劳动保护监督检查委员会（或工会劳动保护监督检查小组，下同）。

乡镇工会、城市街道工会及基层工会联合会也可设立工会劳动保护监督检查委员会。

工会劳动保护监督检查委员会在同级工会领导下开展工作。

第三条　工会劳动保护监督检查委员会委员由同级工会提名，报上级工会备案。

第四条　工会劳动保护监督检查委员会设主任委员1人，副主任委员1~2人，委员若干人，女职工相对集中的单位，应设女职工委员会，主任委员应由工会委员会主席或副主席担任。

工会劳动保护监督检查委员会委员由熟悉劳动保护业务、热心劳动保护工会的工会干部和生产一线的职工担任。工会劳动保护监督检查委员会委员也可聘请行政管理人员担任，但不得超过委员会总人数的三分之一。

第五条　根据需要，工会劳动保护监督检查委员会的工作可与职工（代表）大会的专门委员会的工作相结合。

第六条　工会劳动保护监督检查委员会的职权：

（一）监督和协助本单位贯彻执行国家劳动安全卫生法律法规，监督落实安全生产责任制和规章制度，参加涉及职工劳动安全与健康规章制度的制定，参与本单位劳动安全卫生措施、计划和经费投入等方案的制定和实施，对劳动安全卫生的决策、措施提出意见和建议。

（二）定期分析研究劳动安全卫生状况，向企事业单位和有关方面反映职工对劳动安全卫生工作的意见、建议和要求。督促和协助企事业单位解决劳动安全卫生方面存在的问题，改善劳动条件和作业环境。

（三）参与本单位集体合同中关于劳动安全卫生、工作时间、休息休假和工伤保险等条款的协商与制定，维护职工劳动安全卫生的权利、休息休假的权利和享受工伤保险的权利。对集体合同、劳动合同中劳动安全卫生条款的执行情况进行监督检查。

（四）制止违章指挥、违章作业。组织或协同行政进行安全生产检查，组织职工代表对劳动安全卫生工作进行督查。对事故隐患和职业危害作业点建立档案，监督整改和治理，并督促企事业单位防范事故和职业危害。

（五）对违反国家法律法规、不符合劳动安全卫生标准规定的问题，提出整改意见；问题严重的，向企事业行政提出书面整改意见；对拒不整改的，要求政府有关部门采取强制性措施。

（六）监督检查新建、扩建和技术改造工程项目的劳动安全卫生设施与主体工程同时设计、同时施工、同时投产使用。

（七）参加职工伤亡事故调查和处理，查清事故原因和责任，提出对事故责任者的处理意见，监督和协助企事业单位采取防范措施。对发生的职工伤亡事故和职业病进行研究、分析，总结教训，提出建议。

（八）在生产过程中发现明显重大事故隐患和严重职业危害，并危及职工生命安全的紧急情况时，要求企事业行政或现场指挥人员采取紧急措施，包括立即从危险区内撤出作业人员。同时支持或组织职工采取必要的避险措施并立即报告。

（九）宣传国家劳动安全卫生法律法规、政策及企事业的规章制度，结合实际情况，组织和发动职工开展安全生产活动，教育职工遵章守纪，提高职工的安全意识和技能。

（十）督促企事业单位按国家有关规定发放劳动安全卫生防护用品、用具，监督企事业单位定期对职工进行健康检查。监督企事业单位履行对职业病人的诊断、治疗和康复的责任，督促落实工伤待遇及职业病损害赔偿。监督和协助企事业单位落实女职工和未成年工特殊保护的有关规定。

第七条 企事业单位对工会劳动保护监督检查委员会的工作应给予支持，并提供相应的工作条件。对阻挠监督检查工作的单位和个人，有权要求有关部门严肃处理。

第八条 上级工会组织支持基层工会劳动保护监督检查委员会的工作，对工作成绩显著的劳动保护监督检查委员会给予表彰和奖励。

第九条 本条例解释权属中华全国总工会。

第十条 本条例自颁布之日起实施。

10. 工会小组劳动保护检查员工作条例

(总工发〔2001〕16号 2001年12月31日)

第一条 为保障国家劳动安全卫生法律法规及企事业规章制度落实到班组，发挥职工劳动保护监督检查作用，制定本条例。

第二条 在工、交、财贸、基本建设等行业的企事业生产班组中，设立工会小组劳动保护检查员。工会小组劳动保护检查员经民主推选产生，在基层工会劳动保护监督检查委员会领导下工作。

第三条 工会小组劳动保护检查员应具有一定的劳动安全卫生知识，敢于坚持原则，责任心强。

第四条 工会小组劳动保护检查员的职权：

（一）协助班组长落实国家劳动安全卫生法律法规及企事业规章制度，创建安全生产合格班组。

（二）查询工作场所存在的职业危害和企事业单位相应的防范措施。

（三）督促和协助班组长对本班组人员进行安全教育，提高安全生产意识和技术技能。

（四）制止违章指挥、违章作业。

（五）对生产设备、防护设施、工作环境进行监督检查，发现隐患及时报告，督促解决。

（六）发现明显危及职工生命安全的紧急情况时，应立即报告，并组织职工采取必要的避险措施。

（七）发生伤亡事故，迅速参加危险、急救工作，协助保护事故现场，并立即上报。

（八）监督企事业单位提供符合国家规定的劳动条件、按规定发放个体防护用品。向企事业单位提出不断改善劳动条件和作业环境的建议。

（九）因进行正常监督检查活动而受到打击报复时，有权上告，要求严肃处理。

第五条 工会组织对工会小组劳动保护检查员的工作应予以支持。对做出贡献的工会小组劳动保护检查员，上级工会组织给予表彰和奖励。

第六条 本条例解释权属中华全国总工会。

第七条 本条例自颁布之日起实施。

11. 劳动保障监察条例

(2004年10月26日国务院第68次常务会议通过 2004年11月1日中华人民共和国国务院令第423号公布 自2004年12月1日起施行)

第一章 总 则

第一条 为了贯彻实施劳动和社会保障（以下称劳动保障）法律、法规和规章，规范劳动保障监察工作，维护劳动者的合法权益，根据劳动法和有关法律，制定本条例。

第二条 对企业和个体工商户（以下称用人单位）进行劳动保障监察，适用本条例。

对职业介绍机构、职业技能培训机构和职业技能考核鉴定机构进行劳动保障监察，依照本条例执行。

第三条 国务院劳动保障行政部门主管全国的劳动保障监察工作。县级以上地方各级人民政府劳动保障行政部门主管本行政区域内的劳动保障监察工作。

县级以上各级人民政府有关部门根据各自职责，支持、协助劳动保障行政部门的劳动保障监察工作。

第四条 县级、设区的市级人民政府劳动保障行政部门可以委托符合监察执法条件的组织实施劳动保障监察。

劳动保障行政部门和受委托实施劳动保障监察的组织中的劳动保障监察员应当经过相应的考核或者考试录用。

劳动保障监察证件由国务院劳动保障行政部门监制。

第五条 县级以上地方各级人民政府应当加强劳动保障监察工作。劳动保障监察所需经费列入本级财政预算。

第六条 用人单位应当遵守劳动保障法律、法规和规章，接受并配合劳动保障监察。

第七条 各级工会依法维护劳动者的合法权益，对用人单位遵守劳动保障法律、法规和规章的情况进行监督。

劳动保障行政部门在劳动保障监察工作中应当注意听取工会组织的意见和建议。

第八条 劳动保障监察遵循公正、公开、高效、便民的原则。

实施劳动保障监察，坚持教育与处罚相结合，接受社会监督。

第九条 任何组织或者个人对违反劳动保障法律、法规或者规章的行为，有权向劳动保障行政部门举报。

劳动者认为用人单位侵犯其劳动保障合法权益的，有权向劳动保障行政部门投诉。

劳动保障行政部门应当为举报人保密；对举报属实，为查处重大违反劳动保障法律、法规或者规章的行为提供主要线索和证据的举报人，给予奖励。

第二章 劳动保障监察职责

第十条 劳动保障行政部门实施劳动保障监察，履行下列职责：
（一）宣传劳动保障法律、法规和规章，督促用人单位贯彻执行；
（二）检查用人单位遵守劳动保障法律、法规和规章的情况；
（三）受理对违反劳动保障法律、法规或者规章的行为的举报、投诉；
（四）依法纠正和查处违反劳动保障法律、法规或者规章的行为。

第十一条 劳动保障行政部门对下列事项实施劳动保障监察：
（一）用人单位制定内部劳动保障规章制度的情况；
（二）用人单位与劳动者订立劳动合同的情况；
（三）用人单位遵守禁止使用童工规定的情况；
（四）用人单位遵守女职工和未成年工特殊劳动保护规定的情况；
（五）用人单位遵守工作时间和休息休假规定的情况；
（六）用人单位支付劳动者工资和执行最低工资标准的情况；
（七）用人单位参加各项社会保险和缴纳社会保险费的情况；
（八）职业介绍机构、职业技能培训机构和职业技能考核鉴定机构遵守国家有关职业介绍、职业技能培训和职业技能考核鉴定的规定的情况；
（九）法律、法规规定的其他劳动保障监察事项。

第十二条 劳动保障监察员依法履行劳动保障监察职责，受法律保护。

劳动保障监察员应当忠于职守，秉公执法，勤政廉洁，保守秘密。

任何组织或者个人对劳动保障监察员的违法违纪行为，有权向劳动保障行政部门或者有关机关检举、控告。

第三章 劳动保障监察的实施

第十三条 对用人单位的劳动保障监察，由用人单位用工所在地的县级或者设区的市级劳动保障行政部门管辖。

上级劳动保障行政部门根据工作需要，可以调查处理下级劳动保障行政部门管辖的案件。劳动保障行政部门对劳动保障监察管辖发生争议的，报请共同的上一级劳动保障行政部门指定管辖。

省、自治区、直辖市人民政府可以对劳动保障监察的管辖制定具体办法。

第十四条 劳动保障监察以日常巡视检查、审查用人单位按照要求报送的书面材料以及接受举报投诉等形式进行。

劳动保障行政部门认为用人单位有违反劳动保障法律、法规或者规章的行为，需要进行调查处理的，应当及时立案。

劳动保障行政部门或者受委托实施劳动保障监察的组织应当设立举报、投诉信箱和电话。

对因违反劳动保障法律、法规或者规章的行为引起的群体性事件，劳动保障行政部门应当根据应急预案，迅速会同有关部门处理。

第十五条　劳动保障行政部门实施劳动保障监察，有权采取下列调查、检查措施：

（一）进入用人单位的劳动场所进行检查；

（二）就调查、检查事项询问有关人员；

（三）要求用人单位提供与调查、检查事项相关的文件资料，并作出解释和说明，必要时可以发出调查询问书；

（四）采取记录、录音、录像、照像或者复制等方式收集有关情况和资料；

（五）委托会计师事务所对用人单位工资支付、缴纳社会保险费的情况进行审计；

（六）法律、法规规定可以由劳动保障行政部门采取的其他调查、检查措施。

劳动保障行政部门对事实清楚、证据确凿、可以当场处理的违反劳动保障法律、法规或者规章的行为有权当场予以纠正。

第十六条　劳动保障监察员进行调查、检查，不得少于2人，并应当佩戴劳动保障监察标志、出示劳动保障监察证件。

劳动保障监察员办理的劳动保障监察事项与本人或者其近亲属有直接利害关系的，应当回避。

第十七条　劳动保障行政部门对违反劳动保障法律、法规或者规章的行为的调查，应当自立案之日起60个工作日内完成；对情况复杂的，经劳动保障行政部门负责人批准，可以延长30个工作日。

第十八条　劳动保障行政部门对违反劳动保障法律、法规或者规章的行为，根据调查、检查的结果，作出以下处理：

（一）对依法应当受到行政处罚的，依法作出行政处罚决定；

（二）对应当改正未改正的，依法责令改正或者作出相应的行政处理决定；

（三）对情节轻微且已改正的，撤销立案。

发现违法案件不属于劳动保障监察事项的，应当及时移送有关部门处理；涉嫌犯罪的，应当依法移送司法机关。

第十九条　劳动保障行政部门对违反劳动保障法律、法规或者规章的行为作出行政处罚或者行政处理决定前，应当听取用人单位的陈述、申辩；作出行政处罚或者行政处理决定，应当告知用人单位依法享有申请行政复议或者提起行政诉讼的权利。

第二十条　违反劳动保障法律、法规或者规章的行为在2年内未被劳动保障行政部门发现，也未被举报、投诉的，劳动保障行政部门不再查处。

前款规定的期限，自违反劳动保障法律、法规或者规章的行为发生之日起计算；

违反劳动保障法律、法规或者规章的行为有连续或者继续状态的,自行为终了之日起计算。

第二十一条　用人单位违反劳动保障法律、法规或者规章,对劳动者造成损害的,依法承担赔偿责任。劳动者与用人单位就赔偿发生争议的,依照国家有关劳动争议处理的规定处理。

对应当通过劳动争议处理程序解决的事项或者已经按照劳动争议处理程序申请调解、仲裁或者已经提起诉讼的事项,劳动保障行政部门应当告知投诉人依照劳动争议处理或者诉讼的程序办理。

第二十二条　劳动保障行政部门应当建立用人单位劳动保障守法诚信档案。用人单位有重大违反劳动保障法律、法规或者规章的行为的,由有关的劳动保障行政部门向社会公布。

第四章　法律责任

第二十三条　用人单位有下列行为之一的,由劳动保障行政部门责令改正,按照受侵害的劳动者每人 1000 元以上 5000 元以下的标准计算,处以罚款:

(一) 安排女职工从事矿山井下劳动、国家规定的第四级体力劳动强度的劳动或者其他禁忌从事的劳动的;

(二) 安排女职工在经期从事高处、低温、冷水作业或者国家规定的第三级体力劳动强度的劳动的;

(三) 安排女职工在怀孕期间从事国家规定的第三级体力劳动强度的劳动或者孕期禁忌从事的劳动的;

(四) 安排怀孕 7 个月以上的女职工夜班劳动或者延长其工作时间的;

(五) 女职工生育享受产假少于 90 天的;

(六) 安排女职工在哺乳未满 1 周岁的婴儿期间从事国家规定的第三级体力劳动强度的劳动或者哺乳期禁忌从事的其他劳动,以及延长其工作时间或者安排其夜班劳动的;

(七) 安排未成年工从事矿山井下、有毒有害、国家规定的第四级体力劳动强度的劳动或者其他禁忌从事的劳动的;

(八) 未对未成年工定期进行健康检查的。

第二十四条　用人单位与劳动者建立劳动关系不依法订立劳动合同的,由劳动保障行政部门责令改正。

第二十五条　用人单位违反劳动保障法律、法规或者规章延长劳动者工作时间的,由劳动保障行政部门给予警告,责令限期改正,并可以按照受侵害的劳动者每人 100 元以上 500 元以下的标准计算,处以罚款。

第二十六条　用人单位有下列行为之一的,由劳动保障行政部门分别责令限期支付劳动者的工资报酬、劳动者工资低于当地最低工资标准的差额或者解除劳动合同的经济补偿；逾期不支付的，责令用人单位按照应付金额50%以上1倍以下的标准计算，向劳动者加付赔偿金：

（一）克扣或者无故拖欠劳动者工资报酬的；

（二）支付劳动者的工资低于当地最低工资标准的；

（三）解除劳动合同未依法给予劳动者经济补偿的。

第二十七条 用人单位向社会保险经办机构申报应缴纳的社会保险费数额时，瞒报工资总额或者职工人数的，由劳动保障行政部门责令改正，并处瞒报工资数额1倍以上3倍以下的罚款。

骗取社会保险待遇或者骗取社会保险基金支出的，由劳动保障行政部门责令退还，并处骗取金额1倍以上3倍以下的罚款；构成犯罪的，依法追究刑事责任。

第二十八条 职业介绍机构、职业技能培训机构或者职业技能考核鉴定机构违反国家有关职业介绍、职业技能培训或者职业技能考核鉴定的规定的，由劳动保障行政部门责令改正，没收违法所得，并处1万元以上5万元以下的罚款；情节严重的，吊销许可证。

未经劳动保障行政部门许可，从事职业介绍、职业技能培训或者职业技能考核鉴定的组织或者个人，由劳动保障行政部门、工商行政管理部门依照国家有关无照经营查处取缔的规定查处取缔。

第二十九条 用人单位违反《中华人民共和国工会法》，有下列行为之一的，由劳动保障行政部门责令改正：

（一）阻挠劳动者依法参加和组织工会，或者阻挠上级工会帮助、指导劳动者筹建工会的；

（二）无正当理由调动依法履行职责的工会工作人员的工作岗位，进行打击报复的；

（三）劳动者因参加工会活动而被解除劳动合同的；

（四）工会工作人员因依法履行职责被解除劳动合同的。

第三十条 有下列行为之一的，由劳动保障行政部门责令改正；对有第（一）项、第（二）项或者第（三）项规定的行为的，处2000元以上2万元以下的罚款：

（一）无理抗拒、阻挠劳动保障行政部门依照本条例的规定实施劳动保障监察的；

（二）不按照劳动保障行政部门的要求报送书面材料，隐瞒事实真相，出具伪证或者隐匿、毁灭证据的；

（三）经劳动保障行政部门责令改正拒不改正，或者拒不履行劳动保障行政部门的行政处理决定的；

（四）打击报复举报人、投诉人的。

违反前款规定，构成违反治安管理行为的，由公安机关依法给予治安管理处罚；构成犯罪的，依法追究刑事责任。

第三十一条 劳动保障监察员滥用职权、玩忽职守、徇私舞弊或者泄露在履行职责过程中知悉的商业秘密的，依法给予行政处分；构成犯罪的，依法追究刑事责任。

劳动保障行政部门和劳动保障监察员违法行使职权，侵犯用人单位或者劳动者的合法权益的，依法承担赔偿责任。

第三十二条 属于本条例规定的劳动保障监察事项，法律、其他行政法规对处罚另有规定的，从其规定。

第五章 附 则

第三十三条 对无营业执照或者已被依法吊销营业执照，有劳动用工行为的，由劳动保障行政部门依照本条例实施劳动保障监察，并及时通报工商行政管理部门予以查处取缔。

第三十四条 国家机关、事业单位、社会团体执行劳动保障法律、法规和规章的情况，由劳动保障行政部门根据其职责，依照本条例实施劳动保障监察。

第三十五条 劳动安全卫生的监督检查，由卫生部门、安全生产监督管理部门、特种设备安全监督管理部门等有关部门依照有关法律、行政法规的规定执行。

第三十六条 本条例自2004年12月1日起施行。

12. 社会保险费征缴暂行条例

（1999年1月22日中华人民共和国国务院令第259号发布 根据2019年3月24日《国务院关于修改部分行政法规的决定》修订）

第一章 总 则

第一条 为了加强和规范社会保险费征缴工作，保障社会保险金的发放，制定本条例。

第二条 基本养老保险费、基本医疗保险费、失业保险费（以下统称社会保险费）的征收、缴纳，适用本条例。

本条例所称缴费单位、缴费个人，是指依照有关法律、行政法规和国务院的规定，应当缴纳社会保险费的单位和个人。

第三条 基本养老保险费的征缴范围：国有企业、城镇集体企业、外商投资企业、城镇私营企业和其他城镇企业及其职工，实行企业化管理的事业单位及其职工。

基本医疗保险费的征缴范围：国有企业、城镇集体企业、外商投资企业、城镇私营企业和其他城镇企业及其职工，国家机关及其工作人员，事业单位及其职工，民办非企业单位及其职工，社会团体及其专职人员。

失业保险费的征缴范围：国有企业、城镇集体企业、外商投资企业、城镇私营企业和其他城镇企业及其职工，事业单位及其职工。

省、自治区、直辖市人民政府根据当地实际情况，可以规定将城镇个体工商户纳入基本养老保险、基本医疗保险的范围，并可以规定将社会团体及其专职人员、民办非企业单位及其职工以及有雇工的城镇个体工商户及其雇工纳入失业保险的范围。

社会保险费的费基、费率依照有关法律、行政法规和国务院的规定执行。

第四条 缴费单位、缴费个人应当按时足额缴纳社会保险费。

征缴的社会保险费纳入社会保险基金，专款专用，任何单位和个人不得挪用。

第五条 国务院劳动保障行政部门负责全国的社会保险费征缴管理和监督检查工作。县级以上地方各级人民政府劳动保障行政部门负责本行政区域内的社会保险费征缴管理和监督检查工作。

第六条 社会保险费实行三项社会保险费集中、统一征收。社会保险费的征收机构由省、自治区、直辖市人民政府规定，可以由税务机关征收，也可以由劳动保障行政部门按照国务院规定设立的社会保险经办机构（以下简称社会保险经办机构）征收。

第二章 征缴管理

第七条 缴费单位必须向当地社会保险经办机构办理社会保险登记，参加社会保险。

登记事项包括：单位名称、住所、经营地点、单位类型、法定代表人或者负责人、开户银行账号以及国务院劳动保障行政部门规定的其他事项。

第八条 企业在办理登记注册时，同步办理社会保险登记。

前款规定以外的缴费单位应当自成立之日起 30 日内，向当地社会保险经办机构申请办理社会保险登记。

社会保险登记证件不得伪造、变造。

社会保险登记证件的样式由国务院劳动保障行政部门制定。

第九条 缴费单位的社会保险登记事项发生变更或者缴费单位依法终止的，应当自变更或者终止之日起 30 日内，到社会保险经办机构办理变更或者注销社会保险登记手续。

第十条 缴费单位必须按月向社会保险经办机构申报应缴纳的社会保险费数额，经社会保险经办机构核定后，在规定的期限内缴纳社会保险费。

缴费单位不按规定申报应缴纳的社会保险费数额的，由社会保险经办机构暂按该单位上月缴费数额的百分之一百一十确定应缴数额；没有上月缴费数额的，由社会保险经办机构暂按该单位的经营状况、职工人数等有关情况确定应缴数额。缴费单位补办申报手续并按核定数额缴纳社会保险费后，由社会保险经办机构按照规定结算。

第十一条 省、自治区、直辖市人民政府规定由税务机关征收社会保险费的，社会保险经办机构应当及时向税务机关提供缴费单位社会保险登记、变更登记、注销登记以及缴费申报的情况。

第十二条　缴费单位和缴费个人应当以货币形式全额缴纳社会保险费。

缴费个人应当缴纳的社会保险费，由所在单位从其本人工资中代扣代缴。

社会保险费不得减免。

第十三条　缴费单位未按规定缴纳和代扣代缴社会保险费的，由劳动保障行政部门或者税务机关责令限期缴纳；逾期仍不缴纳的，除补缴欠缴数额外，从欠缴之日起，按日加收千分之二的滞纳金。滞纳金并入社会保险基金。

第十四条　征收的社会保险费存入财政部门在国有商业银行开设的社会保障基金财政专户。

社会保险基金按照不同险种的统筹范围，分别建立基本养老保险基金、基本医疗保险基金、失业保险基金。各项社会保险基金分别单独核算。

社会保险基金不计征税、费。

第十五条　省、自治区、直辖市人民政府规定由税务机关征收社会保险费的，税务机关应当及时向社会保险经办机构提供缴费单位和缴费个人的缴费情况；社会保险经办机构应当将有关情况汇总，报劳动保障行政部门。

第十六条　社会保险经办机构应当建立缴费记录，其中基本养老保险、基本医疗保险并应当按照规定记录个人账户。社会保险经办机构负责保存缴费记录，并保证其完整、安全。社会保险经办机构应当至少每年向缴费个人发送一次基本养老保险、基本医疗保险个人账户通知单。

缴费单位、缴费个人有权按照规定查询缴费记录。

第三章　监督检查

第十七条　缴费单位应当每年向本单位职工公布本单位全年社会保险费缴纳情况，接受职工监督。

社会保险经办机构应当定期向社会公告社会保险费征收情况，接受社会监督。

第十八条　按照省、自治区、直辖市人民政府关于社会保险费征缴机构的规定，劳动保障行政部门或者税务机关依法对单位缴费情况进行检查时，被检查的单位应当提供与缴纳社会保险费有关的用人情况、工资表、财务报表等资料，如实反映情况，不得拒绝检查，不得谎报、瞒报。劳动保障行政部门或者税务机关可以记录、录音、录像、照相和复制有关资料；但是，应当为缴费单位保密。

劳动保障行政部门、税务机关的工作人员在行使前款所列职权时，应当出示执行公务证件。

第十九条　劳动保障行政部门或者税务机关调查社会保险费征缴违法案件时，有关部门、单位应当给予支持、协助。

第二十条　社会保险经办机构受劳动保障行政部门的委托，可以进行与社会保险费征缴有关的检查、调查工作。

第二十一条　任何组织和个人对有关社会保险费征缴的违法行为，有权举报。劳动保障行政部门或者税务机关对举报应当及时调查，按照规定处理，并为举报人保密。

第二十二条　社会保险基金实行收支两条线管理，由财政部门依法进行监督。

审计部门依法对社会保险基金的收支情况进行监督。

第四章　罚　则

第二十三条　缴费单位未按照规定办理社会保险登记、变更登记或者注销登记，或者未按照规定申报应缴纳的社会保险费数额的，由劳动保障行政部门责令限期改正；情节严重的，对直接负责的主管人员和其他直接责任人员可以处1000元以上5000元以下的罚款；情节特别严重的，对直接负责的主管人员和其他直接责任人员可以处5000元以上10000元以下的罚款。

第二十四条　缴费单位违反有关财务、会计、统计的法律、行政法规和国家有关规定，伪造、变造、故意毁灭有关账册、材料，或者不设账册，致使社会保险费缴费基数无法确定的，除依照有关法律、行政法规的规定给予行政处罚、纪律处分、刑事处罚外，依照本条例第十条的规定征缴；迟延缴纳的，由劳动保障行政部门或者税务机关依照第十三条的规定决定加收滞纳金，并对直接负责的主管人员和其他直接责任人员处5000元以上20000元以下的罚款。

第二十五条　缴费单位和缴费个人对劳动保障行政部门或者税务机关的处罚决定不服的，可以依法申请复议；对复议决定不服的，可以依法提起诉讼。

第二十六条　缴费单位逾期拒不缴纳社会保险费、滞纳金的，由劳动保障行政部门或者税务机关申请人民法院依法强制征缴。

第二十七条　劳动保障行政部门、社会保险经办机构或者税务机关的工作人员滥用职权、徇私舞弊、玩忽职守，致使社会保险费流失的，由劳动保障行政部门或者税务机关追回流失的社会保险费；构成犯罪的，依法追究刑事责任；尚不构成犯罪的，依法给予行政处分。

第二十八条　任何单位、个人挪用社会保险基金的，追回被挪用的社会保险基金；有违法所得的，没收违法所得，并入社会保险基金；构成犯罪的，依法追究刑事责任；尚不构成犯罪的，对直接负责的主管人员和其他直接责任人员依法给予行政处分。

第五章　附　则

第二十九条　省、自治区、直辖市人民政府根据本地实际情况，可以决定本条例适用于本行政区域内工伤保险费和生育保险费的征收、缴纳。

第三十条　税务机关、社会保险经办机构征收社会保险费，不得从社会保险基金中提取任何费用，所需经费列入预算，由财政拨付。

第三十一条　本条例自发布之日起施行。

参考资料及说明

[1]《中华人民共和国村民委员会组织法》根据2018年12月29日第十三届全国人民代表大会常务委员会第七次会议《关于修改〈中华人民共和国村民委员会组织法〉〈中华人民共和国城市居民委员会组织法〉的决定》修正

[2]《中华人民共和国公司法》（根据2018年10月26日第十三届全国人民代表大会常务委员会第六次会议《关于修改〈中华人民共和国公司法〉的决定》第四次修正）本书中简称《公司法》

[3]《中华人民共和国职业病防治法》（根据2018年12月29日第十三届全国人民代表大会常务委员会第七次会议《关于修改〈中华人民共和国劳动法〉等七部法律的决定》第四次修正）本书中简称《职业病防治法》

[4]《中华人民共和国安全生产法》（根据2021年6月10日第十三届全国人民代表大会常务委员会第二十九次会议《关于修改〈中华人民共和国安全生产法〉的决定》第三次修正）本书中简称《安全生产法》

[5]《中华人民共和国工会法》（根据2021年12月24日第十三届全国人民代表大会常务委员会第三十二次会议《关于修改〈中华人民共和国工会法〉的决定》第三次修正）本书中简称《工会法》

[6]《中华人民共和国妇女权益保障法》（2022年10月30日第十三届全国人民代表大会常务委员会第三十七次会议修订）本书中简称《妇女权益保障法》

[7]《中华人民共和国劳动法》（根据2018年12月29日第十三届全国人民代表大会常务委员会第七次会议《关于修改〈中华人民共和国劳动法〉等七部法律的决定》第二次修正）本书中简称《劳动法》

[8]《中国工会章程》（中国工会第十八次全国代表大会部分修改，2023年10月12日通过）

[9]《全民所有制工业企业职工代表大会条例》（1986年9月15日国务院发布）

[10]《劳动保护监督检查员工作条例》中华全国总工会 2001 年 12 月 31 日

[11]《基层工会劳动保护监督检查委员会工作条例》中华全国总工会 2001 年 12 月 31 日

[12]《工会小组劳动保护检查员工作条例》中华全国总工会 2001 年 12 月 31 日

[13]《中华人民共和国劳动合同法实施条例》2008 年 9 月 3 日国务院第 25 次常务会议通过 2008 年 9 月 18 日中华人民共和国国务院令第 535 号公布自公布之日起施行，本书中简称《劳动合同法实施条例》

[14]《企业工会工作条例》2006 年 12 月 11 日中华全国总工会第十四届执行委员会第四次全体会议通过

[15]《中华人民共和国城镇集体所有制企业条例》根据 2011 年 1 月 8 日《国务院关于废止和修改部分行政法规的决定》第一次修订根据 2016 年 2 月 6 日《国务院关于修改部分行政法规的决定》第二次修订

[16]《工会基层组织选举工作条例》（总工发〔2016〕27 号）

[17]《工会女职工委员会工作条例》（总工发〔2019〕11 号）

[18]《女职工劳动保护特别规定》2012 年 4 月 18 日国务院第 200 次常务会议通过 2012 年 4 月 28 日中华人民共和国国务院令第 619 号公布，自公布之日起施行

[19]《集体合同规定》2004 年 1 月 20 日劳动保障部令第 22 号公布，自 2004 年 5 月 1 日起施行

[20]《企业民主管理规定》中共中央纪委、中共中央组织部、国务院国有资产监督管理委员会、监察部、中华全国总工会、中华全国工商业联合会于 2012 年 2 月 13 日印发